Flandern, wo es am lebendigsten ist, erstreckt sich vom Mündungslauf der Schelde bis zur Nordseeküste. Es umfaßt Westflandern mit seinem Zentrum Brügge, Ostflandern mit Gent, aber auch die Provinz der Stadt Antwerpen. So bildet es den Schwerpunkt dieses Buches, das Flandern als Teil des heutigen Belgien sieht.

Neben den geographischen Dimensionen gibt es die historischen, kulturellen, worunter der wichtige Aspekt der Sprache fällt: Flämisch – den südlichen Dialekt des Niederländischen – spricht man auch in den Provinzen Limburg und Brabant.

Die Sammlung zeichnet ein literarisches Landschaftsbild anhand einer Reiseroute, die persönliche Ansichten von Dichtern und Malern wiedergibt. Mit Théophile Gautier, der von Frankreich her belgisches Territorium betritt, nimmt diese Reise ihren Anfang. Gleich hinter der Grenze wartet Victor Hugo, und dann führt der Weg über das flämische Hügelland, mit Jean Cocteau zur Küste hin, weiter nordwärts nach Ostende, Damme, Brügge und Gent. Wie die Reise nach Antwerpen und Lier schließlich endet, mag der Leser für sich entscheiden. Wer sich gleich auf den Heimweg machen will, sollte sich Johanna Schopenhauer anschließen. Wer jedoch Zeit hat, kann sich in Begleitung von Stevenson auf dem Willebroek-Kanal durchs Brabanter Land treiben lassen, wo dann bald schon die Konturen Brüssels sich abzeichnen.

insel taschenbuch 1254
Flandern

Flandern

Ein literarisches Landschaftsbild

Herausgegeben von Werner Jost
und Joost de Geest
Mit farbigen Fotografien
von Martin Thomas
Insel Verlag

Umschlagfoto: Mauricius

insel taschenbuch 1254
Erste Auflage 1996
Originalausgabe
© Insel Verlag Frankfurt am Main und Leipzig 1996
Alle Rechte vorbehalten
Text- und Bildnachweise am Schluß des Bandes
Vertrieb durch den Suhrkamp Taschenbuch Verlag
Umschlag nach Entwürfen von Willy Fleckhaus
Satz: Fotosatz Otto Gutfreund
Druck: Nomos Verlagsgesellschaft, Baden-Baden
Printed in Germany

1 2 3 4 5 6 – 01 00 99 98 97 96

Inhalt

Flandern

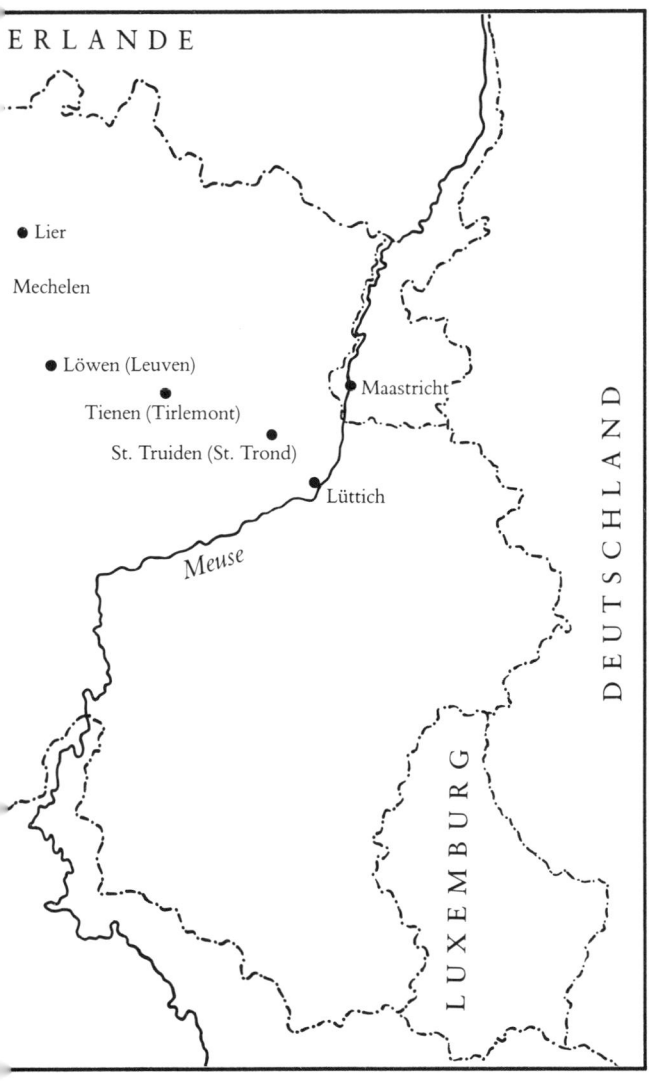

Flandern in seiner Gegensätzlichkeit

Flandern, wo es am lebendigsten und ursprünglichsten ist, erstreckt sich vom Mündungslauf der Schelde südwestlich zur Nordseeküste hinüber; es umfaßt Westflandern mit seinem Zentrum Brügge, Ostflandern mit Gent, aber auch die Provinz und Stadt Antwerpen. Dergestalt bildet es den Schwerpunkt dieses Buches, das Flandern als Teil des heutigen Belgien sieht, selbst als autonomer Bundesstaat (neben Wallonien und Brüssel). Die ausgewählten Texte beschränken sich deshalb auf die Zeit nach 1830, dem Jahr der belgischen Staatsgründung. Eine Ausnahme – die es ja immer geben muß – macht lediglich Johanna Schopenhauer, deren Reisebericht aus dem Jahr 1828 jedoch schon auf die bald folgenden revolutionären Umwälzungen hinweist. Neben den geographischen Dimensionen gibt es die historischen, die kulturellen, worunter der wichtige Aspekt der Sprache fällt: Flämisch (südlicher Dialekt des Niederländischen) spricht man auch in den Provinzen Limburg und Brabant. Von manchen wird das zu den Niederlanden gehörende Gebiet zwischen der belgischen Grenze und dem Ostarm der Schelde »Seeländisch-Flandern« genannt; »Französisch-Flandern« hingegen das im Süden, in Nordfrankreich, bis hin zu einer ziemlich genau zwischen den Städten Dünkirchen und Lille verlaufenden Linie. Letztere von beiden nennt sich gern »capitale des Flandres«, Hauptstadt von Flandern im Plural also, wie es ganz ähnlich Rainer Maria Rilke empfand: »Flandern: mit diesem Namen steigen die Kontraste herauf«...

Der Name Flandern ist seit dem 7. Jahrhundert belegt und soll soviel heißen wie »flaches, überschwemmtes Gebiet«. In seiner Geschichte reizte Flandern (›Stadtschaft‹

eher denn Landschaft) als Verband hochentwickelter Städte durch seinen Reichtum, die Fortschrittlichkeit und Aufgeklärtheit seiner Bürger manchen physisch überlegenen Nachbarn. Es war dann auch stets belastet mit Fremdherrschaften. Meist gelang es den Stadträten, mit den jeweiligen Machtnehmern einen modus vivendi auszuhandeln – im günstigsten Fall eine Geldfrage. Besonders einschneidend waren die Jahrzehnte unter dem Joch der spanischen Inquisition, dem Herzog von Alba und dem König Philipp II., die Bürgerkrieg brachten und die damaligen Niederlande zerrissen. Flandern brach kulturell und wirtschaftlich zusammen.

Kein Porträt Flanderns aus heutiger – noch dazu deutscher – Sicht kann die Narben vertuschen wollen, welche die beiden Weltkriege im Landschaftsbild hinterlassen haben. Unzählige Kriegsgräber prägen dieses nun ebenso wie die (meist völlig zerstörten, dann wieder aufgebauten) Rathaus- und Kirchtürme, die Weiden und Kanäle. Mühlen sind immer noch zu sehen, Relikte einer vergangenen Zeit wie die Beginenhöfe, die alten Hospize, die »Laken-« oder Tuchhallen mit ihren großen Marktplätzen davor; allein einige Abteien florieren noch und brauen Bier. Ans Mittelalter erinnern die einstigen Zwingburgen flandrischer Grafen, später die Residenzen der folgenden Herrscher: Warnmale für eine eigensinnige Bürgerschaft, die sehr früh den überkommenen feudalistischen Strukturen ihre historische und soziale Antiquiertheit bedeutete – und teuer dafür bezahlen mußte. Mit ins charakteristische Gesamtbild gehören freilich auch die zahlreichen Kunstschätze, gleich ob Bauwerke, technische Geräte, Wandteppiche, Schmuck oder Bilder; die Namen von Malern wie Van Eyck, Bruegel oder Rubens sprechen für sich. Von Flandern bis Burgund, nach Frankreich und Italien spannte sich schon in der frühen Renaissance ein kulturelles Netz, eng verknüpft mit dem politischen und ökonomischen.

Doch genug hiervon. Ein »literarisches Landschaftsbild« ist kein detaillierter Reiseführer und noch weniger eine umfassende Kulturgeschichte, sondern eine Sammlung persönlicher Ansichten einzelner Dichter/innen und Schriftsteller/innen; auch Maler sind dabei. Beiläufig erfährt der Leser manches über die Schreibenden, nicht zuletzt bei der Beachtung dessen, was sie für erwähnenswert hielten und wie sie es taten. Was reizte sie gerade an dieser Landschaft? Die wiederum, so gesehen, öffnet sich den verschiedensten Einblicken; sie gibt preis, was eine bloß oberflächliche Beschreibung niemals erfassen könnte.

Mit Théophile Gautier, der von Frankreich her belgisches Territorium betritt, nimmt die literarische Reise ihren Anfang. Gleich hinter der Grenze erwartet ihn sein Landsmann Victor Hugo, der sich jetzt, 1837, noch als Tourist in Belgien aufhält; später, nach dem Staatsstreich Napoléons III., wird er zeitweise als Emigrant hier leben. Nicht nur er übrigens; viele suchten Schutz in diesem jungen Staat, der mit seiner fortschrittlichen Verfassung schnell zu einem kosmopolitischen Asylland gedieh. Marguerite Yourcenar ist dann die erste Einheimische, der wir begegnen. In Brüssel geboren, kam sie oft auf den Familienbesitz am Mont Noir, einer Region, die im Werk der Schriftstellerin ihren gebührenden Platz hat. Ihr Text vermittelt einen Eindruck der sozialen und wirtschaftlichen Verhältnisse Flanderns im Mittelalter, zeigt den entstehenden Frühkapitalismus mit ersten Formen der Industrialisierung.

Weiter führt der Weg zunächst westlich über Kortrijk, Veurne und das flämische Hügelland zur Küste hin. Nicht immer werden die beschriebenen Orte konkret fixierbar sein; gelegentlich lädt nur ein Detail zum Verweilen ein, eine Stimmung wird festgehalten – beides aber konnte nur in Flandern so erlebt werden. Der Beitrag von Jean Cocteau indes läßt sich sehr genau lokalisieren. Der »Frontabschnitt

131« liegt zwischen Koksijde und Nieuwpoort, am südlichen Ende der belgischen Küste. Unweit davon die Gräben, wo E. M. Remarque den Krieg erlebt und später beschreibt. Selbst wenn die ausgewählten Seiten aus »Im Westen nichts Neues« vordergründig in Berlin spielen, zeigen sie doch ein weiteres Flandern-Bild mit all seinen düsteren Konnotationen. Brechts Fragen schließlich angesichts des nächsten Kriegs nimmt, auf seine Weise, Claude Simon auf, wobei zugleich ein Blick ins französische Flandern getan wird.

Weiter geht es nordwärts nach Ostende (Ortsnamen wurden in unseren Übersetzungen dem jeweiligen Sprachgebrauch angepaßt, sofern sie keine gängige deutsche Entsprechung haben; es sei denn, der Verfasser hatte sich – wie Rilke zum Beispiel – schon für die französische Fassung entschieden: die wurde so belassen). Die Stadt am Meer wird mit amerikanischen, belgischen und italienischen Augen gesehen; Ungaretti ist es auch, der weiterleitet nach Damme, Brügge und Gent. Hier, in der Heimat Thijl Uilenspiegels, war es nicht leicht, aus der Fülle der Literatur eine Wahl zu treffen.

Mit Antwerpen berührt der Reiseweg wieder eine Hafenstadt – Belgiens größte und bedeutendste. Ihrer Buntheit und Vielfalt entsprechen die Beiträge der Autoren: vom Kunststudenten Wilhelm Busch über Blaise Cendrars, dem keine Hafenkneipe unbekannt ist, bis hin zum »unerwünschten« politischen Flüchtling Jean Améry. Die Besteigung des Kathedralenturms in der Gesellschaft von Gautier und dessen Freund Fritz erreicht auch in Sachen Humor einen Höhepunkt... Natürlich darf in unserer Sammlung Felix Timmermans nicht fehlen, der Lier und seine Umgebung weithin bekannt gemacht hat. Freilich wurde er hierzulande im Zuge einer nicht immer nur aufs Kulturelle beschränkten ›gesamtgermanischen Verbrüderung‹ fast zum Inbegriff flämischer Literatur schlechthin, was beiden nicht gut bekam, denn auch Timmermans hat noch anderes zu bieten als den idyllisch-ruralen »Pallieter« etwa. Ein Hugo Claus wiederum ist dem ganz entgegengesetzt, wovon ein Kapitel aus seinem Roman »Der Kummer von Belgien« (wie der Titel im Original lautet) Zeugnis ablegt. Zweifellos gehört er mit Louis Paul Boon, der in Aalst zuhause war, zu den wichtigsten zeitgenössischen Schriftstellern Belgiens.

Wie dann die Reise endet, mag jeder Leser für sich entscheiden. Wer sich gleich auf den Heimweg machen will, sollte sich Johanna Schopenhauer anschließen, die über Löwen, Tienen (Tirlemont), St. Truiden (St. Trond) nach Bonn zurückkehrt. Wer jedoch Zeit hat und Lust, kann sich in Begleitung Robert Louis Stevensons auf dem Willebroek Kanal durchs Brabanter Land treiben lassen, wo dann bald schon das Weichbild Brüssels sich abzeichnet.

THÉOPHILE GAUTIER
Nach Belgien wegen Rubens' Frauen

Nun, wenn der neugierige Leser den Grund erfahren möchte, weshalb ich in Belgien war und nicht irgendwo sonst, ich verrate ihn ihm gerne; denn vor einem so achtbaren Wesen wie einem Leser habe ich nichts zu verbergen. Der Gedanke kam mir im Museum, als ich durch die Rubens-Galerie schlenderte. Der Anblick dieser schönen Frauen mit ihren prallen Formen, diese schönen, vor Gesundheit strotzenden Körper, all diese Berge rosafarbenen Fleisches, von dem Fluten goldglänzender Haarpracht herabfallen, hatten in mir den Wunsch geweckt, sie mit den wirklichen Vorbildern zu vergleichen. Da überdies die Hauptfigur meines nächsten Romans sehr blond sein soll, schlug ich, wie man so sagt, zwei Fliegen mit einer Klappe. Dies sind also die Beweggründe, die einen ehrbaren und einfältigen Pariser dazu veranlaßt haben, seiner geliebten Rue Saint-Honoré für kurze Zeit untreu zu werden. Sie wissen ja, wie schwer sich ein Pariser aus Paris losreißt, und wie tiefe Wurzeln die menschliche Pflanze durch die Ritzen ihres Pflasters hindurch schlägt. Ich habe gut drei Monate gebraucht, mich zu dieser vierzehntägigen Reise zu entschließen. Mein Bündel wurde zehnmal geschnürt und wieder ausgepackt, und mein Platz in sämtlichen Kutschen reserviert; ich hatte mich, wer weiß wie viele Male von den drei oder vier Personen verabschiedet, die ich für imstande hielt, meine Abwesenheit wahrzunehmen; mein Gemüt litt sehr unter der Wiederholung dieser rührenden Auftritte, und ich bekam schon Magenschmerzen, so oft trank ich den Abschiedsschluck; endlich, eines schönen Morgens, nachdem ich einen beachtlichen Haufen Hundert-Sous-Münzen gegen ein sehr kleines Häuflein Louis eingetauscht hatte, packte ich mich selbst beim Kragen, setzte mich zu Hause vor die Tür und schärfte dem Gefährten, den ich dort zurückließ, ein, auf mich wie auf einen tollwütigen Wolf zu schießen, falls ich dort vor Ablauf von drei Wochen wieder erscheinen sollte, und ich ging fort in die schicksalhafte Rue du Bouloi, wo der Wagen stand.

Es leuchtet ein, daß die Abreise eines Freundes empfindliche Gemüter schmerzlich berühren muß; und dennoch, wenn Sie bleiben, nachdem Sie eine Reise angekündigt haben, entsteht in Ihrer Umgebung langsam etwas, das einer Unzufriedenheit nicht unähnlich ist: es scheint, als hätten Sie nicht mehr das Recht, für einen Sou den Pont des Arts oder umsonst den Pont Neuf zu überqueren. Wenn Sie nach Hause kommen, zieht Ihr Hausmeister nur widerwillig an der Schnur; Paris schubst Sie an den Schultern, und Ihr eigenes Schlafzimmer betrachtet Sie wie einen Eindringling. Dies widerfuhr mir, weil ich gesagt hatte, daß ich nach Antwerpen führe. Die Gottheit, *die ich anbete*, räumte zwar ein, daß diese drei Wochen ihr sehr lang erscheinen würden, machte mich jedoch darauf aufmerksam, daß ich längst schon abgereist sein müßte.

Falls Sie nach Belgien fahren und gebildete Freunde haben, erweist sich das als zweifacher Nachteil. Bringen Sie mir meinen letzten Roman mit, oder meinen Gedichtband, einen Hugo, einen Lamartine, einen Alfred de Musset, ein Buchhändler-Handbuch (4 Oktavbände, verzeihen Sie die Kleinigkeit). Schneiden Sie sie nur ja auf, denn sonst würde man sie beim Zoll beschlagnahmen; und was weiß ich! drei Seiten lange Listen, länger als die Liste von Don Juan! *Sono mille e tre*, und selbst dann ist niemand so feinfühlig, Ihnen einen gefüllten Geldbeutel und einen leeren Koffer zu schenken, um all das Gepäck mitzubringen.

Mein Vater, der mich zur Kutsche begleitete, benahm sich unter diesen äußersten Umständen besonders gut; er drückte mich nicht an sein Herz, er gab mir keineswegs seinen Segen, er gab mir jedoch auch nichts anderes. Mein Verhalten war ebenfalls äußerst männlich: ich weinte nicht; küßte nicht den Boden dieses schönen Frankreich, das zu verlassen ich mich anschickte, ja, ich trällerte sogar ziemlich ausgelassen und so falsch wie gewöhnlich ein Liedchen, mein *lilla burello* und mein *tirily*; aber all mein Mut verließ mich, als ich meine beiden Reisegefährten, oder eher meine beiden Reisegefährtinnen ankommen sah: Zwei Frauen zwischen neunundzwanzig und sechzig Jahren, mit närrischen Hüten, gewaltigen Ärmeln, unmäßigen Locken, unverträglichen Nasen und dem kannibalischsten und widerlichsten Schreihals aller grün-rot gescheckten Papageien, der jemals einen ehrbaren, in einem Abteil eingesperrten Mann zur Verzweiflung gebracht hat. Bei diesem Anblick nahmen meine Brauen die entsetzliche Gestalt eines Zirkumflexes an, und ich fühlte mich zu Tode betrübt. Höchst erfreulicherweise fand ich im Wageninneren einen anderen Platz, wie auch mein wackerer Gefährte Fritz, von dem ich Ihnen noch nicht berichtet habe, von dem ich Ihnen jedoch mehr als einmal berichten werde, denn er ist der beste Kerl, den man sich denken kann. Der Wagen fuhr los, und, als wir am Schlagbaum der Villette angekommen waren, konnten wir, wie J. J. Rousseau, sagen: »Adieu, Paris, Stadt voll Schlamm, Qualm und Lärm.«

Hinter Cambrai nahm die Landschaft völlig andere Züge an als alles, was ich bis dahin gesehen hatte, die Nähe des Nordens machte sich bereits bemerkbar, und man bekam einige Stöße seines eisigen Atems ins Gesicht. Ich hatte Paris am Vortag in Hemdsärmeln und bei einer Temperatur von sechsundzwanzig Grad verlassen; ich fand nach zwanzig Stunden Entfernung, daß meine Tugend kein ausreichendes Gewand sei, und wickelte mich sorgfältig in meinen Mantel ein. Nie habe ich etwas Anmutigeres und Frischeres gesehen als das Bild, das sich vor meinen Augen entfaltete, am Ausgang dieser alten, schmutzigen, völlig verqualmten und rußschwarzen Stadt.

Der Himmel war von einem sehr blassen, in helles Lila übergehenden Blau, je näher er dem Streifen rosafarbener Schimmer kam, den die aufgehende Sonne über den Horizont spannte. Leichte Wellen durchzogen das Gelände, und durchbrachen so die Eintönigkeit der in diesem Land fast immer flachen Linien, und kleine himmelblaue Borten begrenzten die Sicht auf jeder Seite des Weges; riesige ganz taubenetzte Gartenmohn-Pflanzungen zitterten sanft im morgendlichen Windhauch, wie die Schultern eines jungen Mädchens, das den Ball verläßt; die Blüte des Gartenmohns ähnelt der der Iris sehr, sie ist von zartem Blau, fast weiß; jene großen himmelblauen Vliese sahen aus, als hätte eine göttliche Waschfrau Himmelsstücke auf dem Erdboden zum

Trocknen ausgebreitet. Der Himmel selbst glich einem um-
gestülpten Gartenmohnbeet, falls Ihnen der Vergleich so
ausgedrückt besser gefällt; was die Durchsichtigkeit, die
Feinheit und die Zartheit seines Farbtons betrifft, so hätte
man ihn für eines der klarsten Aquarelle Turners halten mögen; indes herrschten nur zwei Schattierungen vor, blasses
Blau und blasser Flieder; hier und da einige Streifen von
jenem Lauchgrün, das die Maler als Veroneser Grün bezeich-
nen, zwei, drei ockerfarbene Spuren und goldgelbe Schimmer, die ein paar Baumgruppen in der Ferne festhielten, mehr
nicht. Nichts auf der Welt war bezaubernder; man sollte
darauf verzichten, solche Stimmungen zu malen oder zu
beschreiben, man fühlt sie vielmehr, als daß man sie sieht.

Mit dem Vorankommen des Wagens erweiterte sich die
Sicht, rundherum eröffneten sich neue Ausblicke. Kleine,
im Laub verborgene Backsteinhäuschen, wie tiefrote Äpfel
auf Moos angerichtet, traten neugierig zwischen zwei Ästen
hervor, um uns vorüberfahren zu sehen. Schräg einfallende
Sonnenstrahlen spiegelten sich im Wasser, und plötzlich
leuchtete das Schieferdach irgendeines Kirchturms wie eine
absplitternde Silberschuppe auf; große Lücken ließen den
Blick in Wiesen vom lieblichsten Frühlingsgrün, das man
sich nur vorstellen kann, vordringen und enthüllten tausend kleine, stille und friedliche Anhöhen, von ganz flämischer Geborgenheit und äußerst rührendem Zauber.

Kleine Pfade, wahre Schleichwege, die schließlich wieder auf den großen Weg trafen, folgten irgendwelchen Gar-
tenmauern oder vernachlässigten und verwilderten Weiß-
dornhecken, deren verführerische Kraft mich überaus ent-
zückte. Ich hätte aussteigen mögen und auf gut Glück einen
dieser Pfade einschlagen, der gewiß zu den angenehmsten
und äußerst malerisch-ländlichen Orten führen mußte.
Man kann sich nicht vorstellen, zu wie vielen Gessnerschen
Idyllen jene kleinen Wege meine Phantasie angeregt haben,

und in welches Meer von Sahne meine Träume durch sie versanken.

Wir kamen häufig durch ganz in Backstein erbaute Weiler, Dörfer, Marktflecken von bezaubernder Sauberkeit und so niedlich gebaut im Vergleich zu den scheußlichen Strohhütten in der Umgebung von Paris, daß ich aus dem Staunen nicht herauskam.

Weiß-rot gestreifte Häuser, Verzierungen verschiedenartig aufeinander gesetzter Backsteine, gestrichene und lackierte Fensterläden, vorspringende Erker, veilchenblaue Schieferdächer, von Hopfen oder wildem Wein umrankte Brunnenhäuschen, all das wirkt wie jene bunten Holzstädte, die man von Nürnberg aus in Tannenholzschachteln den Kindern zu Neujahr schickt. Die Proportionen sind selbstverständlich größer, es ist jedoch dasselbe. Man könnte eines jener Dörfer dem jungen Gargantua als Spielzeug geben.

Valenciennes ist die letzte französische Stadt; nur noch ein paar Meilen, und wir hatten die Grenze erreicht. Ich säuberte sorgfältig mein Fernglas, um nichts von den erstaunlichen Dingen zu versäumen, die ich zweifellos zu sehen bekommen würde.

Schließlich erreichten wir einen Ort, an dem man uns aus dem Wagen aussteigen hieß, und wo man unsere Bündel in eine Art Schuppen brachte, um sie zu untersuchen. Wir waren nicht mehr in Frankreich. Ich war erstaunt, keiner heftigen Gefühlswallung ausgesetzt zu sein. Ich glaubte, ein einigermaßen am rechten Fleck sitzendes Herz müsse beim Verlassen des angebeteten vaterländischen Bodens wenigstens zwanzigmal mehr in der Minute schlagen; ich erkannte, daß dies keineswegs zutraf. Auch glaubte ich, eine Grenze sei mit kleinen Punkten gekennzeichnet und erstrahle in blauen oder roten Tönen, so wie man es auf den Landkarten sieht, auch hier irrte ich.

Ein Kaffeehaus mit Namen *Café de France*, geschmückt mit einem Hahn, der aussah wie ein Kamel, bezeichnete die Stelle, an der das *französische* Gebiet endete. Eine Kneipe mit dem Löwen Belgiens auf dem Aushängeschild stand an der Stelle, an der die Besitztümer seiner Majestät Leopold begannen. Das Aushängeschild jener Kneipe lieferte uns keine sonderlich erhabene Vorstellung vom derzeitigen Zustand der Künste in diesem glückseligen Land der Fälschung. Grundrezept: Wollen Sie einen belgischen Löwen anfertigen? Nehmen Sie keinen Löwen; nehmen Sie einen heranwachsenden Pudel, ziehen Sie ihm eine kurze Nanking-Hose an, setzen ihm eine Bastperücke auf und stecken ihm eine Pfeife ins Maul, und schon haben Sie einen belgischen Löwen, der über der Inschrift *Verkoopt men dranken* einen großartigen Eindruck machen wird.

Ich gönnte mir das Vergnügen, während die Zöllner meinen Koffer durchsuchten, mehrere Male von Frankreich nach Belgien und von Belgien nach Frankreich zu reisen. Einmal war ich sogar mit einem Fuß in Frankreich und mit dem anderen in Belgien. Der in Frankreich stehende rechte Fuß verspürte, wie ich zu meiner Schande gestehen muß, nicht das leiseste vaterländische Prickeln. Fritz kam auf meine Seite herüber und fragte mich, ob ich nicht den Boden des Vaterlandes küssen wollte, bevor wir wieder in die Kutsche einstiegen. Wir suchten vergeblich nach einer sauberen Stelle, um diese fromme Pflicht zu erfüllen; es herrschte jedoch ein höllischer Dreck, und wir sahen uns genötigt, auf diese unerläßliche Formalität zu verzichten. Im übrigen trat eine weitere Schwierigkeit auf, nämlich: die Frage, ob ein *Pflasterstein* als Heimat-*Erde* gelten kann, und wir hatten doch nur Pflastersteine zu küssen?

Während wir auf das Ende der Untersuchung warteten, stürzten wir uns, von Lokalkolorit ganz verändert und außerdem schier verdurstend, in die frohlockende Kneipe zum belgischen Löwen, wo wir uns mehr Bier in den Leib gossen, als er vernünftigerweise aufnehmen konnte. Eine Sintflut aus Faro, Lambick, hellem Löwener Bier, mit der man die Arche Noah hätte flottmachen können. Wir nahmen auch belgischen Kaffee zu uns, belgischen Wacholder, belgischen Tabak, und verleibten uns Belgien mit allen nur möglichen Mitteln ein.

Nach der Rückkehr in den Schuppen wohnte ich der Öffnung der Koffer der beiden Damen aus dem Abteil bei, deren Gesellschaft und deren Papagei ich so listig aus dem Wege gegangen war. Eine einzigartige Sammlung aus Flitter, gelbblonden Perücken, Salbentöpfen und anderen mehr oder minder passenden Utensilien. Eine jener wegen ihres hohen Alters so ehrwürdigen Damen war eine Pariser Putzmacherin auf dem Weg nach Rußland; die andere eine portugiesische Sängerin auf dem Weg nach England. Während ich damit beschäftigt war, diesen privaten Krimskrams zu betrachten (denn ein geöffneter Koffer enthüllt oft das gesamte Leben einer Person), fühlte ich, wie meine Hand von hinten geküßt wurde. Ich wandte mich rasch um, um die Schöne zu sehen, in der ich eine so plötzliche Leidenschaft geweckt hatte, und ich ahnte schon so manches, meine zukünftigen Abenteuer im Ausland betreffend. Ich erblickte eine Art jungen Mann in blauem Kittel, von zweifelhaftem Aussehen, der dümmlich lächelte mit einem großen Maul, das ihm als Mund diente.

Ich wurde aus diesem Schauspiel überhaupt nicht klug; ein Zöllner setzte mich ins Bild: es war eine männlich gekleidete verrückte Bettlerin, die manchmal beim Abladen der Bündel half, und die auf diese Weise um Almosen bat. Ich warf ihr schnell einen Sou hin, um sie mir vom Halse zu schaffen. Fritz gab ihr zwei; sie küßte ihm äußerst zärtlich den Stiefel. Ich weiß nicht recht, was sie ihm für drei geküßt hätte.

MARGUERITE YOURCENAR
Sommerliche Mußestunden

In jenem Sommer, kurz vor dem August, begab sich Zenon, wie jedes Jahr, wieder ins Grüne auf den Landsitz des
Bankiers. Aber dieser lag nicht mehr wie früher in den
Ländereien, die Heinrich-Justus seit jeher in Kuypen im
Brügger Land besessen hatte: Der Geschäftsmann hatte die
Domäne von Dranoutre zwischen Oudenaarde und Tournai erworben und das alte herrschaftliche Wohnhaus nach
dem Abzug der Franzosen wieder instand setzen lassen.
Man hatte es in modischem Stil mit steinernen Sockeln und
Karyatiden hergerichtet. Der dicke Ligre warf sich mehr
und mehr auf solche Güter unter freiem Himmel, die auf
beinahe anmaßende Weise das Vermögen eines Mannes
bezeugen und ihn im Falle einer Gefahr zum Bürger von
mehr als einer Stadt machten. Stück um Stück rundete er
die Ländereien ab, die seine Frau Jacqueline in der Gegend
von Tournai besaß. [. . .] Da Heinrich-Justus Schatzmeister
von Flandern war, eine Zuckerraffinerie in Maastricht und
eine andere auf den Canarischen Inseln besaß, Zollpächter
von Seeland war, das Monopol des Alaunhandels in den
baltischen Ländern innehatte und mit den Fuggern zusammen ein Drittel der Einkünfte des Ordens von Calatrava
sicherstellte, kam er mehr und mehr in Berührung mit den
Mächtigen dieser Welt: Die Regentin in Mecheln bot ihm
eigenhändig das geweihte Brot; Herr von Croy, der ihm
13 000 Gulden schuldete, hatte kürzlich eingewilligt, einen
neugeborenen Sohn des Kaufmanns über das Taufbecken
zu halten, und man hatte mit dieser Hoheit einen Tag ausgemacht, an dem in seinem Schloß von Roeulx die Taufe
gefeiert werden sollte. Aldegonde und Constance, die beiden noch sehr jungen Töchter des großen Geschäftsman-

nes, würden eines Tages Titel tragen, wie sie jetzt schon Schleppen an ihren Röcken trugen.

Da Heinrich-Justus seine Tuchfabrik in Brügge nur noch als ein veraltetes Unternehmen betrachtete, das durch die Konkurrenz seiner eigenen Brokat-Importe aus Lyon und Velours-Importe aus Deutschland gefährdet wurde, hatte er in der Umgebung von Dranoutre, draußen auf dem platten Lande, gerade ländliche Werkstätten gebaut, wo die städtischen Behörden von Brügge ihm nicht mehr hineinreden konnten. Man stellte auf seinen Befehl etwa zwanzig mechanische Webstühle auf, die Colas Gheel im Sommer zuvor nach Zenons Zeichnungen gebaut hatte. Den Kaufmann hatte die Lust gepackt, diese Arbeiter aus Holz und Metall auszuprobieren, die weder tranken noch grölten, deren zehn die Arbeit von vierzig machten und die nicht von der Lebensmittelteuerung profitierten, um eine Lohnerhöhung zu fordern.

An einem kühlen Tag, der schon herbstlich roch, wanderte Zenon zu dieser Oudenhover Weberei. Das Land war voll von Erwerbslosen, die Arbeit suchten. Kaum zehn Meilen trennten Oudenhove von der prunkvollen Pracht in Dranoutre, doch diese Entfernung hätte ebensogut die zwischen Himmel und Hölle sein können. Heinrich-Justus hatte eine kleine Gruppe von Handwerkern und Werkmeistern aus Brügge in einem alten, schlecht und recht reparierten Gebäude am Eingang des Dorfes untergebracht. Dieser Schlafsaal verwandelte sich in ein Elendsquartier. [...]

Ein hageres, lebhaftes Männchen, ein gewisser Thierry Loon, Garnwickler von Beruf, der unverhofft zum Werkmeister aufgerückt war, zeigte Zenon die endlich aufgestellten Maschinen. Die Tagelöhner haßten die Maschinen alsbald, nachdem sie zunächst die phantastische Hoffnung gehegt hatten, durch sie mehr zu verdienen und sich weniger plagen zu müssen. Jedoch den Priester beschäftigten seit einiger Zeit andere Probleme; diese Gestelle und Gegengewichte interessierten ihn nicht mehr. Thierry Loon sprach mit übertriebener Ehrerbietung von Heinrich-Justus, warf aber Zenon schräge Blicke zu, als er über ungenügende Verpflegung klagte, über die baufälligen Hütten aus Holz und Gipsschutt, die von den Verwaltern des Kaufmanns in aller Eile aufgebaut worden waren, über die Arbeitsstunden, die länger waren als in Brügge, da hier keine Gemeindeglocke mehr die Stunden schlug. Der kleine Mann sehnte sich nach der Zeit zurück, da die Handwerker noch festgefügte Rechte besaßen und den Arbeitern den Hals umdrehen, den Fürsten die Stirn bieten konnten. Das Neue machte ihn nicht bange, er schätzte die Erfindungsgabe an dieser Art von Käfigen, in denen jeder Arbeiter mit Füßen und Händen zwei Hebel und zwei Trittbretter gleichzeitig bediente, aber das zu rasche Tempo erschöpfte die Männer, und die komplizierten Getriebe erforderten mehr Sorgfalt und Aufmerksamkeit, als Finger und Schädel von Handwerkern zu bieten haben. Zenon schlug ihm Veränderungen der Konstruktion vor, aber der neue Werkmeister schien keinen Wert darauf zu legen. [...]

Zenons Fähigkeiten in der Mechanik brachten ihm in der Familie wenig Ansehen ein. Teils verachtete man ihn, weil er ein armer Bastard war, teils achtete man ihn halbwegs wegen seines zukünftigen Priesterberufes. Während des Nachtessens im Speisezimmer hörte der Priester Heinrich-Justus hochtrabende Sprüche über den Lebenswandel von sich geben: man solle Jungfrauen immer meiden, aus Angst vor Schwangerschaften, Ehefrauen aus Angst vor dem Dolch, Witwen, weil sie einen zugrunde richteten, man solle seine Einkünfte gut verwalten und Gott ehren. Der

Domherr Bartholomäus Campanus, gewohnt, den Seelen nur das wenige abzuverlangen, was sie zu geben bereit sind, tadelte solch dick aufgetragene Weisheit nicht. Die Schnitter hatten an diesem Tag eine Hexe entdeckt, die gerade schadenfroh in ein Feld pinkelte, um den Regen zu beschwören, auf das Korn zu fallen, das durch ungewöhnlich starke Regenschauer schon halb verfault war; sie hatten sie ohne weiteren Prozeß ins Feuer geworfen. Man machte sich über diese Sibylle lustig, die das Wasser zu beherrschen glaubte, aber nicht verstanden hatte, sich vor der Glut zu schützen. Der Domherr erklärte, daß der Mensch, wenn er die Sünder mit dem Feuertod bestraft, der nur einen Augenblick dauert, sich nur nach Gott richte, der sie ja zu derselben Strafe verurteile, aber für die Ewigkeit. Solche Gespräche unterbrachen jedoch den üppigen Abendimbiß nicht. Jacqueline, vom Sommer erhitzt, neckte Zenon in ihrer biederfraulichen Weise. Diese fette Flämin, durch ihre kürzliche Niederkunft wieder verschönert, war stolz auf ihren Teint und ihre weißen Hände und üppig wie eine Pfingstrose. Der Priester schien weder ihre halboffene Bluse zu bemerken noch die blonden Haarsträhnen, die den Nacken des jungen Geistlichen streiften, der sich über eine Buchseite neigte, bevor die Lampen hereingebracht wurden, noch das zornige Aufspringen des Studenten, der Frauen verachtete. Für Bartholomäus Campanus war jede Vertreterin des weiblichen Geschlechts gleichzeitig Maria und Eva, jene, die für das Heil der Welt ihre Milch und ihre Tränen vergießt, und jene, die sich der Schlange hingibt. Er senkte die Augen, ohne zu richten.

Zenon ging mit großen Schritten hinaus. Die kahle Terrasse mit ihren gerade gepflanzten Bäumen und ihren pompösen Muschelsteingrotten grenzte unmittelbar an die Viehweiden und die bestellten Felder. Ein Weiler mit niedrigen Dächern verbarg sich hinter dem Auf und Ab der

Heuschober. Doch die Zeit war vorbei, da Zenon sich wie einst in Kuypen nahe am Johannis-Feuer in der klaren Nacht, die den Sommer einleitete, neben den Landarbeitern hätte ausstrecken können. An den kühlen Abenden hätte man ihm auch auf der Bank in der Schmiede keinen Platz mehr gemacht, wo ein paar Bauernlümmel, immer dieselben, sich bei der angenehmen Wärme abstumpfen lassen und beim Gesumm der letzten Spätsommerfliegen letzte Neuigkeiten austauschen. Alles trennte ihn jetzt von ihnen: ihr träges Dorf-Kauderwelsch, ihre kaum weniger trägen Gedanken und die Furcht, die ein Junge einflößt, der lateinisch spricht und in den Sternen liest. Manchmal fiel es ihm ein, seinen Cousin zu nächtlichen Streifzügen mitzuschleppen. Er ging in den Hof hinunter und pfiff leise, um seinen Kameraden zu wecken. Heinrich-Maximilian sprang über den Balkon, noch trunken vom tiefen Schlaf der Jugend; er roch nach Pferd und Schweiß von dem langen Galoppieren am Vorabend. Aber die Hoffnung, eine Herumtreiberin am Rande eines Weges über den Haufen zu rennen oder Rosé im Wirtshaus in Gesellschaft von Fuhrleuten zu picheln, machte ihn schnell munter. Die beiden Kameraden nahmen ihren Weg quer durch die Felder, halfen sich gegenseitig beim Überspringen der Gräben, liefen auf das Feuer eines Zigeunerlagers oder das rote Licht einer entfernten Schenke zu. Bei der Rückkehr brüstete sich Heinrich-Maximilian mit seinen Großtaten; Zenon verschwieg die seinen. Das albernste dieser Abenteuer war das, wobei sich der Erbe der Ligre nächtlicherweise in den Stall eines Pferdehändlers von Dranoutre schlich und zwei Stuten rosa anmalte, die ihr Besitzer am nächsten Morgen für verhext hielt. [...]

Meistens aber ging Zenon allein fort, bei Tagesanbruch, mit seinen Merktäfelchen in der Hand, und wanderte weit ins Land hinein, auf der Suche nach Wissen, das unmittelbar aus den Dingen kommt. Er wurde nicht müde, Steine in der Hand abzuwägen und neugierig zu betrachten, deren blanke oder rauhe Oberfläche, deren rostige oder schimmelfarbene Tönung eine Geschichte erzählen und von Metallen Zeugnis geben, die sie geformt haben, von Feuer und Wasser, die vor Zeiten ihre Materie niedergeschlagen oder ihre Form zur Erstarrung gebracht haben. Insekten schlüpften darunter hervor, merkwürdige Tiere einer animalischen Unterwelt. Er saß auf einer Anhöhe, betrachtete unter dem grauen Himmel die wellige Ebene, die hier und da von langgestreckten Sandhügeln ausgebaucht wurde, und dachte an verstrichene Zeiten, da das Meer noch diese großen Weiten bedeckt hatte, wo jetzt Getreide wuchs, und ihnen bei seinem Rückzug die Gleichförmigkeit und die Zeichnung der Wellen hinterließ. Denn alles wandelt sich, sowohl die Form der Welt als auch die Erzeugnisse der regsamen Natur, für die jeder Moment Jahrhunderte dauert. Oder er wandte sich auch, mit der plötzlichen starren und heimlichen Aufmerksamkeit eines Wilddiebes, den Tieren zu, die in den tiefen Wäldern laufen, fliegen und kriechen, interessierte sich für die genaue Spur, die sie hinterlassen, für ihre Brunst, ihre Paarung, ihr Futter, für ihre Warnrufe und ihre Listen und wie sie sterben, wenn sie mit einem Stock erschlagen werden. Eine Art Verwandtschaft verband ihn mit den Reptilien, diesen von den Menschen aus Furcht oder Aberglauben verleumdeten, kühlen, klugen, halb unterirdischen Kriechtieren, die mit jedem ihrer dahinschlängelnden Ringe eine Art von mineralischer Weisheit umschließen. [...]

Einmal, da er Brot für mehrere Tage bei sich trug, wagte er sich bis zum Forst von Houthuist. Diese Gehölze waren Restbestände großer Hochwälder aus heidnischer Zeit: seltsame Ratschläge fielen aus ihren Blättern nieder. Mit erhobenem Kopf sah Zenon sinnend von unten hoch in das dichte Laub- und Nadelwerk, und erneut wandte er sich alchimistischen Spekulationen zu, die er in der Schule oder trotz der Schule in Angriff genommen hatte. Er fand in jeder dieser pflanzlichen Pyramiden die hermetischen Hieroglyphen der aufsteigenden Kräfte wieder, das Zeichen der Luft, die diese schönen Waldwesenheiten umgibt und nährt, das Zeichen des Feuers, dessen innere Kraft sie in sich tragen und das sie vielleicht eines Tages zerstören wird. Aber dieses Aufstreben wurde durch ein Hinabsteigen ausgeglichen: unter seinen Füßen ahmte das blinde und empfindliche Wurzelvolk im Finstern die unendliche Teilung der kleinen Zweige im Himmel nach, richtete sich behutsam nach wer weiß welchem Nadir aus. Hier und da verriet ein zu früh vergilbtes Blatt unter dem Grün das Vorhandensein von Metallen, aus denen es seine Substanz gebildet hatte und deren Verwandlung es bewirkte. Die Kraft des Windes bog die hohen Stämme wie das Schicksal eines Menschen. Der Geistliche fühlte sich frei wie das Wild und ebenso bedroht, ausgeglichen wie der Baum zwischen oberer und unterer Welt, auch er gebeugt unter dem vielfachen Druck, der ihm auferlegt ist und der erst mit seinem Tode aufhören würde. Aber das Wort Tod war ja vorerst nur ein Wort für diesen Zwanzigjährigen.

In der Dämmerung bemerkte er auf dem Moos die Spur einer Holzfuhre; ein Geruch nach Rauch führte ihn in der schon finsteren Nacht zur Hütte der Köhler. Drei Männer, ein Vater und seine beiden Söhne, Henker der Bäume, Meister und Diener des Feuers, zwangen dieses, langsam seine Opfer zu verzehren, wobei es das feuchte, zischende und zitternde Holz in Kohle umwandelt, die auf immer ihre Verwandtschaft mit dem feurigen Element bewahrt. Ihre Lumpen hoben sich kaum von ihren von Schweiß und Asche fast mohrenhaft geschminkten Körpern ab. Die weißen Haare des Vaters, die blonden Mähnen der Söhne wirkten erstaunlich über den geschwärzten Gesichtern und auf den geschwärzten nackten Oberkörpern. Diese drei, die ebenso allein wie Einsiedlermönche lebten, hatten beinahe alles vergessen, was zu ihrem Jahrhundert gehörte, oder hatten niemals etwas davon gewußt. Es kümmerte sie wenig, wer in Flandern regierte oder ob man das Jahr 1529 nach Christi Geburt schrieb. Sie schnaubten eher als daß sie sprachen und begrüßten Zenon, wie Tiere des Waldes einander begrüßen; der Geistliche war sich klar darüber, daß sie ihn ebensogut hätten töten können, um ihm seine Kleider zu rauben, anstatt eine Portion von seinem Brot anzunehmen und ihre Kräutersuppe mit ihm zu teilen. Spät in der Nacht, als er in ihrer rauchigen Hütte fast erstickte, stand er auf, um gewohnheitsgemäß die Gestirne zu beobachten. Er ging hinaus auf den verkohlten Platz, der in der Nacht weiß schimmerte. Der Kohlenmeiler glühte dumpf; seine geometrische Konstruktion war ebenso vollkommen wie die kleinen Befestigungswerke der Biber und die Waben der Bienen. Ein Schatten bewegte sich auf rotem Feld; der jüngere der beiden Brüder überwachte die weißglühende Masse. Zenon half ihm, die Knüppel mit einem Haken auseinander zu ziehen, da sie zu schnell verbrannten. Wega (in der Leier) und Deneb (im Schwan) funkelten zwischen den Baumwipfeln hindurch; Stämme und Zweige verdunkelten die tiefer am Himmel stehenden Sterne. Der Priester dachte an Pythagoras, an Nikolaus Cusanus, an einen gewissen Kopernikus, deren kürzlich herausgekommene Theorien in der Schule begeistert aufgenommen oder heftig abgelehnt worden waren, und eine Regung von Stolz überkam ihn bei dem Gedanken, zu dieser geschickten und beweglichen Rasse von Menschen zu gehören, die das Feuer zähmt, die Substanz der Dinge verwandelt und die Wege der Gestirne erforscht.

Er verließ seine Gastgeber, ohne mehr Umstände zu

machen, als wenn er die Rehe des Waldes verließe, und machte sich voller Ungeduld wieder auf den Weg, als ob das Ziel, das er sich im Geist gesteckt hatte, greifbar nahe wäre und er sich dennoch eilen müsse, um es zu erreichen. Er wußte, daß er seine letzten Bissen Freiheit kaute und daß er in wenigen Tagen wieder die Bank eines Kollegs werde drücken müssen, um sich für später einen Posten als bischöflicher Sekretär zu sichern, der anmutige lateinische Sätze formulieren soll, oder irgendeinen Stuhl für Theologie, wo es ratsam sein würde, vor seinen Hörern nur erlaubte oder geduldete Äußerungen fallen zu lassen. Mit einer für sein jugendliches Alter typischen Unschuld stellte er sich vor, daß bisher noch nie jemand so viel Groll hinsichtlich des priesterlichen Standes in seiner Brust gehegt oder es in der Revolte oder in der Scheinheiligkeit so weit gebracht hatte wie er. Im Augenblick waren der Warnschrei eines Eichelhähers, das Hämmern eines Grünspechts die einzigen morgendlichen Gottesdienste. Eine Losung dampfte schwach auf dem Moos, ein Zeichen dafür, daß ein Nachttier vorbeigezogen war.

Sobald er auf der Landstraße war, vernahm er wieder den Lärm und das Geschrei des Jahrhunderts. Ein Trupp von aufgeregten Bauern rannte mit Eimern und Forken vorbei: ein einsam gelegener großer Hof brannte, angezündet von einem dieser Wiedertäufer, die sich jetzt schnell vermehrten und den Haß gegen die Reichen und Mächtigen mit einer besonderen Form von Gottesliebe vermischten. Zenon bemitleidete herablassend diese Schwärmer, die aus einem verfaulten Kahn in einen lecken Kahn sprangen und von einem uralten Irrtum in einen ganz neuen Wahn verfielen, aber der Ekel von der fetten Üppigkeit, die ihn umgab, brachte ihn, wider Willen, auf die Seite der Armen. Ein wenig weiter begegnete ihm ein entlassener Weber, der den Bettelstab ergriffen hatte, um sein Auskommen anderswo zu suchen, und er beneidete diesen Landstreicher darum, dem Zwang weniger ausgesetzt zu sein als er.

VICTOR HUGO
Brief aus Kortrijk

Kortrijk, den 27. August, 7 Uhr abends
Gestern war ich in Tournai, reiste ab, fuhr durch Kortrijk, besichtigte Ypern und bin nun zurück in Kortrijk. Du siehst, liebe Freundin, ich komme und gehe, ich will mir nicht eine dieser alten Städte entgehen lassen. Überall, wo es eine Kathedrale, ein Rathaus oder einen Rubens gibt, eile ich herbei. So fahre ich ständig kreuz und quer durchs Land. Meine Reise durchzieht Belgien wie eine bizarre Arabeske. Das kommt daher, daß in diesem Land alle sechs Meilen jeweils eine Stadt liegt, wie man sie in Frankreich alle sechzig Meilen findet. Bevor ich Tournai verließ, habe ich mir die Kathedrale noch einmal angesehen, denn sie ist wirklich von seltener Schönheit. Diese romanische Kirche gleicht fast der von Noyon. Über Noyon hinaus hat sie einen entzückenden Renaissance-Lettner, ganz aus buntem Marmor mit zwei Reihen Flachreliefs, die eine aus dem Alten, die andere aus dem Neuen Testament: sie lassen sich auf höchst eigentümliche Weise gegenseitig erklären, die unteren durch die oberen, das Symbol durch den Fakt, die Prophezeihung durch die Erfüllung, der das Holz seines Scheiterhaufens tragende Isaak durch den sein Kreuz tragenden Jesus, Jonas, vom Wal verschlungen und nach drei Tagen wieder ausgespien, durch Jesus, der ins Grab hinabsteigt und es ebenfalls am dritten Tage wieder verläßt. Und so weiter. Dieser Lettner ist mit dem zartfühlendsten und feinsinnigsten Meißel geschaffen.

Tournai ist eine antike Stadt. Fast alle Kirchen stammen aus dem elften bis dreizehnten Jahrhundert. Ich sah dort romanische Häuser. Erinnerst du dich, meine Adele, an das Haus, das wir zusammen in Tournus gesehen haben, auf dieser schönen Reise 1825, der liebsten Erinnerung meines Lebens?

Aber ich nehme mein Tagebuch wieder auf. Das romanische Nordportal der Kathedrale von Tournai besitzt eine Besonderheit, die ich ausschließlich dort gesehen habe: Der Künstler hat zwei geschlossene Rundbogenfenster aus dem Stein gehauen. Die Läden mit ihren Beschlägen und Riegeln sind auf das sorgfältigste herausgearbeitet. Im übrigen verfällt das Portal jämmerlich. Den mächtigen Glockenturm, der zur Linken emporragt, durchziehen Risse von oben bis unten.

Ich berichte dir nur von Bauwerken, liebe Freundin, denn Erlebnisse habe ich nun wirklich keine, und die Gespräche bei Tisch sind überall dieselben. Verstehen Sie M. Raymond? Er will unbedingt Domino spielen! Er verliert jedes Mal, so daß er jeden Abend die Zeche für drei zahlt. – In Lüttich werden Gehröcke zu fünfundzwanzig Francs verkauft, aus Tuch. – Aus Tuch, ist das möglich? – Wahrhaftig, ja, Luxemburger Tuch zu drei Francs fünfundsiebzig, fünf Ellen, achtzehn Francs fünfzehn Sous, Futter und schmückendes Beiwerk, zwei Francs, zwanzig Francs fünfzehn, Zuschnitt, zwei Francs, zweiundzwanzig Francs fünfzehn, Vermittlung, fünf Sous, dreiundzwanzig Francs, zwei Francs Gewinn, nur zu! Und so weiter. Das war meine Unterhaltung am gestrigen Abend in Menen.

Menen birgt Erinnerungen. Ihm wurde die Ehre einer Belagerung durch Ludwig XIV. zuteil. Mehr nicht. Eine häßliche und gewöhnliche Frau, der der Zufall einen schönen Geliebten beschert hat. Im übrigen ist nichts Bemerkenswertes über das Äußere der Häuser oder der Bewohner

zu sagen. Ich habe hier jene Brüsseler Schubkarren wieder-
gesehen, die von einem Hund gezogen und von einer Frau
geschoben werden. Der Herr von Canaples, der Flöhe für
seine Hunde so fürchtete, hätte wohl kaum die seinen vor
diese Karren gespannt.

Ich zeichne, träume und studiere, und lasse die Belgier
um mich herum reden. Ich bewundere, wie sie flämisch auf
französisch sprechen. Sie haben ein »nicht wahr«, das sie
bei jeder passenden und unpassenden Gelegenheit anbrin-
gen. Die Frauen sagen dieses »nicht wahr« voller Anmut.
Sie sind wahrlich im allgemeinen sehr hübsch. Aber die
Schönsten sollen die aus Brügge sein.

Man lebt recht gut in den Herbergen, bis auf das Bier.
Allerdings geben sie wie besessen Zucker und Mehl zu
allem. Verlangt man ein Omelette, hat man sich mit Pud-
ding abzufinden.

In Tournai, wie auch in Brüssel, in Antwerpen und in
Gent breiten sich die Pariser Moden, die Pariser Waren, und
man könnte meinen, auch die Pariser Händler in den Läden
aus, die hier auch Geschäfte heißen. Abends spazierte ich
durch die Straßen und glaubte, die glitzernden Auslagen
der Pariser Boulevards vor Augen zu haben. Was für seltsame Häuser! Das Dach sechzehntes Jahrhundert, der Laden rue Vivienne, finster und tragisch die eine Hälfte, fade
und töricht die andere. Was nutzt es, ein Haus aus dem
sechzehnten Jahrhundert zu sein, wenn es so endet! Oben
ein Renaissance-Giebel und unten ein Laden wie am Palais-
Royal! zum Himmel hin ein treppen- oder volutenge-
schmückter Giebel, zum Bach hin ein Laden für Gingan
und Baumwollzeug! Welch ein Niedergang! Wie konnte
eine Fassade, *formosa superne*, ein solch erbärmliches Ende
nehmen?

Die belgische Tünche kennt drei Schattierungen: grau,
gelb und weiß. Drei Farben, wie es sich für einen Verfas-

sungsstaat gehört. Weiß werden die Kirchen angestrichen, grau die Rathäuser, gelb die Landhäuser und die verspielten Gebäude, in denen sich der Belgier sonntags verlustiert. Als ich vorhin in Ypern ankam, sah ich rechts der Straße eine Art mächtiges Schloß, wie aus einem Klumpen Butter gemeißelt. Der Besitzer, ein gutmütiger rundlicher Flame, bewunderte es aus einer Schicht Gurken heraus, in deren Mitte seine dicke Gestalt aufblühte.

Die Fahrt von Menen nach Ypern ist äußerst angenehm. Überall jene anmutigen kleinen grünen Einfriedungen, die die flämischen Maler so lieben. Und dann führt der Weg durch ein Wäldchen, hier und da gesäumt von jenen schönen italienischen Pappeln, deren Rinde einen mit großen Augen vorüberziehen sieht. Auf dem Rückweg habe ich diese Strecke sehr genossen. In umgekehrter Richtung eröffnet solch eine Strecke ganz neue Ausblicke.

Ypern ist eine Stadt, in der ich wohnen möchte. Holzhäuser und Backsteinhäuser stehen hier nebeneinander. Eine Art unerwartetes Zusammentreffen aus Flandern und Normandie. Das Rathaus ist ein wahres Wunderwerk. Ein gigantischer Bau, der eine ganze Seite der Place Royale einnehmen würde, und sein Stil steht seiner Wucht in nichts nach. Ein entzückendes kleines Stadthaus lehnt sich anmutig an dieses strenge Palais aus dem dreizehnten Jahrhundert. – Die Kirche ist wunderschön, besonders zu Studienzwecken. Sie ist voller Renaissance-Skulpturen, und ich sah dort einen heiligen Martin von Rubens, ein beispielloses Werk. Hinzu kommen noch hundert erlesene Häuser in der Stadt. An der Vorderseite des Hôtel de la Châtellenie, wo ich speiste, befinden sich prächtige Medaillons mit Darstellungen der sieben im sechzehnten Jahrhundert bekannten Gestirne: *Luna, Mercurius, Sol, Mars, Jupiter, Saturnus*; ausgestattet mit den schönsten menschlichen Zügen dieser Welt.

In Ypern, wie im übrigen in ganz Belgien, tragen die Häuser Jahreszahlen. Ich mag diese Sitte. So sah ich an einer alten Fassade das Datum 1616: Dies rief in mir die Erinnerung an das Todesjahr Shakespeares wach. Shakespeare starb in jenem Jahr, 1616, am 23. April. An diesem Tag starb auch Miguel Cervantes. Merkwürdiger Zufall! Gott hat zur gleichen Zeit diese beiden Lichter gelöscht, und mit ihnen erloschen die Morgenröte des siebzehnten Jahrhunderts und der letzte Schimmer des sechzehnten.

In Kortrijk steht eine prachtvolle Kreuzaufrichtung von van Dyck. Der Glockenturm der Hauptkirche ist schön, wenn auch als Belfried gestaltet. Neben zwei Türmen auf einer Brücke ist das alles, was mir in der Stadt auffiel.

STEFAN ZWEIG

Ypern

Vor Jahren und Jahren war ich einmal in dieser nun so tragisch berühmten Stadt. Man ratterte zwei oder drei Stunden lang von Brügge mit einer wackeligen Dampfvizinalbahn, kam abends an, ein sehr vereinzelter Fremder, der Mühe hatte, irgendeinen Gasthof aufzustöbern: die Leute schliefen schon um neun Uhr, und nur ein paar kleine Estaminets zwinkerten Petroleumlicht aus halbgeschlossenen Fensterläden. Der große Platz vor den Hallen schwarz und leer, ein viereckiger Teich. Stille. Wahrhaftig, man hätte sich nicht gewundert, wäre plötzlich ein mittelalterlicher Nachtwächter aus dem Schatten getreten, um meistersingerische Schlafmützenweis' durch die Gassen zu tuten. Riesig aber wuchteten aus diesem Schweigen die quadratischen Massen jenes herrlichen Gebäudes hervor, der Stadthalle; sie und die Kathedrale zu sehen, war ich eigens gekommen, drei Vizinalbahnstunden weit in diese behäbige und vergessene Provinzlerei.

Jetzt flammt der Name Ypern, der »ville martyre«, auf allen Plakaten von Lille bis Ostende, von Ostende bis Antwerpen und weit ins Holländische hinein: Gesellschaftsreisen, Automobilexkursionen, Separattouren überschreien sich in Angeboten, täglich sausen zehntausend Menschen (und vielleicht mehr!) für ein paar Stunden herüber: Ypern ist die great show Belgiens geworden, eine schon gefährliche Konkurrenz für Waterloo, ein Man-muß-es-gesehen-Haben aller Touristen. Widerstand regt sich als erstes Gefühl, solchem Wirbel nachträglicher Schlachtenbummler sich einzudrängen. Aber Verantwortung mahnt, nichts zu übersehen, was die Geschichte unserer Zeit sinnlich verlebendigt; nur wenn wir uns stark und bewußt orientieren, werden wir der furchtbaren Vergangenheit und damit der Zukunft gerecht.

Also nach Ypern. Aber in keinem der Massenautomobile, darin gemietete Führer in vorgeschriebener Route täglich Kirchhöfe, Monumente, Ruinen und zweihunderttausend Tote in wohlassortiertem Programm abschnurren. Lieber den kleinen Umweg nach Nieuport hinüber. Breite, bequeme Straßen, asphaltgegossenes glattes Gummiband zuerst, wo die Luxuswagen, geräuschlos federnd, von Badeort zu Badeort sausen, wahrscheinlich ohne rechts und links die schon langsam versandenden Spuren des Krieges überhaupt zu bemerken. Denn man muß scharf hinsehen, um sich zu vergegenwärtigen, daß, was jetzt als dünne Wasserschnur zickzack durch die Felder läuft, vier Jahre lang Laufgraben war für geduckte Bataillone. Daß der runde, blaue Wolken spiegelnde Tümpel dort, aus dem gelbgefleckte Kühe mit ihren rosenweichen Nüstern gemütlich Wasser lecken, einem menschenmörderischen Trichtereinschlag eines schweren Geschützes sein Dasein dankt.

Ja, man muß anfangs noch scharf hinsehen, um all diese Mementos zu bemerken (denn die Zeit löscht in der nachgiebigen Erde die Spuren fast so schnell wie in den vergeßlichen Gehirnen der Menschen). Aber bald in der Nähe von Nieuport, der einstigen Hauptfront, mehren sich beängstigend die Zeichen. Immer mehr dieser troglodytischen Höhlen, dann schon zersplitte Bäume mit weggegiftetem Laub, skeletthafte Arme anklägerisch in den Himmel hebend. Immer mehr und immer mehr der weggeworfenen und zerstampften Wellblechdecken, der gestützten Unterstände...

Die Stadt ohne Herz

Rasch also auf Ypern zu. Rechts und links fließendes Gold von reifendem Getreide, körnerschwer: wieder spürt man's, auch in der Natur lebt immer alles Lebendige von den Toten. Kranke Wälder mit abgefressenem Laub, vom Gasgift vergilbt, strecken ihre Stummel wie hilfeschreiend einem entgegen. Und an den vielen Friedhöfen rechts und links von der Straße spürt man unverkennbar: der Brennpunkt vierjährigen Kampfes muß schon nah sein. Kreuze, Kreuze, Kreuze, steinerne Armeen von Kreuzen, erschütternd durch den Gedanken, daß unter jedem dieser blankpolierten, rosenumflochtenen Steine ein Mensch ruht, der ohne diesen Wahnwitz noch heute, vierzigjährig, fünfzigjährig, in voller Gesundheit, Blüte und Kraft stünde. Denn ohne diesen Gedanken möchte man sie sonst schön nennen, diese beinahe musikalisch in die leere Landschaft hineinkomponierten Totenhaine, australische, kanadische, englische, belgische, französische und deutsche.

Ein paar enge Straßen noch, und man ist auf dem Marktplatze. Alles steht da wie einst, schön erneuert, frischer vielleicht noch, nur – entsetzlich – die gigantische Stadthalle ist weg, dieser zyklopische Riesenbau, der Stolz Belgiens, um den einstens die ganze Stadt mit ihren Häuserchen sich scharte wie Kücken um die Henne. Dort, wo diese Herrlichkeit heroisch wuchtete, Jahrhunderten trotzend, steht jetzt ein Nichts, ein paar rauchige Steinstümpfe, wie kariöse Zähne schwarz und zerfressen gegen den Himmel gebleckt. Das Herz der Stadt ist ausgerissen, und man denke es sich aus im Vergleich, daß in Berlin statt des Schlosses und der Linden ein schottriger Trümmerhaufen läge.

Schaurig das anzusehen. Schauriger noch als die Photographien in den Schaufenstern, die Ypern 1918 in einer Flugaufnahme zeigen, als eine Kraterlandschaft, eine einzige Schuttwucherung. Aber diese schaurige Wirkung der Nichtwiederherstellung gerade dieses mächtigsten Baues entspringt einer Absicht, denn es ist bestimmt, daß dieses eine und gewaltigste Gebäude der belgischen Kriegswelt für ewige Zeiten Trümmerhaufen verbleiben soll, ähnlich wie die Heidelberger Ruine, damit Geschlechter und Geschlechter sich des Geschehenen erinnern. Wahrscheinlich beabsichtigte ein Gefühl der Rache, damit den Abscheu und das Ressentiment gegen die Eindringlinge zu verewigen, das Martyrium dieser Stadt noch Generationen zu zeigen. Aber mag diese Absicht die ursprüngliche gewesen sein – die Wirkung wird eine andere. Was als Denkmal des Krieges bestimmt war, wirkt nun schon als Denkmal gegen den Krieg, und dieses zerschmetterte, beinahe zu Schutt und Staub zermörserte Kunstdenkmal erweist sich als die denkbar furchtbarste Mahnung für alle, die ihre Heimat lieb haben, nie mehr die heiligsten Werke ihrer Geschichte solchen mörderischen Zerstörungen auszusetzen.

Sein erlauchtestes Kunstwerk ist damit Ypern genommen. Niemand wird in Hinkunft mehr, wie wir einstens, hinpilgern in die abseitige Stadt, einzig um, maßvoll und mächtig, dieses herrliche Hallenwerk mit seinen breiten Schultern dastehen zu sehen. Aber für das verlorene Denkmal hat Ypern ein neues gewonnen, und daß ich es gleich voraussage, ein seelisch wie künstlerisch überwältigendes: das Meningate, errichtet von der englischen Nation für ihre Toten, ein Denkmal, so ergreifend wie nur eins auf europäischer Erde.

Auf der Straße, die vormals zum Feinde führte, ist dies riesige Tor errichtet, hoch und marmorhell. Es schattet und deckt ein paar Meter weit die Straße, jene einzige des umschlossenen Ypern, wo in Sonnenbrand und Regen die englischen Regimenter an die Front rückten, wo die Kanonen, die Lazarettwagen, die Munition zugeführt und unzählige Särge heimgekarrt wurden. In schlichten römischen Maßen, mehr Mausoleum als Triumphbogen, wölbt sich das breite Tor. Auf der Vorderseite, der Feindrichtung zugewandt, liegt auf dem First ein Marmorlöwe, die Pranke wuchtig niedergelegt wie auf eine Beute, die er nicht lassen will; auf der Rückseite, der Stadt zugewandt, erhebt sich ernst und schwer ein marmorner Sarkophag. Denn dieses Denkmal gilt den Toten, den sechsundfünfzigtausend englischen Toten bei Ypern, deren Gräber nicht gefunden werden konnten, die irgendwo in einem Massengrabe vermodern, unkenntlich von Granaten zerfetzt, oder im Wasser verfaulten, all jenen, die nicht wie die anderen auf den Friedhöfen rings um die Stadt ihre hellen, weißen, geschliffenen Steine haben, eigenes Wahrzeichen letzter Ruhestatt. Ihnen allen, den Sechsundfünfzigtausend, hat man diesen Marmorbogen als gemeinsames Grabmal gewölbt, und alle diese sechsundfünfzigtausend Namen sind eingegraben mit goldenen Lettern in den marmornen Stein, so viele, so unendlich viele, daß, ähnlich wie auf den Säulen der Alhambra, die Schrift zum Ornamente wird. Ein Denkmal also nicht dem Siege, sondern den Toten, den Opfern dargebracht, ohne jeden Unterschied, den gefallenen Australiern, Engländern, Hindus und Mohammedanern, verewigt in gleichen Maßen und in gleicher Größe, in demselben Stein, für denselben Tod. Kein Bildnis des Königs, keine Erwähnung von Siegen, keine Kniebeuge vor genialen Feldherren, kein Schwatz von Kronprinzen, Erzherzögen, nur lakonisch großartige Stirninschrift: Pro rege, pro patria. In dieser wahrhaft römischen Einfachheit wirkt dieses Grabmal der Sechsundfünfzigtausend erschütternder als alle Triumphbogen und Siegesdenkmäler, die ich jemals gesehen, und diese Erschütterung mehrt sich noch am Anblick der immer wieder neu gehäuften Kränze der Witwen, der Kinder, der Freunde. Denn eine ganze Nation pilgert alljährlich zu dieser gemeinsamen Grabstätte der unbegrabenen und verschollenen Soldaten.

Kirmes über den Toten

Ein Wallfahrtsort der englischen Nation ist Ypern heute geworden. Man kann es verstehen, wenn man diese Tausende und aber Tausende von Gräbern, wenn man diese tragische Stelle der Sechsundfünfzigtausend gesehen. Aber gerade die Fülle des Verkehres gefährdet arg die Ehrfürchtigkeit des Eindruckes, und mitten in der Ergriffenheit wehrt sich das Gefühl gegen die zu gute, zu präzise funktionierende Organisation. Auf dem Marktplatze staut sich ein Autopark wie vor einer Oper, die grünen und gelben und roten Massenautos, diese fahrenden Bassins, schütten stündlich Tausende von Menschen in die Stadt, ganze Touristenarmeen, die mit lautsprechenden Führern die »Sehenswürdigkeiten« (zweihunderttausend Gräber!) betrachten. Für zehn Mark kriegt man alles, den ganzen Krieg von vier Jahren, die Gräber, die großen Kanonen, die zerschossene Stadthalle, mit Lunch oder Diner und allem Komfort und nice strong tea, wie es auf allen Schildern angeschrieben ist. In allen Buden wird mit den Toten kräftig Geschäft gemacht, man bietet Galanteriewaren aus, gefertigt aus Granatsplittern (die vielleicht einem Menschen die Eingeweide zerrissen haben), hübsche Schlachtfeldandenken, deren entsetzlichste Probe ich in einem Schaufenster sah: einen Bronze-Christus, das Kreuz gefertigt aus aufgelesenen Patronen. In den Hotels spielt Musik, die Kaffeehäuser sind voll, auf und nieder sausen die Autos, die Kodakverschlüsse klappern. Trefflich ist alles organisiert, jede Sehenswürdigkeit hat ihre Dutzend Minuten, denn man muß ja spätestens um sieben Uhr in Blankenberghe zurück sein und in Ostende, um den Smoking noch anziehen zu können für das Diner.

Das ist furchtbar durchzudenken, fast so würgend wie der Gedanke an die Toten, daß, wie die Erde ihren Dung hat von den Leichen, auch die Lebendigen an den Toten verdienen, daß die sorglosen Nachfahren sich die erschütternden Qualen einer halben Million Brüder so bequem, so gut organisiert ansehen können wie eine Kinovorstellung. Daß sie dieselben Straßen in gut gefederten Autos sausen, die jene, bepackt wie die römischen Ziegelsklaven, monatelang verschmutzt und verschweißt, durchschritten. Daß sie in gut ventilierten Gaststuben alle die Refreshments prompt serviert bekommen, die jenen in ihren nassen, dreckigen Erdhöhlen wie Nektar und Ambrosia erschienen wären. Daß sie einer halben Million Menschen vierjähriges Martyrium in einer halben Stunde, die Zigarette im Munde, bequem und zufrieden um zehn Mark betrachten können und dann mit ein paar Dutzend Ansichtskarten das Erlebnis als ein sehenswertes rühmen.

Dennoch!

Dennoch: es ist gut, daß an einigen Stellen dieser Welt noch ein paar grauenhaft sichtbare Zeichen des großen Verbrechens übrig sind. Es ist im letzten Grunde gut sogar, daß hunderttausend Menschen hier bequem und sorglos alljährlich vorüberknattern, denn immerhin, ob sie wollen oder nicht, diese unzähligen Gräber, diese vergifteten Wälder, dieser zerschmetterte Platz erinnern. Und alles Erinnern wird selbst der primitivsten, der gemächlichsten Natur irgendwie bildnerisch. Alles Erinnern, in welcher Form und Absicht auch immer, drängt das Gedächtnis wieder zu jenen furchtbaren Jahren zurück, die nie vergessen und verlernt werden dürfen. So empfand ich es auch als erziehlich und richtig, daß in Belgien jedes Jahr am 4. August, morgens um neun Uhr, zu ebenderselben Stunde, da 1914 die Deutschen einrückten, alle Glocken zu läuten beginnen, die Sirenen aller Fabriken pfeifen und einige Minuten lang die Arbeit stockt. Die Behörden, die dies verfügten, haben das wohl im nationalen, im patriotischen Sinne verfügt, nicht im kriegsgegnerischen; aber immerhin, auch diese Maßnahme hilft erinnern, sie gibt dem trüben, hindämmernden Gewissen einen Ruck und Stoß. Und man könnte es nur begrüßen, wenn alle einstmals kriegführenden Länder Europas diesen feierlichen Gebrauch übernehmen würden, wenn alljährlich auch in Deutschland und Frankreich genau zur Stunde der Kriegserklärung die Glocken läuteten, alle Sirenen gellten und die Arbeit für Minuten ruhte – für fünf Minuten der Besinnung, der Erinnerung und der Empörung.

STEFAN GEORGE
EMILE VERHAEREN
Die Mühle

(erste Fassung)

Die mühle dreht im tiefen abend leise
Auf einem himmel voll von weh und trauer
Sie dreht und dreht. Ihr hefenfarbnes segel
Ist trüb und schwach und ist unendlich müd.

Seit früh hat sie die arme wie zur klage
Gehoben und gesenkt und wieder nun
Entsinken sie in der geschwärzten luft
Im vollen schweigen der erstorbnen welt.

Ein weher wintertag entschläft in weiten
Die wolken sind des düstren zuges müde
Die hecken ziehen ihre schatten ein
Die gleise gehn nach toten horizonten.

Am feldrand ein paar hütten aus gebälk
Sind ganz armselig hin im kreis gelagert
Das kupferlämpchen von der decke hängend
Bezieht mit seinem feuer wand und fenster.

Und in der ebne und entschlafnen leere
Betrachten sie die kläglichen verstecke
Mit armen augen aus zersplissnen scheiben
Der alten mühle drehn und drehn und sterben.

Furnes

Flandern: mit diesem Namen steigen die Kontraste herauf,
deren Äußerstes in dem Bilde Brügges sich zu begegnen
scheint. Erst wer sie ins Auge faßt, in ihrer sich fast aus-
schließenden Gegensätzlichkeit, dem wird die Stadt mehr
sein als ein Museum von Bildern und Spiegelbildern, durch
das man ihn mit ein paar Erklärungen rasch hingeführt hat.
Aber Brügge ist die schwerste Aufgabe, und die modernen
Seebäder bereiten nicht darauf vor, ihre Widersprüche zu
bewältigen. Nicht von Ostende müßte man hinkommen,
eilig und in der Voreingenommenheit des Sehenswerten,
sondern langsam, das Land entlang, aus einer der alten
kleinen Städte, aus Dixmude oder aus Ypern, mit seinen
gewaltigen Handelsreihn, oder aus der Stadt Furnes, die am
leichtesten zu erreichen ist von der belgischen Küste aus.

Begreift man nicht besser die Grand' Place Brügges,
wenn man innerlich schon ausgedehnt ist durch den unge-
heueren Hauptplatz von Furnes, an den die Stadt sich ganz
ausgegeben hat – wie es scheint – über ihn hinaus nur noch
einen Platz bildend und Gassenanfänge nach allen Seiten,
die es zu nichts bringen? Erwartet man nicht schon Brügges
berühmten Glockenturm steigen zu sehen, wenn man die
Maßlosigkeit flandrischer Türme in Furnes kennen gelernt
hat, die über die Giebel hinausgehen, als gehörten sie in den
Himmel? Und ist es nicht nützlich – wie man es in Furnes,
vor Sankt Walpurga kann –, die Erde schon einmal als den
Grund des Himmels empfunden zu haben, auf dem die
Wracks riesiger Kirchenschiffe liegen, leblos, in hundert-
jähriger Havarie? In Furnes lernt man, einzelner und über-
sichtlicher, die Einschläge unterscheiden, die die Architekturen dieses Landes (seine äußere wie seine innere) so

verwirrend komplizieren konnten. Burgund und Spanien und Habsburg folgen und durchdringen sich und erscheinen doch immer wie in vlämischer Aussprache, wie bezwungen von der Mundart eines bäuerischen Mundes, der nicht zum Schweigen zu bringen war. Flandrisches Licht fällt durch die neuen Fenster des Stadthauses auf die Fetzen der prunkhaften Korduantapeten, fast schadenfroh. Die Bilder der guten Statthalter stehen bürgerlich in Ehren, von den verhaßten hat man keine aufbewahrt. Das gemalte Wappen eines Fürner Adelsgeschlechtes, ein einziges, findet sich, vergessen, sehr hoch fortgehängt in einem der Säle. Neben diesen alten Staatsräumen sind Bureaus eingerichtet, die wie reinliche, wenig benutzte Postämter aussehen. Man sieht selten jemanden eintreten. Der enorme Platz nimmt fortwährend noch Zuflüsse von Leere auf, die aus allen Straßen in ihn münden. Der lange schräge ›Apfelmarkt‹ nebenan hat einen spärlichen Verkehr, den die vielen Fenster zu zählen scheinen. Sein schmales Ende bildet schon an dieser Seite den Ausgang der Stadt, auf eine Art verlassenen Hafen zu und gegen klösterliche Obstgärten hin, deren Blätter so übertrieben deutlich sind, daß sie voll wie Früchte aussehen, jedes einzelne. Im Vorübergehen hat man die alten Kirchenportale bemerkt, das von Sankt Nikolas, halb versunken, wie in die Erde hineingedrängt von dem Druck des stumpfen Turmes, und drüben das zu Sankt Walpurga gehörige, weit vor der Kirche, in der Gefangenschaft des Verfalls allein im Stiche gelassen wie eine tollkühne Vorhut.

Wer aber dieser Stille und diesem Absterben unbedingt glauben will, der muß nur veranlaßt werden, den letzten Sonntag im Juli abzuwarten, um seinen Irrtum einzusehen. Schon am Morgen dieses Tages ist nicht die Grand' Place vor ihm, die er kennt; es ist, als hätte sie plötzlich ein neues Mittel gefunden, um ihre Größe zu beweisen. Jahrmarktsbuden erfüllen sie jetzt, bis auf einen gassenbreiten, freien Rahmen, selber ein Netz von Gassen und kleinen Plätzen und Umwegen bildend, eine Stadt für sich, wie eine von jenen rasch errichteten hölzernen Städten, mit denen die Herzöge von Burgund fremde Fürsten in Erstaunen setzten. Aber diese Stadt bleibt verschlossen, mehr noch, sie hält sich zu, während die Glocken wie ein Wolkenbruch über sie niedergehen. Wenn es einmal still wird zwischendurch, hört man in den Gassen die Fahnen, als kämen Männer in Mänteln durch den Wind. Dabei sieht man fast niemanden gehen, nur Hingestellte da und dort, schwarz und nicht von der Stelle zu rücken. Das alles verändert sich kaum stundenlang und wächst schließlich, mit dem immer wieder einsetzenden Läuten, zu einer fast ängstlichen Erwartung an, auf die nur das Kommen und Durchgehen Fremder beruhigend wirkt. Gegen zwei Uhr haben diese Fremden, vermengt mit Einheimischen, den Hauptplatz entlang und an der Ecke des spanischen Pavillons Reihen gebildet, Gassen, eine negative Form, in die sich, die viele Sonne vor sich herschiebend, auf einmal jener seltsame Umzug ergießt, den die Tradition der Stadt fast ohne Unterbrechung weitergegeben hat von Jahr zu Jahr, seit Jahrhunderten, seit immer. Der alte Gebrauch, daß an einem bestimmten Tage Bußbereite eine sichtbare Buße auf sich nehmen und tragen, entspricht zu sehr dem Bedürfnis dieses Volkes, das ein Gegengewicht zu seinen deutlichen Vergnügungen nötig hat, als daß er sich hätte auflösen und verlieren können.

Wie einst, so setzt sich auch heute noch dieser Zug aus Büßern und Darstellern zusammen, und da die Buße selbst ein Schauspiel ist, so gehen die beiden Rollen oft ineinander über und sind nicht genau zu unterscheiden. Der Gegenstand dieses, wie durch die Unruhe kriegerischer Zeiten in Bewegung gesetzten Dramas ist die Passion, die die Büßenden (durch die herabgeschlagenen Kapuze‹n› der Kagulen unkenntlich) auf sich nehmen im wörtlichen Sinne, indem sie die alten bemalten und bekleideten Holzpuppen vier Stunden lang in der Stadt umhertragen, durch den drückenden langen Nachmittag, unter den Schlägen der Glocken, vor aller Augen. Die Puppen (spanisch-vlämische Skulpturen aus dem siebzehnten Jahrhundert), ganz erfüllt von dem monomanen, einseitigen Ausdruck ihrer Handlung und durch das Getragensein, das Hingesetzt- und Wieder-aufgenommenwerden seltsam bewegt und beschäftigt scheinend, sind schwer zu übertreffende Mitspieler. Aber durch die natürliche Ähnlichkeit mit ihnen gelingt es den anderen, sich ebenso lebendig und überzeugend zu gebärden; dem einen ›Christus‹ ist überdies durch das Recht, dreimal an genau bezeichneten Stellen unter dem Kreuze zusammenzubrechen, ein großer Vorsprung gegeben, und alle die anderen haben vor den Holzfiguren die Rede voraus, von der sie eifrig Gebrauch machen. Denn es geht über dem Ganzen ein alter Zusammenhang vlämischer Verse her, an die einzelnen Personen verteilt, denen das heilige Auseinandersetzen lang und deutlich wie ein Spruchband aus dem Munde hängt. Die Propheten natürlich sind vor allem davon angetan, jeder seine Verheißung hersagend und wieder hersagend, ganz am Anfang des Zuges. David, der unter ihnen schreitet, kommt noch einmal vor als Büßender, schweigend, das Bußkleid unter dem königlichen Mantel. Ein kleines Mädchen in einfach gegürtetem Kleid, einen Engel darstellend, geht, ihm zugewendet, vor ihm und erzählt seine Geschichte. Und immer wieder kommen diese kleinen ›Engel‹ und erzählen die Geschichten, die hinter ihnen folgen, ausführlich, mit der Deutlichkeit des Mittelalters restlos in Bilder übersetzt, in Gestalten, in Dinge, in nicht zu widerlegende Wirklichkeit.

Der Stall ist da, die Krippe und, unter Ochs und Esel,

Josef und Maria im Gespräch, in das sich bei einer wiederholten Darstellung derselben Personen die heiligen Könige mischen; in einer dritten Besetzung gehen sie, übermäßig die Schmerzen beklagend, die das Kind durchzumachen hat, hinter der Beschneidung her und kommen gleich darauf auf der Flucht nach Ägypten in friedlicher Gruppe wieder vor. Der Hof des Herodes erscheint, Jesus unter den Gelehrten, denen ein Engel zuspricht, während sie selber streiten, Maria Magdalena mit gelöstem Haar unter schwarzen Schleiern, der Einzug in Jerusalem, ein Abendmahl, lebensgroß in Holz geschnitzt, voll eigentümlicher Neigung und Bewegung, der Ölberg, der Verrat, die Dornenkrönung. Immer mehr werden die kleinen hersagenden blonden ›Engel‹ durch verhängte Büßer ersetzt, die stumm das Kreuz mit der beschämenden Aufschrift tragen, die eine Marter Christi anzeigt und ein Unrecht der Menschen. Und schließlich mischen sich in rostigen Kettenhemden Kriegsknechte unter sie, gehende und berittene, breitrückig und schlank, wie man sie aus den geschnitzten Altartafeln kennt, immer noch dieselben. Und man erinnert sich, daß eine alte volkstümliche Auslegung den Ursprung der Prozession auf das Sakrileg eines Soldaten zurückführt, der die heimlich im Munde mitgebrachte Hostie verbrannt haben soll, um durch ihre Asche unverwundbar zu werden.

Wie jede Maskerade, so ist auch diese ein Spiel mit dem Ernst: und wie bei einem Gartenfest da und dort manchmal ein Lampion sich entzündet und alle beim Anblick der Flamme einen Moment die Wirklichkeit sehen, drohend und voll Gefahr, so schlägt auch aus diesen Darstellungen oft unerwartet die tragische Größe der Handlung, und ihr Feuerschein geht über die Gesichter der Zuschauer. Und sie erkennen ganz hinten unter dem schwankenden Baldachin die Monstranz, der ganze Klerus nähert sich feierlich in den großen Ornaten, und vor ihm her, am Ende des Zuges, ziehen, wirr und aufgelöst, die nicht bei den Gruppen verwendeten Büßenden unter der Last großer leerer Kreuze. Die meisten kommen barfuß daher, man sieht ihre Füße und ihre Hände, aber die herabgelassenen Hauben verbergen sie doch auf eine seltsam spannende Art. Die Augenlöcher der Kapuzen geben ihnen einen verschiedenen Ausdruck; einige sind ausgeweitet wie alte Knopflöcher, andere kaum aufgeschnitten, und bei einem sieht man überhaupt nur ein großes ausgefetztes Loch über dem Kinn, das ihm aber genügt, um sich zurechtzufinden. Erst meint man freilich, gerade diesen Büßern fehle es an Ernst und Haltung, wenn sie auf ihrem langen Wege das erste Mal vorüberkommen. Sie trügen – meint man – ihre Kreuze wie solche, denen das Tragen tägliche Arbeit ist, und die gewohnt sind, es sich so bequem wie möglich einzurichten. Aber je öfter man sie wiedersieht, den Zug überholend oder wiedererwartend, desto aufrichtiger und unüberlegter wird ihr Tragen, desto mehr kommt unter der vollen Sonne das Kreuz über sie, mit seinem ganzen Sichschwermachen. Und schließlich, als sie zum letzten Mal auf den Platz einbiegen, rufen sie fast die Ungeduld der ermüdeten Zuschauer heraus durch die Langsamkeit ihrer Weiterbewegung, durch die großen Lücken, die bei dem mühseligen Zurückbleiben einzelner entstanden sind, durch ihr Ernstnehmen einer Sache, die nun zu Ende ist, und auf deren endlichen Abschluß Hunderte warten.

Und kaum ist der Klerus mit dem Allerheiligsten nach Sankt Nikolas hin abgebogen, schließt sich hinter den beiden berittenen Wachen die Menge mit einer solchen Heftigkeit, daß man an Gewässer denkt, die von allen Seiten in ihr altes Bett hineinstürzen und es drängend und brausend erfüllen. Es ist keine Unordnung oder Gesetzlosigkeit in dieser Bewegung, nur ein unaufhaltsames Besitzergreifen, das leise weiterwächst; und wer an einem Fenster steht, kann denken, daß das da unten dieselbe Masse ist, deren harten und kurzen Wellenschlag die burgundischen Herzöge mit so viel Beunruhigung beobachteten, von einem dieser Balkone aus.

Und nun ist es fast ein einziger Augenblick: dieser, in dem die Glocken stillstehen, als hätte sich einer ihnen entgegengeworfen und hätte sie gebändigt, und der, welcher wie auf ein Zeichen alle die Buden aufspringen macht, aus denen Licht und Geschrei herausdrängt in die beginnende Dämmerung.

Die Kermes fängt an, deutlich wie die Passion und voll Ernst und Vermummung wie sie. Da und dort steht noch einer im Bußhemd, die Kapuze zurückgeschlagen, mit ganz hell beschienenem Gesicht. Die Schreier stoßen ihre Verlockungen aus wie Schmähreden, Trommelwirbel sammeln sich wie auf einem Haufen, und schrille, kleine Glocken gießen fort, was sie an Lärm in sich haben. Die Tierstimmen aus den Schaubuden bleiben unvermischt und kommen an die Oberfläche aller Geräusche; abgerissene Stücke von Drehorgelmusik fallen irgendwo nieder und werden zertreten. Der Geruch des Fettes aus den Waffelküchen versucht nicht zurückzubleiben hinter den übrigen Sensationen, und die Karussells geraten immer mehr in Schwung, das elektrische mit seinen doppelt bewegten Schiffen und drüben das altmodische mit den Pferden in Ostereierfarben. Und immer mehr füllen sich die langen Bänke vor den Estaminets, füllen sich und werden nun vierzehn Tage nicht wieder kalt. Denn sie ist ausdauernd, diese robuste Lustigkeit, und ein Vorrat nicht anders aufzubrauchender Kräfte ist für sie da. Tanzanfänge bilden sich in den Ecken des Platzes. Schwere Gebärden werden aufgehoben wie Gewichte, freundliche und, probend, auch drohende, und das einfache Umfallen eines Ungeschickten oder Trunkenen findet immer noch wie auf alten vlämischen Bildern den ausgelassenen Beifall eines ganzen Kreises. Und alles ringsum ist von Nähe ausgefüllt; es giebt nur Deutliches, Nahes, Greifbares, so weit man sieht.

Erst wenn man den Platz verläßt und hinübergeht, auf die alte Hotellerie ›de la Noble Rose‹ zu, erkennt man allmählich wieder Entferntes: die Türme, die so weit über das alles hinausreichen und doch mit dazu gehören. Denn selbst in dem Läuten da oben ist auch wieder beides, Buße und Kermes, für den, der läutet: auf einem kleinen Tritt des Gebälkes stehend, in fortwährender Gefahr die ungeheuere Glocke erwartend, um sie mit dem Fuße zurückzustoßen, halb tanzend und halb im Kampf, mit ihr allein über dem dunklen Abgrund des Turmes und verschlungen von dem Sturm ihrer Stimme.

MICHEL DE GHELDERODE
Türme und Belfriede in Flandern

Graue und schwarze Türme meiner Heimat, wenn niemand mehr da ist, den man liebt, dann erst schaut man Euch an und liebt Euch. Seit der Kindheit erfülltet Ihr unsere Träume, doch bedurfte es erst der Tränen der Verbannung, uns Euer Bild zu offenbaren, umgeben von den himmlischen Gefilden der Heimat. Wenn der Mensch sich seiner eigenen Hinfälligkeit bewußt wird und seinen nahen Untergang ahnt, dann erst denkt er daran, Euch zu entdecken, Euch Unzerstörbare, Euch Überlebende. Vorher trat man Eure Schatten mit Füßen, ohne Euch auch nur entfernt Beachtung zu schenken, und Ihr wart die Riesen, die großen, gelähmten Greise, von denen Tausend und Abertausende Zwerge der Stadt nichts wußten. Nur bisweilen erhebt ein Dichter den Blick in Eure Höhen, um dort Eurer Steine Blüten oder Fratzen zu sehen.

Graue und schwarze Türme, Belfriede meiner Heimat, seid Ihr lebende oder tote Gestalten, oder nur Schlafwandler; geheimnisvolle Wesen, deren vier Gesichter Klang man noch in der Luft schwingen hört; oder ausgehöhlte Leiber, fleischlos, entheiligt und enthauptet? Wozu dient Ihr? Dem Gott Chronos als Bleibe? Den des flämischen Himmelblaus überdrüssigen Engeln als Dachgarten? Dem Teufel, der die Seelen über den Giebeln der Stadt aushorchen kommt, als Kanzel? Was bedeutet Ihr noch – wo doch jene von einst, die Euch in ihrem Größenwahn aufgerichtet haben, zu Staub geworden sind, wo doch jene von heute Euch nicht mehr befragen und aus den in Eure Flanken gemeißelten Zeichen nicht klug werden? Seid Ihr gar Mausoleen ausgelöschter Völker, Grenzpfeiler eines heiligen Gebietes, oder aber und ganz einfach nur Zeugen? Zeugen vergangener Aufstiege und Vernichtungen, Triumphzüge und Aufstände, Salbungen und Bestattungen; glühender roter Nächte und blütenweißer Morgendämmerungen, Stürme und Feste. Eure Narben, die himmlischer Blitz und menschliches Eisen schlugen, sprechen dafür. Seid Ihr nichts sonst? In Euren Mauern hausen traurige Vögel. In Euren Mauern, diesem kalten Gewächshaus, reifen die Glockentrauben, Früchte der Stille und Weite, liebliche oder furchtbare Früchte.

Glocken der Türme und Belfriede, man kennt Euch nicht mehr; man hört Euch kaum noch, jetzt, da andere Stahltürme auf ihren Wellen wütende Aufrufe an die Roboter richten, jetzt da die Sirenen der neuen Welt die Vielfalt der Klänge der alten Welt ersticken. Glocken meiner Heimat, ach, Ihr scheint unseres Mitleids würdig, heimische, so schicksalsergebene Glocken, einstimmige Glieder der Glockenspiele, beredte Glocken, die Ihr nur die wenigen Formeln kennt, die die Massen verstehen – Feuer, Blut, Ruhm,

Gewitter, Leben, Tod, Nacht, Tag, Gebet – und die Ihr nunmehr gerade noch ein Nachtlied anstimmt, die Greise in den Schlaf zu wiegen, oder ein Morgenständchen, die Mägde zu wecken. Eure vollkommene Form, umgestülptes Ziborium, gebrannte Blume, ist eine vergessene Form. Eines Tages vielleicht, vom Alter schwerfällig geworden, werdet Ihr im Abgrund des Turmes zerschellen, oder, wer weiß, werdet Ihr nach einer himmlischen Stadt fliegen und beteuern, Ihr heißet Maria und Ihr habet die Taufe empfangen?

Türme meiner Heimat, seht Ihr oder seid Ihr blind, bewahrt Ihr ein Andenken, verloren in den Wolken, einsam, verwaist, verbrannt oder gefroren, von den Nebeln geweitet, von den Winden gefesselt, Ihr, die Ihr im Winter Hermelin, im Sommer Purpur tragt, die Ihr unbeweglich seid im Ommegang der Jahreszeiten, bisweilen von Sternschnuppen gesteinigt werdet, oftmals vom Zauber des Mondes in Kristall verwandelt? Ich ahne es, Ihr habt Nerven und Knochen, Ihr leidet, die Zeit hat Euren Sockel zerfressen, und wenn es auch nicht so scheint, so lebt Ihr bei jedem Schlag, Ihr schwankt, manche von Euch neigen sich gar unter der Last der Jahrhunderte und der Erinnerungen, des Überlebens müde. Aber da fällt mir ein: Ihr wartet, mehr nicht, wie der Hahn oder der Drache, die Euer Haupt zieren, mehrere seid Ihr, die darauf warten, daß nichts jemals geschieht, wenn man Euch so aus der Ferne betrachtet, Ihr Türme einstmals verfeindeter Städte.

Ah! Ihr guten Türme, mich entzückt der Gedanke, daß Ihr Euch eines Tages in Bewegung setzen werdet, mit gewaltigem Glockengetöse, und die einen auf die anderen zugehen werden, um einander die Schläfen zu küssen. Oder, das wäre ein tragisches Ende, wenn Ihr noch hundert Jahre länger gelebt haben werdet, werden Euch die künftigen Menschen nicht sprengen, in dem Glauben, die Ruinen oder steinernen Überbleibsel einer verhaßten Zivilisation zu vernichten? Dann fielet Ihr wie der Baum unter der Axt oder der geborstene Mast des sinkenden Schiffes, ohne Trauer, obgleich Steine leben und nachdenken, denn Ihr alten Philosophen wißt ja, daß die Menschen neue, noch höhere Türme erträumen und errichten, doch niemals vollenden werden, daß sie sie in der Verwirrung bauen und dabei nur neue Ruinen aufrichten werden unter dem bis in alle Ewigkeit unerreichbaren Himmel.

CHRISTINE BUSTA
Flandrischer Sonntag

Der Regen roch nach Salz und brauner Butter,
es zischelten die Pfannen und das Meer;
wie eine windgesträubte Vogelmutter
bog Flandern mir den grünen Fittich her.

Im Licht der Wipfel leicht und kühl geborgen
lief ich als Fremde ohne Herd und Haus
und sang mit allen Glocken in den Morgen
den feuchten Himmel meiner Liebe aus.

EMILE VERHAEREN
Die verschlossene Villa

Es ist nun zwei Jahre her, daß eine Villa die ganze Saison verschlossen blieb. In der sorglosen Wiederkehr der Bade-ort-Feste stach sie mit ihrer schmutzigen und von den See-stürmen hergenommenen Fassade grell neben dem menschenüberfüllten Hotel und einigen Galanteriewarenläden hervor. Die Vorstellung von abgestorbenen Dingen ging von ihr aus. Hinter den Läden aus braunen Brettern vermutete man muffende Säle, zerbrochene Möbel, abgenützte Teppiche, feuchte Mauern, verdorbene Pendeluhren – ein völliges Hinsterben vertrauter Dinge. Die Rampe des Balkons löste sich von der Balustrade, und auf den Mauern ritzten die Eidechsen in tragischen Buchstaben den Niedergang.

Seinerzeit hatte ich sie strahlend und blühend gekannt: eine raffinierte Gesellschaft erfüllte sie mit Lärm und Toiletten; eine Welt von schönen Frauen bewegte sich zwischen dem Luxus seltener Möbel und galanter Veranstaltungen. Ich entsinne mich der kostbaren Diners, der fremdartigen, wunderbar zubereiteten Gerichte, des moussierenden Weines, in grünen Kelchen serviert, der köstlichen Leckerbissen, in denen sich, verstreut, aller Wohlgeschmack in einem Mosaik von Creme und Zuckerwerk begegnete.

Der Gastgeber war der liebenswürdigste Mensch, den es nur geben konnte. Nachdem er seinen Teil Goldes errafft hatte, vernarrte er sich in die Kunst. Sein Geschmack war ein ausgezeichneter, denn ganz jung hatte er sich damit befaßt, Grazie und Lässigkeit schöner Frauen zu malen, und von dem Tag an, wo er darauf verfallen war, sich mit Bronzen und Bildern zu umgeben, sah man, daß er nicht einen Augenblick aufgehört, Künstler zu sein. Zwei blasse und durchsichtige Gesichter umgaben ihn und brachten in sein Leben den warmen Ton der Fraulichkeit: es waren dies seine beiden Töchter. Er liebte sie mit der Zartheit des Starken; sie ihrerseits umblühten sein Dasein, wie Glashauspflanzen, die die Ecken eines Salons schmücken. Und dank ihnen war das Haus voll Sang, heiter, kokett und strahlend; sie richteten es ein, füllten es mit Nippes und Nichtigkeiten, mit Seiden, Bespannungen, prächtigen Teppichen, roten Samten, in die leuchtende Vögel zu sticken ihre Phantasie sich gefiel. Ihre Zimmer wurden eine Stätte voll der Wunder, und überall strahlte die Pracht der Dinge, die ihre Schönheit umrahmten und in der Harmonie ihrer Farben und Linien prächtiger erscheinen ließ.

Jahre vergingen.

Eine Saison blieben sie aus. Dann sah man sie schon im Frühling des folgenden Jahres wieder erscheinen, beide dem zarten Marmor gleich, mit dem einst die Kunst die Ränder dunkler Grüfte bekleidete. Jung, schön, beklagt, welkten sie, und neben ihnen starb auch ihr Vater hin. Ich sehe sie noch auf der Terrasse vor mir, auf ihren riesigen Chaiselonguen hingestreckt, mit ihren großen gelben Händen, die über den weißen Schlafröcken lagen, die Füße mit Shawls umwickelt, ihre Köpfe mit den wirren Haaren schwer auf dem Polster lastend. Niemand kam vorbei; ab und zu nur riesige, feste Matrosen in blauer Bluse und weißer Hose.

Das Wetter war mild, Bläue über den ganzen Himmel verbreitet. Sie lagen beide da, ohne etwas zu sagen, und jede hatte an ihrer Seite eine hochgewachsene Krankenschwester, die immer aufrecht stand. Und manchmal, während der warmen Stunden des Tages, rollte man durch die offene Türe der Veranda ihren paralytischen Vater, der, ohne Stimme, ohne Wort, starren Blickes aber, ihrem Sterben zusah.

Ein Drama hatte ihr Leben getroffen und ihr Glück erdrosselt. Dieses Drama hatte die Welt mit Erklärungen begleitet, hatte es bis in das Unglaubwürdige übertrieben, indem sie aus einem Fleck eine Pfütze und aus einer Pfütze einen See gemacht hatten.

Man beschuldigte den Vater, der noch jung war, eine seiner Töchter als Liebhaber zu lieben und jeden Schwiegersohn, der sich zeigte, systematisch zurückzuweisen.

Dieses Gerücht wurde durch den kleinen Grafen Beltheim verbreitet, der in die ältere der Schwestern Hals über Kopf verliebt war.

Eines Abends, als er mit ihr im Kursaal tanzte und ihr von Liebe sprach, hatte sie leichthin geantwortet: »Oh! Unmöglich, mein Vater liebt mich zu sehr.« Der Deutsche nahm die Sache wörtlich, und seither liefen Gerüchte und wuchsen, fachten ein Feuer von Verleumdungen und Dummheiten an.

Die Gesellschaft tat sie von diesem Tage an in Acht und Bann. Sie fühlten sich von Mißtrauen und Feindlichkeit umgeben; man lud sie nicht mehr ein, und zu den Festen, die sie gaben, erschien niemand. Ein finanzielles Ungemach erschwerte noch ihre Lage: der Ruin war da, fürchterlich und tragisch. Aber eine plötzliche und unerklärliche Hausse zweifelhafter Werte rettete sie. Der Vater büßte freilich dabei seinen Verstand ein; Geistesgestörtheit, von langsamer Paralyse gefolgt, brach über ihn herein. Wie sehr hatte man doch der Krankheit gewehrt, sie energisch bekämpft, den Kranken gepflegt, bei ihm gewacht, ihn getröstet, so gut es ging! Aber es half nichts. Die Krankheit war unbesiegbar, unausrottbar geblieben, hatte sich ausgebreitet, vergrößert, befestigt. Sie machte aus dem Körper eine Sache von erschreckender Unbeweglichkeit und gab ihm eine Starrheit, die schon für den Sarg vorbestimmt schien. Die beiden Schwestern unterlagen in diesem Kampfe gegen den Schmerz und das Leiden. Ihre Gesundheit wurde während der schlaflosen Nächte, die sie zur Seite ihres Vaters verbrachten, untergraben, und in dem Alter, in dem ihre Mutter brustkrank gestorben war, begann ihrerseits für sie die lange weiße Agonie.

Als man sie so tödlich getroffen in der Villa dahinleben sah, neigte sich ein wenig die frühere Sympathie ihnen zu. Man bedauerte sie. Wenn man von ihnen sprach, erging man sich in allerlei banalen und einfältigen Mitleidsbezeigungen, und diese konventionelle Anteilnahme unterbrach willkommenerweise die schalen Artigkeiten der Salonunterhaltung. Es war eine Ablenkung in den Gesprächen über die schlechten Zeiten.

Die beiden Kranken aber bemerkten nichts davon. Sie waren schon zu sehr durch den Tod verdüstert, von ihm übermannt, als daß diese Meinungsänderung sie hätte berühren können. Sie wälzten, immer wieder, allein wie sie waren, ihre Krankheit in den sich erneuernden Frühling hinein, die Augen unaufhörlich vom Meere angezogen; und sie sahen jeden Abend die Sonne am Horizont verblassen, wie eine angezündete Garbe in der Landschaft. Sie fanden an nichts mehr Geschmack. Ihr Haus, das früher voll Sang war, bescherte ihnen tödliche Langweile; denn der Luxus, der sie umgab, ward zur Sinnlosigkeit, dies Leben unsterblicher Kunst, mit dem sie sich umstellt hatten, zu ärgerlichem Hohn. Die Jugendfrische der Blumen, die ihre Stickereien belebten, bedeutete Schmähungen, die dickwangigen Amoretten, die in den Fresken umherflogen, schienen auf sie ihren Todespfeil zu richten; kalt, grausam, spöttisch ragte die Ewigkeit der Bronzen und des Marmors empor, die auf den Wandtischchen und Kaminen standen.

Eines Tages hatte eine von ihnen, vielleicht aus Unachtsamkeit, eine Alabasterstatuette fallen lassen, die wie Glas zerschellte. Sie hatte nur ein Lachen dafür. Sie zerbrach sodann einen mit Blumen gefüllten Korb und zerriß langsam eine orientalische Stickerei. Das war wie ein Signal und eine Entdeckung. Eine Raserei, zu zerstören, erhitzte sie. Ihre langen blassen Hände, aus denen das Leben schwand, klammerten sich noch um Gipsfiguren und Terrakottastatuen, ihre scharfen Nägel drangen in das Fleisch, in das Leben, das die Kunst auf den Wandbemalungen hervorgerufen hatte. Das, was sie nicht zerstören konnten, warfen sie auf den Misthaufen. Und der Vater, unbeweglich wie er war, gab mit einem Blick seine Zustimmung.

So wurden die kostbarsten Skulpturen, blaue Sèvres und rosa Meißen, vergoldetes Delft und grünes Chinaporzellan hingeopfert. Venezianische Kelche wurden mit einem Messerschlag durchschnitten, japanische Vasen mit einem Stoß des Ellbogens herabgeschleudert. Das, was ihnen am Leben blieb, verwendeten die Kranken, um Tod hervorzubringen, und einzig diese Zerstörung geliebter Dinge schien sie einen Augenblick die bläulichen Küsse des Todes vergessen zu lassen.

Es ereignete sich, daß sie während dieser brutalen Vernichtungsfreude fast fröhlich verlöschten. Sie starben in sehr kurzen Abständen in ihren zertrümmerten, beraubten und geleerten Zimmern. Und der Vater folgte ihnen nach, den Blick noch voll Schmerz über die Agonie seiner Töchter. Und nun beginnt das ganze Haus abzubröckeln. Die Rampe des Balkons löst sich immer mehr und mehr, und auf den Mauern kritzeln die nun schon größer gewordenen Eidechsen in tragischen Buchstaben den nahen und vollständigen Zerfall.

JEAN COCTEAU
Der Frontabschnitt 131

Die Kantine der Zeitung *Le Jour* kampierte auf der Straße zwischen Nieuport-Ort und Coxyde-Ort. Sie verpflegte und stärkte die Truppen, die zur Ablösung kamen. Sie bestand aus einer dampfenden Feldküche, in deren Retorte die neun Freiwilligen reihum schwarzen Kaffee und Punsch brauten, den sie literweise am Rande der Straße ausschenkten. Diese Freiwilligen, dem Dienstrang nach den Leutnants gleichgestellt und von einem wirklichen Leutnant überwacht, hausten in Coxyde-Ort, in einer wahren Räuberhöhle. Alle diese Baracken glichen Räubernestern, vor allem die von Coxyde-Strand, halbzerstörte Sommerwohnungen der belgischen Badegäste längs der Nordsee.

Nieuport-Ort, Nieuport-Strand, Coxyde-Strand, Coxyde-Ort waren untereinander aus der Vogelschau durch ein verzerrtes Netz von Landstraßen verbunden.

Zwischen Coxyde-Strand und Nieuport-Strand waren Dünen. Dann Felder, Bauernhöfe und ein Wald mit dem Beinamen »Dreieckswäldchen« zwischen Coxyde-Ort und Nieuport-Ort. Das Ganze unbewohnt und insgeheim bevölkert.

Die englische und französische Artillerie, die man gemischt hatte, nutzte die Dünen und den Baumbestand aus. Die Zuaven und die Tirailleure hielten die Gräben an der Mündung der Yser besetzt, wo einer ihrer Posten die erste Tasche dieser Höhlenstadt bewachte, deren Windungen sich von einem Ende Frankreichs zum andern hinzogen. Dann, in der Richtung auf Saint-Georges, überwachten die Marine-Füsiliere ein Gelände, das während der Schlacht an der Yser teuer erkämpft worden war.

Zuaven und Füsiliere trafen sich außer Dienst in den ehemaligen Hotels und Privatbesitzungen von Coxyde-Strand.

Die Ruinen der beiden Nieuport boten den Offizieren und den Verbandsstationen der verschiedenen Einheiten keinen anderen Unterschlupf als ihre Keller. Unter diesen entvölkerten Ortschaften, diesen ausgestorbenen Feldern verbarg sich ein unglaubliches Labyrinth von unterirdischen Gängen, Straßen und Galerien. Die Männer wanderten dort wie die Maulwürfe umher, und man konnte, wenn man in Coxyde durch ein Erdloch hinabstieg, aus einem anderen Loch in vorderster Linie herauskommen, ohne zwischendurch den Himmel erblickt zu haben. Der Frontabschnitt 131 war ein ruhiger Abschnitt. In stillschweigender Übereinkunft schossen die Unseren nicht auf Ostende, damit der Feind nicht das Schloß La Panne unter Beschuß nahm, wo der König und die Königin im Exil lebten. Das Herrscherpaar wohnte dort mit den königlichen Kindern, die das Ungewöhnliche ihres Aufenthaltes genossen und voller Entzücken über einen reizenden Geflügelhof waren.

Die natürliche Schranke des Flusses und der Überschwemmungen schützte Nieuport vor jeder ernstlichen Überraschung. Nichtsdestoweniger fürchtete der Oberst Jocaste beständig eine nächtliche Landung auf Flößen längs des Strandes. Das war eine gänzlich unbegründete Befürchtung. Aber sie war nun einmal seine Lieblingsvorstellung. Aus diesem Grunde hatte man an der Küste, zwischen Nieuport und der Yser, einen Laufgraben mit Tannenholzverschalung eingerichtet, in dem es wie in einem Schweizer Hotel roch und der auf den Namen des Obersten getauft war. Dieser betrachtete seinen Graben mit Recht als ein Weltwunder. Er war allerdings ebenso überflüssig wie die Pyramiden, so schwebend wie die Gärten der Semiramis, so hohl wie der Koloß von Rhodos, so unheimlich wie das Grabmal des Mausolus, so kostspielig wie das Standbild des Zeus, so kalt wie der Tempel der Diana und so weithin sichtbar wie der Leuchtturm von Alexandria. Überall waren Wachtposten aufgestellt, die nach den Möwen schossen.

Der Untergrund von Nieuport glich der Station am Théâtre du Châtelet. Man hatte die einzelnen Keller untereinander verbunden, und dieser Kanal hieß allgemein nur »Strecke Nord-Süd«. Jeder Ausschlupf trug den Namen einer der Haltestellen der Untergrundbahnlinie, die Paris von Norden nach Süden durchquert. Und es war nicht sein geringster Reiz, daß man bei dem Schilde »Concorde« mitten in den Ruinen eines ehemaligen Kasinos landete.

Eine Abzweigung führte zu dem Befehlsstand des Obersten. Dieser war in dem Keller der Villa »Pas sans Peine« untergebracht, von der wie durch ein Wunder nur das Eßzimmer erhalten geblieben war. An stillen Tagen pflegte der Oberst dort zu Mittag zu speisen, wie eine feiste Ratte in einem Stück Schweizerkäse.

Das Meisterwerk des Abschnitts waren jedoch die Dünen.

Der Anblick dieser frauenhaften Landschaft stimmte einen ganz weich und zärtlich: so glatt, so hingeschmiegt mit Brüsten und Hüften, und dazwischen all die Männer. Denn diese Dünen waren nur dem Anschein nach verödet. In Wirklichkeit waren sie nur Fassaden, Kulissen, Attrappen, nur Lug und Trug. Die falsche Düne des Obersten Quinton etwa war eine echt weibliche List. Der Oberst, ein tapferer Krieger, hatte sie unter einem Hagel von Granaten erbauen lassen, der rings um ihn niederprasselte, während er rauchend in einem Schaukelstuhl lag. Sie verbarg an ihrem Kamm einen Beobachtungsstand, von dem der Beobachter in einem Nu auf einem Toboggan herabflitzen konnte.

Kurz, diese Dünen, die auf ihrer Rückseite mit immer neuen künstlichen Einrichtungen versehen wurden, boten den deutschen Fernrohren als Vorderansicht nur einen riesigen Kartentrick, einen schweigenden Hinterhalt.

»Wo steht das schwere Geschütz? Wo steht es? Rechts? Links? In der Mitte? Folgen Sie mir genau. Wo steht es? Rechts? Links? Bumm! In der Mitte.« Und das Geschütz unter seiner sandfarbenen Plane mit ihren Höckern wie ein Kamelrücken, auf dem ein wenig bleiches Grashaar sprießt, glitt zurück und entsandte eine Granate so schwer wie ein Geldschrank.

Man sah nichts. Man hörte die Hundertfünfundfünf-
ziger, die Fünfundsiebziger, die trockenen Champagner
entkorken und deren Geschoß einen Streifen Seidenzeug
zerreißt, das englische Geschütz, von dem man niemals
begriff, woher es schoß, die Flugzeugabwehrkanonen,
welche die Aeroplane mit kleinen Wattewölkchen umkrän-
zen, gleich den Seraphim, die die Heilige Jungfrau begleiten, die austernfarbene Nordsee, in der ein Wasser
schwappte, so kalt, so grau, so sehr nach H^2ONaCl ausse-
hend, daß man ebensowenig Lust hatte, darin zu baden,
wie etwa danach, sich lebendig verbrennen oder begraben
zu lassen.

Nachts schwankten Himmel und Erde im Schein der
Leuchtraketen wie ein Zimmer und seine Decke bei einem
flackernden Wachslicht. Wenn Nebel herrschte, saugte er
die Blitze der Kanonade auf, so daß sie zu einer einzigen
blendenden Helle zusammenflossen, die einen ganz verrückt machte. Über dem Meer draußen küßten, suchten
und trennten sich und gestikulierten die Scheinwerfer.
Manchmal vereinigten sie sich wie Ballerinen, und oben,
wo sie sich trafen, sah man die weißen Bäuche der Zeppe-
line, die nach London flogen.

Schlief man in Coxyde? So weckte einen die Marine-
Artillerie. Dieses Schießen brachte die Erde ins Wanken
und warf eine große Winde aus blaßblauem Licht gegen die
Fensterscheiben.

Sonntags, wenn die Maschinengewehre auf einem einzigen Ton eine Art von Totenschädelgelächter durch den
Himmel trillerten und die singenden Motoren ihr Surren
plötzlich von Blaßblau zu Samtschwarz dämpften, sah man
die Offiziere der Royal Navy beim Tennis.

ERICH MARIA REMARQUE
Im Westen nichts Neues zu melden

Ich gehe zum Bezirkskommando, um mich anzumelden. Langsam wandere ich durch die Straßen. Hier und da spricht mich jemand an. Ich halte mich nicht lange auf, denn ich will nicht so viel reden.

Als ich aus der Kaserne zurückkomme, ruft mich eine laute Stimme an. Ich drehe mich um, ganz in Gedanken, und stehe einem Major gegenüber. Er fährt mich an: »Können Sie nicht grüßen?«

»Entschuldigen Herr Major«, sage ich verwirrt, »ich habe Sie nicht gesehen.«

Er wird noch lauter: »Können Sie sich auch nicht vernünftig ausdrücken?«

Ich möchte ihm ins Gesicht schlagen, beherrsche mich aber, denn sonst ist mein Urlaub hin, nehme die Knochen zusammen und sage: »Ich habe Herrn Major nicht gesehen.«

»Dann passen Sie gefälligst auf!« schnauzt er. »Wie heißen Sie?«

Ich rapportiere.

Sein rotes, dickes Gesicht ist immer noch empört. »Truppenteil?«

Ich melde vorschriftsmäßig. Er hat immer noch nicht genug. »Wo liegen Sie?«

Aber ich habe jetzt genug und sage: »Zwischen Langemark und Bixschoote.«

»Wieso?« fragt er etwas verblüfft.

Ich erkläre ihm, daß ich vor einer Stunde auf Urlaub gekommen sei, und denke, daß er jetzt abtrudeln wird. Aber ich irre mich. Er wird sogar noch wilder: »Das könnte Ihnen wohl so passen, hier Frontsitten einzuführen, was?

67

Das gibt's nicht! Hier herrscht Gott sei Dank Ordnung!« Er kommandiert: »Zwanzig Schritt zurück, marsch, marsch!«

In mir sitzt die dumpfe Wut. Aber ich kann nichts gegen ihn machen, er läßt mich sofort festnehmen, wenn er will. So spritze ich zurück, gehe vor und zucke sechs Meter vor ihm zu einem zackigen Gruß zusammen, den ich erst wegnehme, als ich sechs Meter hinter ihm bin.

Er ruft mich wieder heran und gibt mir jetzt leutselig bekannt, daß er noch einmal Gnade vor Recht ergehen lassen will. Ich zeige mich stramm dankbar. »Wegtreten!« kommandiert er. Ich knalle die Wendung und ziehe ab.

Der Abend ist mir dadurch verleidet. Ich mache, daß ich nach Hause komme, und werfe die Uniform in die Ecke, das hatte ich sowieso vor. Dann hole ich meinen Zivilanzug aus dem Schrank und ziehe ihn an.

Das ist mir ganz ungewohnt. Der Anzug sitzt ziemlich kurz und knapp, ich bin beim Kommiß gewachsen. Kragen und Krawatte machen mir Schwierigkeiten. Schließlich bindet mir meine Schwester den Knoten. Wie leicht so ein Anzug ist, man hat das Gefühl, als wäre man nur in Unterhosen und Hemd.

Ich betrachte mich im Spiegel. Das ist ein sonderbarer Anblick. Ein sonnenverbrannter, etwas ausgewachsener Konfirmand sieht mich da verwundert an.

Meine Mutter ist froh, daß ich Zivilzeug trage; ich bin ihr dadurch vertrauter. Doch mein Vater hätte lieber, daß ich Uniform anzöge, er möchte so mit mir zu seinen Bekannten gehen.

Aber ich weigere mich.

Es ist schön, still irgendwo zu sitzen, zum Beispiel in dem Wirtsgarten gegenüber den Kastanien, nahe der Kegelbahn. Die Blätter fallen auf den Tisch und auf die Erde, wenige nur, die ersten. Ich habe ein Glas Bier vor mir stehen, das

Trinken hat man beim Militär gelernt. Das Glas ist halb geleert, ich habe also noch einige gute, kühle Schlucke vor mir, und außerdem kann ich ein zweites und ein drittes bestellen, wenn ich will. Es gibt keinen Appell und kein Trommelfeuer, die Kinder des Wirts spielen auf der Kegelbahn, und der Hund legt mir seinen Kopf auf die Knie. Der Himmel ist blau, zwischen dem Laub der Kastanien ragt der grüne Turm der Margaretenkirche auf.

Das ist gut, und ich liebe es. Aber mit den Leuten kann ich nicht fertig werden. Die einzige, die nicht fragt, ist meine Mutter. Doch schon mit meinem Vater ist es anders. Er möchte, daß ich etwas erzähle von draußen, er hat Wünsche, die ich rührend und dumm finde, zu ihm schon habe ich kein rechtes Verhältnis mehr. Am liebsten möchte er immerfort etwas hören. Ich begreife, daß er nicht weiß, daß so etwas nicht erzählt werden kann, und ich möchte ihm auch gern den Gefallen tun; aber es ist eine Gefahr für mich, wenn ich diese Dinge in Worte bringe, ich habe Scheu, daß sie dann riesenhaft werden und sich nicht mehr bewältigen lassen. Wo blieben wir, wenn uns alles ganz klar würde, was da draußen vorgeht.

So beschränke ich mich darauf, ihm einige lustige Sachen zu erzählen. Er aber fragt mich, ob ich auch einen Nahkampf mitgemacht hätte. Ich sage nein und stehe auf, um auszugehen.

Doch das bessert nichts. Nachdem ich mich auf der Straße ein paarmal erschreckt habe, weil das Quietschen der Straßenbahnen sich wie heranheulende Granaten anhört, klopft mir jemand auf die Schulter. Es ist mein Deutschlehrer, der mich mit den üblichen Fragen überfällt. »Na, wie steht es draußen. Furchtbar, furchtbar, nicht wahr? Ja, es ist schrecklich, aber wir müssen eben durchhalten. Und schließlich, draußen habt ihr doch wenigstens gute Verpflegung, wie ich gehört habe, Sie sehen gut aus, Paul, kräftig. Hier ist das natürlich schlechter, ganz natürlich, ist ja auch selbstverständlich, das Beste immer für unsere Soldaten!«

Er schleppt mich zu einem Stammtisch mit. Ich werde großartig empfangen, ein Direktor gibt mir die Hand und sagt: »So, Sie kommen von der Front? Wie ist denn der Geist dort? Vorzüglich, vorzüglich, was?«

Ich erkläre, daß jeder gern nach Hause möchte.

Er lacht dröhnend: »Das glaube ich! Aber erst müßt ihr den Franzmann verkloppen! Rauchen Sie? Hier, stecken Sie sich mal eine an. Ober, bringen Sie unserm jungen Krieger auch ein Bier.«

Leider habe ich die Zigarre genommen, deshalb muß ich bleiben. Alle triefen nur so von Wohlwollen, dagegen ist nichts einzuwenden. Trotzdem bin ich ärgerlich und qualme, so schnell ich kann. Um wenigstens etwas zu tun, stürze ich das Glas Bier in einem Zug hinunter. Sofort wird mir ein zweites bestellt; die Leute wissen, was sie einem Soldaten schuldig sind. Sie disputieren darüber, was wir annektieren sollen. Der Direktor mit der eisernen Uhrkette will am meisten haben: ganz Belgien, die Kohlengebiete Frankreichs und große Stücke von Rußland. Er gibt genaue Gründe an, weshalb wir das haben müssen, und ist unbeugsam, bis die andern schließlich nachgeben. Dann beginnt er zu erläutern, wo in Frankreich der Durchbruch einsetzen müsse, und wendet sich zwischendurch zu mir: »Nun macht mal ein bißchen vorwärts da draußen mit eurem ewigen Stellungskrieg. Schmeißt die Kerle 'raus, dann gibt es auch Frieden.« –

Ich antworte, daß nach unserer Meinung ein Durchbruch unmöglich sei. Die drüben hätten zuviel Reserven. Außerdem wäre der Krieg doch anders, als man sich das so denke.

Er wehrt überlegen ab und beweist mir, daß ich davon nichts verstehe. »Gewiß, der einzelne«, sagt er, »aber es kommt doch auf das Gesamte an. Und das können Sie nicht so beurteilen. Sie sehen nur Ihren kleinen Abschnitt und haben deshalb keine Übersicht. Sie tun Ihre Pflicht, Sie setzen Ihr Leben ein, das ist höchster Ehren wert – jeder von euch müßte das Eiserne Kreuz haben –, aber vor allem muß die gegnerische Front in Flandern durchbrochen und dann von oben aufgerollt werden.«

Er schnauft und wischt sich den Bart. »Völlig aufgerollt muß sie werden, von oben herunter. Und dann auf Paris.«

Ich möchte wissen, wie er sich das vorstellt, und gieße das dritte Bier in mich hinein. Sofort läßt er ein neues bringen.

Aber ich breche auf. Er schiebt mir noch einige Zigarren in die Tasche und entläßt mich mit einem freundschaftlichen Klaps. »Alles Gute! Hoffentlich hören wir nun bald etwas Ordentliches von euch.« [...]

Er fiel im Oktober 1918, an einem Tage, der so ruhig und still war an der ganzen Front, daß der Heeresbericht sich nur auf den Satz beschränkte, im Westen sei nichts Neues zu melden.

Er war vornübergesunken und lag wie schlafend an der Erde. Als man ihn umdrehte, sah man, daß er sich nicht lange gequält haben konnte; – sein Gesicht hatte einen so gefaßten Ausdruck, als wäre er beinahe zufrieden damit, daß es so gekommen war.

BERTOLT BRECHT
Ich lese von der Panzerschlacht

Du Färberssohn vom Lech, im Kluckerspiele
Dich messend mit mir in verflossenen Jahren
Wo bist du in dem Staub der Panzerbile
Die nun das schöne Flandern niederfahren?

Die fleischerne Bombe, auf Calais gefällt
Warst du das, Weberssohn der Spinnerei?
Oh, Sohn des Bäckers meiner Kinderwelt
Gilt dir der blutenden Champagne Schrei?

CLAUDE SIMON
Die Welt stand still
erstarrt zerbröckelnd

aber wie kann man es wissen, wie kann man es wissen? Also
ungefähr zwei Uhr nachmittags, der Moment in dem die
Vögel aufhören zu singen und die Blumen in der Sonne
erschöpft und halb verwelkt die Köpfe hängen lassen, die
Menschen im allgemeinen ihren Kaffee austrinken und
die Verkäufer der Abendzeitungen ihre erste Ration Schlag-
zeilen feilbieten aber noch nicht das Sport-Echo oder den
Turf-Express, da die Glocke gerade erst zum ersten Rennen
läutet und die Pferde zum Start ruft und im Vorbeireiten sah
ich an einer Backsteinmauer ein altes verwaschenes zerris-
senes Plakat das ein Pferderennen in La Capelle ankün-
digte, oben im Norden liebt man die Wetten die Hahnen-
kämpfe die bunten Schwänze die blau und grün glänzenden
flatternden Federn, Land der Wiesen der Wälder der fried-
lichen Teiche für die Sonntagsangler (doch wo waren die
Angler die Badenden die sich bespritzenden Burschen in
gestreiften Badehosen die Trinker in den Gartenwirtschaf-
ten mit Schaukeln für kleine Mädchen – wo waren sie
nur, sie und ihre kurzen weißen Röckchen ihre ungelenken
frischen nackten Beine...), Flamen, rote Gesichter und
ochsenblutfarbene Häuser, die gelben Pernod-Plakate an
den Backsteinfassaden, es wurde behauptet die Reklame für
eine Zichorienmarke trage auf der Rückseite Informationen

für den Feind, Pläne, Karten: vielleicht hätten wir am nächsten Tag entwischen können vielleicht wären wir nicht in Gefangenschaft geraten wenn wir eine Karte gehabt hätten, wenn wir nach Norden geritten wären anstatt – aber wir hätten es wissen müssen, wir hätten sie kennen müssen die Hohlwege die Schneisen im Wald die Gehölze (wobei wir uns wieder keuchend und verstohlen von Hecke zu Hecke geschlichen und vorm Überqueren der Wiesen der freien Flächen atemlos um uns herum gespäht hätten) den kugelförmigen Baum den Waldvorsprung Steinbruch die Ziegelei Schlucht Stacheldrahtzäune Böschungen Abhänge, den Boden die ganze Erde genau inventarisiert und beschrieben bis in ihre kleinsten Falten auf den Generalstabskarten festgehalten die Wälder sind durch ein Beet kreisförmiger von Punkten umgebener Zeichen dargestellt als ob sie gerade abgeholzt worden wären und die Schößlinge als ein pointillistisches Gestrüpp rund um die am Fuß abgesägten Stämme emporsprössen (man sollte sie in der fahlroten Tönung frisch gefällten Holzes färben) die Stämme und Schäfte rückten längs der Waldraine dichter aneinander wie zu einer undurchdringlichen geheimnisvollen Wand, wir konnten sehen wie sie sich wollig und dunkelgrün auf den Hügeln im Süden hinstreckte, wahrscheinlich haben wir uns deshalb auf sie zubewegt da wir dachten daß wenn wir sie erreichten aber zunächst mußten wir die Straße wieder überqueren es schien sich nichts auf ihr zu rühren doch wir näherten uns ihr in Deckung wir stürzten rennend auf die andere Seite und ein letztes Mal sah ich es ich konnte es gerade noch erkennen und dachte daß es nun wohl wirklich stinken müsse na schön es sollte auf der Stelle verfaulen alles infizieren alles verpesten, die ganze Erde die ganze Welt sollte sich die Nase zuhalten müssen aber es war niemand mehr da niemand außer einer Alten die mit einer Kanne Milch in der Hand an der Fabrikmauer entlangging und die erschrocken oder vielleicht nur erstaunt stehenblieb weil sie uns wie Diebe vorbeiwetzen sah

etwa wie die leere Bühne eines Theaters als ob eine Reinigungskolonne vorbeigezogen wäre Plünderer oder die Sieger die nichts hatten liegen lassen außer dem was für zu schwer zu sperrig befunden worden war um mitgeschleppt zu werden oder was wirklich unbrauchbar war nun war sogar der geplatzte Koffer nicht mehr da ich sah auch den Fetzen rosaroten Stoffs nicht mehr und auch keine Fliegen mehr aber sie waren sicherlich wieder bei der Arbeit das heißt bei Tisch brummend durch die Nüstern hinein- und herausfliegend und immer noch rennend bogen wir um die Mauerecke und ich sah es nicht mehr, schließlich war es ja nur ein totes Pferd ein Aas gerade noch gut für den Abdecker: wahrscheinlich würde auch er mit den Lumpen-, Schrott- und Müllsammlern vorbeikommen und die Requisiten wieder auflesen die vergessen worden waren nun nicht mehr gebraucht wurden da Schauspieler und Publikum gegangen waren, auch das Geräusch der Kanone entfernte sich, rechter Hand, im Westen, konnte man jetzt einen hohen Zwiebelturm über der Landschaft sehen aber wie wissen ob sie das Kaff besetzt hatten wie sollte man es wissen wir konnten ihre rätselhaften Namen auf den Wegweisern den mittelalterlichen bunten Meilensteinen lesen Liessis Hénin Hirson Fourmies all die ziegelroten Dörfer die Prozession schwarzer Insekten die an den Mauern entlangschlichen verschwanden man fragte sich wo in den Türnischen Ritzen in den engsten Schlupfwinkeln den schmalsten Spalten wo selbst Kakerlaken sich nicht hätten verstecken können die sich platt an den Boden schmiegend dünn machten sooft eine Granate heranrauschte explodierte schmutzige Staubwolke man wußte nicht recht warum in diesem Schutthaufen wo nichts mehr war außer der elenden Ameisenprozession und wir vier auf unseren lahmen Gäu-

74

len, aber sie hatten sicherlich einen ganzen Vorrat davon zu verpulvern, vielleicht hatten sie ihn in der Nacht abgeladen und schossen ihn nun auf gut Glück in die Gegend nur um sich die Mühe zu ersparen ihn wieder auf die Munitionswagen laden zu müssen, Frauen schützten die aus ihren Schößen hervorgegangenen Kinder preßten die Früchte ihrer Leiber an sich und trugen Ballen roter geplatzter Daunendecken deren Flaumfedern hervorflockten sie schleppten die Eingeweide die weißen Kaldaunen der Häuser nach draußen wo sie sich wie Binden abwickelten wie Luftschlangen wie Girlanden manchmal an Bäumen hängend wie heißt noch der Heilige dessen Martyrium ich auf einem Gemälde gesehen hatte auf dem die muskulösen Schinder die aus seinem Leib hervorkommenden fahlgelben blutigen Gedärme mit einer Winde aufwickelten, ich sah zum zweitenmal das gleiche Plakat sie mußten mindestens schon ein Jahr alt sein es waren Trabrennen, vor Wagen gespannte, nicht gerittene Pferde, ich ritt nicht mein eigenes Pferd sondern das eines Unbekannten eines Toten wahrscheinlich es war nicht so wichtig ich vermißte nur meine neue elektrische Lampe und den Schinken den ich immerhin gestern noch in einem Haus hatte finden können das jedoch von oben bis unten schon ausgeplündert worden war, undankbares Geschäft bei der Kavallerie zu sein einen Rückzug zu decken zuletzt vorbeizuziehen wenn die Landser und Artilleristen schon alles abgestaubt haben: alles was wir seit acht Tagen an Fressalien gefunden hatten war eingemachtes Obst das einzige Eßbare das sie verschmäht hatten, wir setzten die Kompottgläser an den Mund und schlürften schlangen den süßen schimmeligen Saft hinunter der links und rechts am Kinn hinabtroff, immer zu Pferde, wir warfen die noch dreiviertelvollen Gläser weg die am Straßenrand zersplitterten unmöglich sie mitzunehmen sie hätten alles bekleckert, ich vermißte auch mein Waschzeug ich hätte mich gerne gewaschen gebadet erfrischt geduscht die Toten waren alle widerlich schmutzig ihr Blut glich unanständigen Exkrementen als hätten sie alles unter sich gelassen aber wie soll man sich waschen im Krieg an der linken Satteltasche war mit Riemen der vorschriftsmäßige Segeltucheimer angeschnallt faltig flachgedrückt wie ein Lampion er diente eigentlich zum Tränken der Pferde doch wir hatten ihn vor allem gebraucht um uns zu rasieren sooft ich an diese Eimer denke sehe ich sie voll Wasser wie mit einer fleckigen bläulichen rissigen Seifenschicht bedeckt und an den rauhen Wänden Trauben zusammenhängender Blasen, rechts hing eine Drahtschere, ich fragte mich was dieser idiotische Tote wohl in seinen zum Bersten vollen Satteltaschen transportieren mochte wahrscheinlich schmutzige Wäsche ein Hemd eine Unterhose vielleicht Briefe von einer Frau die ihn fragte Liebst du mich eigentlich, was wollte sie noch mehr da ich doch vier Jahre lang nur an sie gedacht hatte vielleicht auch Socken die sie ihm gestrickt hatte er mußte jedenfalls klein gewesen sein weil die Steigbügel für mich zu kurz angeschnallt waren und meine Knie heraufschoben gegen die Satteltaschen drückten während ich doch gewohnt war mit langen Steigbügelriemen zu reiten nicht so wie die Affen von Jockeis ich hatte zwar seitdem ich aufgesessen war die Absicht sie länger zu machen ich sagte mir immer wieder daß ich sie um ein Loch oder sogar zwei verlängern müßte aber es dauerte nun mindestens schon eine Stunde und ich tat es immer noch nicht da ich immer wieder dachte hoffte daß er sich doch einmal entschließen würde zu traben und dachte Oh Gott weg von hier entwischen im gestreckten Galopp raus aus dieser Mördergrube wo wir nichts anderes taten als vornehm wie Zielscheiben spazierenzureiten aber vielleicht verbot es ihm seine Würde seine Herkunft seine Kaste die Tradition es sei denn daß es lediglich seine Liebe zu den

Pferden war weil er wahrscheinlich in einem wilden Galopp hatte reiten müssen um sich aus dem Hinterhalt zu retten und vielleicht dachte er nur daß sein Pferd Ruhe brauchte selbst wenn es ihn das Leben kostete so wie er kurz vorher dafür gesorgt hatte daß sie zu saufen bekamen: er ließ also sein Pferd weiter im Schritt gehen weil er von alters her gelernt hatte daß man ein Tier von dem man eine außergewöhnliche Leistung verlangt hat sich verschnaufen lassen muß das war der Grund dafür daß wir uns aristokratisch ritterlich in majestätischem Schneckentempo voranbewegten während er sich als ob nichts gewesen wäre weiter mit dem kleinen Leutnant unterhielt ihm wahrscheinlich von seinen Reitererfolgen erzählte und die Vorzüge der Gummitrense bei Rennen rühmte herrliches Ziel für die unzugänglichen Spanier die absolut dagegen waren die offenbar allergisch auf die rührseligen Moralpredigten über die allgemeine Brüderlichkeit die Göttin Vernunft und die Tugend reagierten und ihm versteckt hinter Korkeichen oder Oliven auflauerten ich fragte mich welchen Geruch welchen Atem der Tod damals wohl gehabt hatte ob er wie heute nicht nach Pulver und Ruhm wie in den Gedichten roch sondern nach dem widerlichen ekelhaften Schwaden von Schwefel und verbranntem Öl die schwarzen öligen Waffen knisterten rauchten wie auf dem Feuer vergessene Pfannen Gestank von ranzigem Fett von Schutt von Staub

wahrscheinlich wäre es ihm lieber gewesen es nicht selber tun zu müssen vielleicht hoffte er daß einer von ihnen es für ihn übernehmen und ihm die peinlichen Augenblicke ersparen würde aber vielleicht zweifelte er noch daran daß sie (das heißt die Vernunft das heißt die Tugend das heißt sein kleines Täubchen) ihm untreu geworden war vielleicht fand er erst bei seiner Ankunft etwas wie einen Beweis wie zum Beispiel den im Käfterchen versteckten Stallknecht, etwas das ihn überzeugte, das ihm unwiderlegbar bewies was er nicht glauben wollte oder was seine Ehre ihm vielleicht zu sehen verbot, selbst das was sich vor seinen Augen abspielte da auch Iglésia sagte sein Chef habe immer so getan als merkte er nichts als er erzählte wie er sie beide beinahe überrascht hatte da sie bebend vor Angst und ungestilltem Verlangen kaum Zeit gehabt hatte sich im Stall wieder zurechtzumachen und er sie nicht einmal anschaute sondern geradewegs auf das Stutenfüllen zuging sich bückte um seine Sprunggelenke zu betasten und nur sagte Glaubst du daß diese Salbe genügt Mir scheint daß die Sehne noch geschwollen ist Man sollte vielleicht doch noch ein paar heiße Umschläge machen, immer noch vortäuschend nichts zu sehen nachdenklich und leichtfertig zu Pferde als er seinem Tod entgegenritt dessen Finger schon auf ihn zeigte wahrscheinlich schon auf ihm lag während ich dem knochigen steifen hohlen Rücken auf dem Sattel folgte dem Fleck der in den Augen des lauernden Schützen zuerst nicht größer als eine Fliege eine winzige senkrechte Silhouette überm Korn der gerichteten Waffe war und in dem Maße größer wurde wie er sich dem regungslosen aufmerksamen Auge seines geduldigen Mörders näherte der, den Zeigefinger am Abzug, sozusagen die Rückseite von dem sah was ich sehen konnte oder ich die Rückseite und er die Vorderseite das heißt daß wir beide ich der ihm folgte und der andere der ihn heranreiten sah das ganze Rätsel mit unseren Blicken umschauten (der Mörder der wußte was ihm zustoßen würde und ich der wußte was ihm zugestoßen war, das heißt nachher und vorher, das heißt wie die beiden Hälften einer geteilten Apfelsine die genau zusammenpassen) in dessen Mitte er der Unwissende war oder der ebensowenig wissen wollte was geschehen war wie das was geschehen würde in dieser Art Nichts (es heißt ja daß sich im Zentrum eines Taifuns eine vollkommen ruhige Zone befindet) in dieser Unwissenheit, an diesem Nullpunkt: er hätte einen Spiegel mit mehreren Facetten gebraucht, dann hätte er sich selbst sehen können, seine größer werdende Silhouette bis der Schütze nach und nach die Offizierslitzen die Knöpfe seines Waffenrocks ja sogar seine Gesichtszüge erkannte, das Korn suchte nun die günstigste Stelle auf seiner Brust, der Lauf bewegte sich unmerklich, folgte ihm, mit dem Sonnenschein auf dem schwarzen Stahl durch die duftende frühlingsfrische Hagedornhecke. Aber habe ich es denn wirklich gesehen oder es nur zu sehen geglaubt oder es mir nur eingebildet oder es sogar geträumt, vielleicht schlief ich hatte ich nie zu schlafen aufgehört mit weit offenen Augen am hellichten Tag eingeschläfert von dem monotonen Hämmern der Hufe fünf stampfender Pferde ihre Schatten marschierten nicht genau im gleichen Schritt so daß es sich wie ein wechselndes sich selbst einholendes sich überlagerndes manchmal verschmelzendes Knattern anhörte als wenn nur noch ein Pferd dagewesen wäre, dann brach es wieder auseinander zerfiel wieder und begann wieder scheinbar hinter sich herstolpernd und so fort, der Krieg stagnierte sozusagen friedlich um uns herum, dann und wann landete eine Granate mit dumpfem monumentalem hohlem Knall in verlassenen Obstgärten es hallte wie eine vom Wind in einem leeren Haus hin- und hergeschlagene Tür, die ganze Landschaft unbewohnt leer unterm regungslosen Himmel, die Welt stand still erstarrt zerbröckelnd sich häutend zusammenbrechend allmählich zerfallend wie ein verlassenes, unbrauchbares, dem zusammenhanglosen, fahrlässigen, unpersönlichen, zerstörerischen Wirken der Zeit preisgegebenes Gebäude.

ERNST MORWITZ
Oudenburg

Am rand von schwarzen kanälen
Stehn weiden zitternd geneigt
Und schmeichelnde wasser erzählen
Von weinender liebe die schweigt.

Dort spiegelt tiefblaue blüten
Geheimnisvoll blitzender grund
Und silberne zinnen behüten
Der brücken steigendes rund.

Mit lodernden herzen die schilder
Von rotgelben löwen gefasst
Verdämmern: ein feuchtklarer milder
Purpurn perlender glast.

MARK TWAIN
O'Shah

(Eine Anzahl von Korrespondentenbriefen, die den Besuch
des Schahs von Persien in England beschreiben)

I. Ankunft in England

London, d. 18. Juni 1873

»Würden Sie gern nach Belgien fahren und den Schah nach
England begleiten?«

Ich sagte, ich sei willens.

»Nun gut; hier ist eine Order der Admiralität, die Ihnen

das Betreten des Schiffes Ihrer Königlichen Hoheit, der LIVELY erlaubt, das jetzt in Ostende liegt und Sie übermorgen wieder zurückbringen wird.«

Das war alles. Punktum. Ohne weiter nachzudenken, hatte ich es gewissermaßen auf mich genommen, den Schah von Persien nach England zu bringen. Anders konnte ich das Gespräch, das ich soeben mit dem Londoner Vertreter des New Yorker HERALD geführt hatte, nicht deuten. Das Ausmaß an Unbehagen, das ich in den nächsten zwei oder drei Stunden aushielt, kann ich nicht in Worte fassen. Ich konnte weder mit Genuß essen, schlafen, reden, noch rauchen. Je länger ich über die Angelegenheit nachdachte, desto niedergeschlagener wurde ich. Was bedeutete mir der Schah, daß ich seinetwegen all diese Sorgen und den Ärger auf mich nehmen sollte?

Weshalb bestand auch nur die geringste Veranlassung für mich, so eine Verantwortung zu tragen? Wenn ich ihn heil herüberbekam, gut so. Aber wenn ich ihn verlor? Wenn er mir unter den Händen starb? Wenn er ertrank? Es war deprimierend, von welcher Seite ich die Sache auch betrachtete. Schließlich sagte ich zu mir: »Wenn ich diesen Schah heil und gesund hier herüberbekomme, werde ich nie wieder für einen die Verantwortung übernehmen.« Und doch dachte ich zur gleichen Zeit: »Dieses Land hat mich, obwohl ich ein Fremder bin, gut behandelt; und dieser Ausländer ist Gast eben dieses Landes – das ist genug, ich werde ihm zur Seite stehen; ich werde ihn herüberholen; ich werde ihn in London absetzen und zu dem britischen Volk sagen: ›Hier ist euer Schah, gebt mir eine Quittung.‹«

Ich war jetzt beruhigt und wollte gerade zu Bett gehen, als mir etwas einfiel. Ich nahm ein Taxi, fuhr in die Stadt und stöberte den Vertreter des HERALD auf.

»Wo ist Belgien?« fragte ich.

»Wo ist Belgien? So eine Frage habe ich noch nie gehört!«

»Das ist mir ganz egal. Wenn ich schon diesen Schah holen muß, will ich mich nicht in der Adresse irren. Wo ist Belgien? Ist es einmal um die Ecke mit dem Taxi?«

Er erklärte mir, daß es im Ausland liege – der erste Ort, von dem ich in letzter Zeit gehört habe, zu dem man nicht für einen Zehner mit dem Taxi gelangen kann.

Ich wandte ein, ich könne nicht allein dorthin fahren, denn ich spräche fremde Sprachen nicht sehr gut, könnte auch nicht ohne Hilfe rechtzeitig für den Frühzug aufstehen und den richtigen Weg finden. Ich sagte, es sei genug, den Schah am Hals zu haben, ich wolle nicht alles allein aufgebürdet bekommen. Mr. Blank erhielt daraufhin den Befehl, mich zu begleiten. Ich habe lieber jemanden bei mir, mit dem ich mich unterhalten kann, wenn ich ins Ausland fahre.

[...]

Nach diesen Überlegungen war mein Weg klar genug. Alles, was ich zu tun hatte, war, nach Belgien zu fahren und den Schah zu beeindrucken. Ich machte mir über mein Vorgehen in dieser Angelegenheit noch keinen genauen Plan, nahm mir aber vor, es irgendwie zu schaffen. Ich sagte mir: »Ich werde diesen Schah beeindrucken, oder es wird eine bemerkenswerte Beerdigung geben.«

Dann begab ich mich zu Bett, schlief aber nicht viel, denn die Verantwortung lastete schwer auf mir. Um sechs Uhr am Morgen kam Mr. Blank und weckte mich. Ich war überrascht und keineswegs dankbar, denn ich hasse es, früh aufzustehen. Ich schlage eigentlich nie einen scharfen Ton an, aber in diesem Fall war ich versucht, es doch zu tun. Ich sagte, ich hätte nichts dagegen, angemessen früh aufzustehen, haßte es jedoch, vorgestern geweckt zu werden. Da ich aber in nationaler Eigenschaft handelte und zudem für ein Land, das ich liebte, hörte ich auf zu schimpfen, und wir brachen auf. Eine große Flottenparade ist sicher eine gute Idee, um einen Schah zu beeindrucken; wenn er aber um sechs in der Frühe aufstehen müßte – doch egal; wir fuhren los.

Wir nahmen den Zug nach Dover und sausten mit fünfzig Meilen in der Stunde an den Hausdächern vorbei, gerade so ruhig und angenehm als säßen wir in einem Schlitten. Man kann nur eine sehr ungenaue Vorstellung von Geschwindigkeit haben, bevor man nicht mit einer englischen Eisenbahn gefahren ist. Unsere »Blitz«-Expreßzüge sind schläfrig und träge im Vergleich. Wir schauten in die Rückfenster der endlosen Häuserreihen auf gleicher Höhe oder unter uns, und wir sahen zahlreiche Familien von Frühaufstehern, die bei ihrem Frühstück saßen. Neue Einblicke und Ansichten von London umgaben mich; die mächtige Stadt schien sich in der klaren Morgenluft weiter und breiter auszudehnen als jemals zuvor. Es liegt etwas Furchteinflößendes in den nackten Ziffern, die die Einwohnerzahl Londons ausdrücken, wenn man sie in einer schönen großen Handschrift niederschreibt – 4 000 000! Es nimmt einem fast den Atem.

Wir ließen die Stadt bald hinter uns. Wir waren ein wenig schlaftrunken losgefahren, aber das änderte sich rasch. Wie auch nicht, bei dem strahlenden Sonnenschein, der uns umgab, dem milden Wind, der durch die offenen Fenster blies, und dem Garten Eden, der sich um uns herum erstreckte? Wir stürmten durch die bewegten Massen reifenden Korns – kein Fels oder Baumstumpf störte ihre Schönheit, kein häßlicher Zaun, keine ungepflegte Hecke, – durch breite Wiesen aus frischem grünem Gras, das so ordentlich gefegt aussah, als habe ein Besen dort seine Arbeit verrichtet – mit schmalen sich schlängelnden Bächen, vereinzelten ehrwürdigen Bäumen, Kühen im Schatten und Gehölzen im Hintergrund, aus denen Kirchtürme herausragten. Es gab die wunderlichsten altmodischen Häuser in der Mitte von glatten Rasenflächen oder halbversteckt zwischen herrlichen alten Waldbäumen; und es gab ein uraltes Bauernhaus mit steilem Giebel, dessen Dach und Kamine mit einem schimmernden Panzer aus Efeublättern bedeckt waren! – so dicht, daß nur ein kleines Fleckchen Dach sichtbar blieb, um zu beweisen, daß dieses Haus kein schlichtes Blätterhaus mit Glasfenstern darin sei. Stellen Sie sich diese niedlichen kleinen Häuser umgeben von Blumenstauden und hellem grünem Gras und jedweder Sorte alter Bäume vor – und dann versuchen Sie einmal, sich etwas vorzustellen, das noch bezaubernder ist.

[…]

Das Meer lag völlig ruhig und strahlte mit schmerzhafter Helligkeit in der Sonne. Es gab nichts Außergewöhnliches an Bord des Schiffes außer den Passagieren und einem Anschlag in französischer Sprache, der die Transportkosten für die verschiedenen Arten von Menschen festsetzte. Der Lithograph hatte dieses Plakat wahrscheinlich als Triumph angesehen. Es war in grün, blau, rot, schwarz und gelb gedruckt; keine Zeile in einer einheitlichen Farbe, sogar die einzelnen Buchstaben waren unterschiedlich koloriert. So war, zum Beispiel, der erste Buchstabe eines Wortes blau, der nächste rot, der nächste grün, und so weiter. Der Anschlag sah aus, als habe er die Blattern oder etwas ähnliches. Ich erkundigte mich nach dem Namen des Künstlers und seiner Geschäftsadresse, in der Absicht, ihn, wenn ich Zeit hätte, aufzustöbern und umzubringen; aber niemand konnte mir eine Auskunft geben. Auf der Preisliste waren die Passagiere der ersten Klasse mit fünfzehn Schilling und vier Pence angegeben, Leichen aber mit einem Pfund, zehn Schilling und acht Pence – genau das Doppelte! Das ist belgische Moral, nehme ich an. Ich sage gewöhnlich, wenn ich nicht sehr aufgebracht bin, keine unschönen Dinge, aber meines Erachtens ist der Mann, der aus einer Leiche Gewinn schlägt, zu fast jeder Untat fähig. Ich veröffentliche diese skandalöse Benachteiligung der Hilflosesten unter uns, damit diejenigen, die auf dem Festland zu verscheiden gedenken, einplanen, mit einer anderen Schiffahrtsgesellschaft zurückzukehren.

Wir flogen in vier Stunden nach Ostende hinüber und gingen an Land. Der erste Gentleman, dem wir begegneten, war der Flaggenleutnant der Flotte. Er erklärte uns, wo die LIVELY lag, und sagte, sie würde um sechs Uhr am nächsten Morgen in See stechen. Zum Teufel noch mal. Er versicherte, er würde meinen Brief an die zuständige Amtsperson weiterleiten und so dankten wir ihm und liefen aus ins Hotel. Auslaufen ist ein guter nautischer Ausdruck, ich bin inzwischen ja zwei Tage streckenweise zur See gefahren. Ich lerne Fremdsprachen schnell.

Ostende ist eine seltsame, gemütlich aussehende und dicht bebaute Stadt, deren Bevölkerung mit äußerster Behendigkeit Französisch und Flämisch spricht. Ich konnte sie jedoch in beiden Sprachen nicht verstehen. Aber im morgigen Brief werde ich alles Weitere über Ostende berichten.

Den Rest des Nachmittags und weit in die langanhaltende Dämmerung hinein bummelten wir durch diese seltsame Stadt Ostende, scheinbar um uns zu amüsieren, doch bewegte mich heimlich ein tieferes Motiv. Ich wollte feststellen, ob es hier etwas gäbe, das den Schah »beeindrucken könne«. Schließlich war ich beruhigt und zufrieden. Wenn Ostende ihn beeindrucken konnte, würde er sich in England den Kopf von den Schultern staunen, und es wäre noch eine ausreichende Anzahl von Wundern übrig, die selbst seinen Rumpf nicht unbeeindruckt lassen würden.

Die Bürger von Flandern nennt man, so glaube ich, Flundern, obwohl ich sicher bin, eine Kreatur mit einem solchen Namen schon gegessen oder in einem Aquarium oder einer Menagerie, auf einem Bild oder irgendwo sonst gesehen zu haben. Diese Flundern sind ein sparsames und fleißiges Volk, in wirtschaftlicher Hinsicht so weise und weitsichtig wie zur Zeit Edwards III. und so beharrlich und geduldig gegenüber Widrigkeiten wie unter Karl dem Kühnen. Sie sind überaus kinderreich; in einigen engen Straßen schien jedes Haus eine Kinderflut zu beherbergen, die ausgebrochen war und den Bürgersteig überschwemmte. Man konnte kaum vorwärtskommen in diesem Rudel junger Leute, sie waren alle dreckig und gesund. Alle trugen Holzschuhe, die laut auf dem Steinpflaster klapperten. Die Frauen arbeiteten hart, es gab in den Häusern keine Müßiggänger. Die Männer waren zweifellos zur Arbeit fortgegangen. In jeder Haustür saßen Frauen mit Nadelarbeiten und ähnlichen verkäuflichen Dingen beschäftigt – hauptsächlich strickten sie. Zahlreiche Frauengruppen saßen im Schatten der Hausmauern auf der Straße und fertigten Spitzen an. Die Spitzenklöpplerin hält eine Art Kissen auf ihren Knien, an dem ein Streifen Pappe befestigt ist. Dieser Streifen ist bereits im Spitzenmuster durchstochen.

Sie steckt Gruppen von Nadeln in die Löcher und spinnt ihr Fadennetz darum herum. Die zahllosen Fäden laufen von den Nadelgruppen aus auseinander wie die Speichen eines Rades, und die Spulen, von denen die Fäden abgewickelt werden, bilden den äußeren Kranz dieses Rades. Die Frau wirft die Spulen mit fliegenden Fingern um sich, nach innen und nach außen, über- und untereinander her und so schnell, daß man den Bewegungen kaum mit den Augen folgen kann. In dem Chaos und der Verwirrung übersprungener Spulen fragt man sich, wie sie wohl jedesmal die richtige greifen kann, und vor allem, wie sie so unablässig mit ihren Freundinnen schwätzen kann und doch anscheinend keinen Stich ausläßt. Die Spitzen, die diese erfinderischen Flundern anfertigen, sind zierlich und zart in ihrem Gewebe und sehen wunderschön aus.

Die meisten Läden in Ostende schienen dem Verkauf von

Meeresmuscheln gewidmet zu sein. Alle erdenklichen Figuren von Männern und Frauen waren aus Muscheln gefertigt; es gab sogar Abbildungen der menschlichen Gestalt, die aus grotesken und kunstvollen Kombinationen von Hummerscheren bestand. Andere Figuren waren mittels ausgestopfter Frösche hergestellt, einige fochten miteinander, andere rasierten sich gegenseitig, und wieder andere kann man nur unter Zuhilfenahme anstößiger Worte beschreiben. Es gehört schon eine barbarische Natur dazu, Spaß bei solch ekelerregenden Scheußlichkeiten zu empfinden. Diese Gestalten wurden in Schaufenstern ausgestellt, wo junge Mädchen und kleine Kinder sie sehen konnten, und in den Läden saßen die üblichen jungen Frauen mit behaarter Oberlippe, die nur darauf warteten, sie zu verkaufen.

An den besseren Häusern gab es eine Vorrichtung, von der ich schon gehört, die ich aber noch nie gesehen hatte. Es handelte sich um eine Anordnung von Spiegeln vor dem Fenster, die so angebracht waren, daß die Leute drinnen sehen konnten, wer die Straße herauf- oder hinunterging. Eigentlich konnten sie auf diese Weise alles sehen, was draußen vor sich ging – ohne das Fenster zu öffnen oder sich selbst zum Hinausschauen in eine unbequeme Position zu bringen.

Was für eine hervorragende Gelegenheit, nach unwillkommenen (oder willkommenen) Gästen Ausschau zu halten oder Festzüge bei kaltem und regnerischem Wetter zu beobachten. Die Leute im zweiten oder dritten Stock hatten sogar Spiegel, die ihnen zeigten, wer unter ihnen auf der Straße vorüberging.

[...]

Unser Hotel war ausgezeichnet; man gab sich die größte Mühe, alles richtig zu machen. Ich ging um zehn Uhr ins Bett und wurde um elf geweckt, damit ich den »Frühzug nehmen könne«. Ich sagte, ich sei nicht der betreffende

Gast, also ging der Diener zum nächsten Zimmer und wieder zum nächsten – ohne Erfolg – und so weiter, bis der Widerhall des Klopfens sich in der Entfernung des Ganges verlor, und ich wieder einschlief. Um zwölf wurde ich für einen anderen Frühzug geweckt, aber ich sagte, ich sei wieder nicht der Richtige, und bat um den Gefallen, das nächste Mal alle anderen, nicht aber mich zu wecken. Doch man verstand mein Englisch nicht; so bekam ich eine Antwort, die diese Tatsache bestätigte, und dann schreckte man weiter die Gäste aus dem Schlaf, obwohl keiner von ihnen den Frühzug nehmen wollte.

Als man mich um eins weckte, schien es mit meiner Nachtruhe aus zu sein, und ich beteuerte, wenn man mich um zwei ausliefse, würde ich von selbst wach werden – zwar hatte ich das nicht vor, hoffte aber den Portier zu betören und hinters Licht zu führen. Das vermutete er wohl und hatte Angst, mir in diesem Punkt zu trauen, denn als er um zwei seine Runde machte, ließ er es nicht darauf ankommen, sondern holte mich wie auch die anderen aus dem Bett. Danach schlief ich noch ein wenig, aber als der Portier mich um drei weckte, war ich niedergeschlagen und erschöpft und sehr entmutigt. Ich gab deshalb auf und zog mich an. Der Portier brachte mir eine Tasse Kaffee und hielt mich wach, während ich trank. Er war eine brave, wohlmeinende Flunder, aber ein echter Nachteil für das Hotel, so meine ich.

Der arme Mr. Blank kam dann herein; er sah müde und alt aus. Genau wie ich war er auch für all die verschiedenen Züge geweckt worden. Er sagte, es sei ein recht gutes Hotel, aber man gebe sich zu viel Mühe. Während wir dasaßen und uns unterhielten, schliefen wir ein und wurden um vier noch einmal geweckt. Wir verließen dann das Hotel und wanderten bis um sechs schläfrig durch die Stadt, dann trudelten wir auf der LIVELY ein.

PAUL VAN OSTAIJEN
James Ensor

Stadt mit Fängen, mit Krakenarmen! Das Überirdische,
                    Wesen und Geheimnis in einem.
Warum können wir dem Ruf dieser Stadt nicht widerstehn?
Warum wollen wir nicht?

Wie scheu-fremde Klausner – das Herz durchbohrt
                    von Versuchung,
Geist, der heimgesucht wird von den schmerz-seidenen
                    Leibern von Königinnen,
herbe Schmach der heiser begehrten Erfüllung
                    des Fleisches,
wegen des Verrates an Gott –, schwärmen wir durch
                    die Stadt.
Weiße Wege zum tiefen Kern des Seins.
Gottesstadt, die uns zu Sünde und Reue verführt.
Sündhaft wird unser Geist nur vor dem unversehrten Leben
                    der Reue.

Warum schauen die Masken der Zerknirschung tiefer als die
                    tiefsten Masken des Todes?
O so viel mehr als ein leises Ahnen fällt aus der Kälte ihrer
                    Augenhöhlen.
O Begierde in der maßlosen Todesfurcht,
Masken, die abfallen. Ergreifende Angst des ICH,
aber größer ist die Begierde.

Über die Wogen geht Christus.
Angst steht in den bestürzten Masken der Menschen.
Wieder Entsetzen. Alle laufen umher,
aber nicht einer weiß um das Ziel.

Wie Kinder zum Kreuzzug bestimmt,
deren Schritte ohnmächtig im Walde verhallen,
so folgen wir der Stimme, sei sie nun hart wie ein Fels oder
zaudernd.
Aber die Morgenrottränen vertrocknen
auf unseren heißen Augenlidern, die entflammt sind
von Sehnsucht.

Wissen: Stadt, errichtet in unerreichbarer Ferne,
daß wir alle Wege beschreiten könnten, um dich zu finden,
DICH zu finden! Doch dieses verzweifelte Irren!
Ahasver zu sein! Niemals ruhender Geist.
Jeder Rastplatz ist Lüge.
Selbst über die Wogen schreitet, ein Suchender, Christus,
und seine Hände versinken im weißen Nebel.

GIUSEPPE UNGARETTI
Einst waren es Städte

Ostende

Von Gent nach Brügge, von der Hauptstadt Ostflanderns
zur Hauptstadt Westflanderns, diese Fahrt haben wir heute
gemacht.

Ich hatte mir gewünscht, James Ensor wiederzusehen –
er ist ein großer Maler und, darüber hinaus, ein seltsamer
und aufschlußreicher Mensch – und so haben wir uns,
anfangs mit großer Geschwindigkeit, in Richtung Ostende
auf den Weg gemacht.

Landstriche ohne eine Welle rechts oder links, soweit das
Auge reicht, und hier und dort am Horizont, im bläulichen
Rauch der Weite, jene Türme im kriegerischen Stil, Symbol

von Freiheit und städtischer Macht, viereckig und hoch. Die Luft, die sie uns verschleiert, macht ihre Erscheinung nicht lieblicher, aber so wirken sie auf eine gewisse gedämpfte Weise unerschrocken und drohend, wie es im Blut dieses Volkes die Vergangenheit ist, die in ihnen Gestalt annimmt. Der Lichtkranz des Horizontes ist ganz im Banne dieser Türme, die sich aufbäumen über den Kielen alter, zerfallener Abteien, und in deren Angesicht die vier Bauernhäuser, die sie umgeben, zu kleinen Steinen werden.

Ostende zerstört alles, wie es da plötzlich auftaucht. Man befand sich im Echten, wenn es auch vielleicht nur das Echte der Sehnsucht ist; nun sind wir in das Unechte getreten. Vom Echten besitzt es noch die Kanäle mit den ruhenden Fischerbooten, mit den zum Trocknen ausgebreiteten Netzen, die sich, entlang der ockerfarbenen Segel, vom Salz entkrusten; mit den Fangkörben, die unter den geschwungenen Masten in unberechenbaren Zeitabständen in schwankende Bewegung geraten. Am Morgen besitzt es noch den Lärm der Versteigerung von Kisten mit Seezungen und Steinbutten. Es besitzt das Meer und, zwischen den schütteren Parkanlagen, Austern, die zitternde Algen schlürfen.

Seine Häuser und seine Kirchen sind Imitation. Wie kommt die Neogotik in dieses neunzehnte Jahrhundert mit dem Cri de Paris? Der Stil, wenn es erlaubt ist, ein edles Wort zu mißbrauchen, der echte Stil des Ortes trägt sie in dem berühmten Kursaal zur Schau; eine düstere Masse, provisorisch, ein unbeholfenes Gewirr.

Ostende ruft mir ins Gedächtnis, daß ich einmal fünfzehn, sechzehn und zwanzig Jahre alt war. Die Geschäftsleute hatten es erfunden. Es galt, alle diese Dünen in Banknoten einzutauschen. Ich erinnere mich an eine Karikatur von damals, die einen Krösus mit Zauberstab und dem

Röckchen einer *gommeuse* darstellte. Es war die Sorte Phantasie jener Jahre. Arme Feen!

Und es gelingt mir nicht, in diesen Straßen und an diesem Strand, vielleicht weil sie zu dieser Jahreszeit noch verlassen sind, etwas anderes zu sehen als die Silhouetten – sagte nicht auch bei uns die große Welt zu jener Zeit ›Silhouette‹? – die mir die Erinnerung voller Melancholie zuträgt. Ich sehe Männer, die Phantasieweste über dem gewölbten Bauch, den Kopf ein Straußenei, eine dicke Havanna-Zigarre zwischen Zeigefinger und Mittelfinger und einem Brillanten, dick wie ein Ei; ich sehe Frauen mit gewaltigen Hüten hinter dem Kopf, die geschnürte Taille, die ihnen dieses schwindsüchtige Aussehen gab und sie in zwei Teile zu zerbrechen schien, die Stiefelchen, die ihnen den Schritt von Zicklein und ich weiß nicht von was für einem Leiden gaben, den Sonnenschirm, den sie wie einen dritten Fuß handhabten.

Dieses nichtssagende Städtchen legt mir die Jahre bloß: es läßt mich, wie einem Van Eyck, den Schädel unter der Haut fühlen.

Lisswegen

Hier ist eine Straße, sie hat die Dünen gespalten. Ihr entlang haben sich die Häuser gestürzt, und mit ihren Halbtönen tragen sie ein Klagelied in den trostlosen Ort. Unbewohnt – obgleich es schon Sommer ist – vergrößern sie – obgleich sie leise mit ihren Farben singen – die trotzige Einsamkeit, der ich entgegengehe.

Und bald kommt die schroffe Rückseite der Dünen zum Vorschein. In unablässigen Stößen hat das Meer sie zu einer starken Mauer aufgetürmt.

Dann verebbt das Sich-Aufbäumen des gequälten, erstarrten, verkrusteten Sandes, und es öffnet sich der Blick aufs Meer, und der Sand, nunmehr nichts als lose Körnchen voller Ungeduld davonzufliegen, bewegt sich mit einem Frösteln, das ihm ein Zebramuster über sein Gold breitet, in das sich perlmutterne Splitter mischen. Es ist ein schöner Streifen zwischen dem Meer und der fruchtbaren Erde, und dort hinten steckt sich am Firmament ein dunkles Blau ab, das sich langsam verfinstert.

Und nun, da ich es am wenigsten erwarte, sind Meer und Sand verschwunden, Birken kommen auf uns zu, und da steht auch schon einer jener Türme vor uns, die keine Gnade kennen, nicht einmal von weitem.

Es ist Lisswegen, einst eine Stadt; noch aber hat sie ihren schaurigen Turm aus Dantes Zeit. Wir sind im Gebiet von Brügge, einst eine Hauptstadt und das Handelszentrum der halben Welt.

Ter Doest

Weiter dort hinab, nahe den Ruinen des Klosters von Ter Doest, steht ein Kornspeicher aus Eichenholz, auch er alt wie Dante. Derartige Phantasiegebilde gibt es nur in dieser Gegend. Er hat ein dreißig Meter hohes Gerippe, das ihn einer auf dem Kopf stehenden Arche Noah gleichen läßt. Jetzt haust ein Pächter darin, verloren mit seinen Hühnern und den Enten in jenem Zyklopenbauch.

Dieser Kornspeicher ist einer der vielen Zeugen, die noch übriggeblieben sind aus dem Kampf gegen das Meer, der von den Zisterziensern der ›Dünenabtei‹ geführt wurde, um ihm Land zu entreißen und sich seiner Angriffe zu erwehren. Eine benediktinische Atmosphäre ist über dieser ganzen Provinz verblieben, in der die Bevölkerung noch den Eindruck besonderer Starrköpfigkeit macht, wo sie wortkarg ist und finster, wie auf den Triptychen der Primitiven. Und die Priester üben noch über die fanatische Menge dieser Bauern eine martialische Herrschaft aus.

Von hier also bis weit, weit hinauf nach Holland, überall die Zeichen des römischen Gedankens, der es verstand, sogar der strengsten Askese eine Aufgabe sozialer Tätigkeit zu übertragen. Die Häfen, die Kanäle, die trockengelegten Polder, tollkühne und hartnäckige Arbeit, all dies, wer konnte es in Angriff nehmen, wenn nicht Pioniere? Das Erstaunliche ist, daß Rom, als es darauf ankam, die Errungenschaften seiner großartigen Werke für das Allgemeinwesen weiter in die Welt zu tragen, sich sogar der Mönche bedient hat. Sie waren es, die als erste hier nicht den Sand in Banknoten, sondern – wahres Wunder! – das Meer in üppige Felder verwandelt haben.

Wir fahren weiter.

Damme

Dies ist Damme. Begrenzt durch eine Diagonale, mit weiß aufeinandergehäuften Gebäuden, steigt es an, gewinnt dabei stufenweise an Tiefe und bildet Sackgassen dicht neben einem Turm, nicht minder eindrucksvoll als der von Lisswegen: ein Turm wie eine geschwenkte Fackel. Und entzündete man hier nicht nachts die Feuer, als dies Station auf dem Weg zu einem großen Hafen war? Und stand hier, wie das Wort *damme* besagt, ein Damm, jener in Dantes Versen zitierte Damm, der geradezu ein Maulkorb des Meeres gewesen sein soll?

Damme liegt am Kanal von Brügge – mit seiner einzigen Straße wirkt es wie ein nicht eben geräumiger Hof. Auch sie erinnert daran, daß es sich einst um eine Stadt handelte. Rechts von ihr reicht der Kanal bis hinauf nach Sluis; ein blühender Hafen, bevor der Zwyn versandete. Ein paar Kilometer weiter biegt der Zwyn selbst – ehemals ein mit

Mastwerk und Segeln gefüllter großer Fluß – zum Meer
hinab, völlig vereinsamt, völlig geschwächt, ohne auch nur
ein Schiffchen aus Papier.

Bevor der Kanal Sluis berührt – und hier bietet sich der
schöne Anblick von Damme – führt er wie ein Pfeil ins
Herz von Brügge, und von Brügge in Richtung auf
Damme kommen im Rauch der Luft, dieses Mal wie zierliche Flügel und wie aus dem dunklen Wasser des Kanals
geboren, die spitzen Türme einer Kathedrale auf uns zu.
Der gerade Lauf des Wassers und die feindliche Steinmasse
von Damme und jene gespenstische Kathedrale, sie scheinen dem Auge sehr nahe zu sein, scheinen einander gegenseitig zu durchdringen, entsprossen, so wie sie sind, aus der
großen Kraft ein und derselben Melancholie.

CHRISTINE BUSTA
In Flandern

Geheimnis, in inniger Tiefe geschehen,
muscheloffen vergeudet's der Strand,
über die Spuren von Fingern und Zehen
zeichnet die Flut ihren Puls in den Sand.

Geh nur, du stehst der Brandung nicht Rede:
unablässig am felsigen Ohr
zählt sie unzähligen Atem und jede
Stimme entrissener Liebe dir vor.

Drüben in Brügge, im Hof der Beginen,
klöppelt Vergessen mit hölzernem Ton,
summen die Glockenstunden wie Bienen
golden auf lautlosen Wassern davon.

Uilenspiegel und Lamme Goedzak
kehren zurück nach Damme

Auf der Wanderung nach Brügge sagte Uilenspiegel zu Lamme: »Wir haben ein hübsches Stück Geld auf die Anwerbung von Soldaten, auf die Bezahlung der Häscher und auf das Geschenk für die Zigeunerin ausgegeben und auf diese unzähligen Oliekoeken, die du jedesmal viel lieber selbst aufgegessen hast, als auch nur einen zu verkaufen. Nun ist es, ungeachtet den Willen deines Bauches, Zeit, ein vernünftigers Leben zu beginnen. Gib mir dein Geld, ich will für uns beide den Beutel verwahren.«

»Meinetwegen«, sagte Lamme. Und indem ers ihm gab, fuhr er fort: »Laß mich nur ja nicht Hungers sterben; denn bedenke, daß ich, dick und stark, wie ich bin, eine kräftige und ausgiebige Nahrung brauche: bei dir magern und schmächtigen Menschen geht es, daß du so in den Tag hineinlebst und ißt oder nicht ißt, was du findest, wie die Planken auf dem Kai, die von Luft und Wasser leben; aber ich, an dem die Luft zehrt und den der Regen hungrig macht, ich bedarf einer anderen Kost.«

»Du wirst sie bekommen«, sagte Uilenspiegel, »tugendsame Fastenkost. Je mehr der Wanst gefüllt ist, desto weniger hält er aus; wenn er so nach und nach abschwillt, wird der schwerste Mensch leichtfüßig. Und bald wird man dich, wenn einmal genug Schmer weg ist, laufen sehn wie einen Hirsch, Lamme, mein Liebling.«

»Ach«, sagte Lamme, »was wird fortan mein armseliges Los sein? Ich habe Hunger, mein Sohn, und möchte essen.«

Der Abend fiel ein. Sie kamen in Brügge beim Gentischen Tore an. Sie zeigten ihre Pässe. Nachdem sie einen halben Groschen für sich und zwei für ihre Esel bezahlt hatten, durften sie in die Stadt. Lamme, dem Uilenspiegels Worte nicht aus dem Sinn gingen, schien tief bekümmert: »Werden wir bald essen?«

»Ja«, antwortete Uilenspiegel.

Sie stiegen in der Meermin ab, brachten ihre Esel im Stalle unter, und Uilenspiegel verlangte für sich und Lamme Brot, Bier und Käse. Der Wirt grinste, als er das magere Mahl auftrug. Lamme aß mit langen Zähnen und betrachtete Uilenspiegel voll Verzweiflung; der ließ seine Kinnbacken in dem alten Brot und dem jungen Käse arbeiten, als hätte er Fettammern vor sich gehabt. Und Lamme trank sein Dünnbier ohne Vergnügen. Uilenspiegel lachte, als er ihn so betrübt sah. Und es gab noch eine Person, die über ihn lachte, aber im Hofe der Herberge, und oft ihr Mäulchen an den Scheiben zeigte. Uilenspiegel sah, daß es eine Frau war, die ihr Gesicht verbarg; in der Meinung, es sei irgendeine mutwillige Magd, kümmerte er sich nicht weiter um sie. Da er Lamme so bleich, traurig und fahl sah wegen der unbefriedigten Sehnsucht seines Bauches, hatte er Mitleid mit ihm und dachte schon daran, für seinen Gesellen einen Eierkuchen mit Würsten, eine Schüssel Rindfleisch mit Bohnen oder jedes beliebige warme Gericht zu bestellen, als der Baas eintrat und, seine Mütze ziehend, sagte: »Wenn die Herren Reisenden ein bessers Essen wünschen, so mögen sie es sagen und mögen verlangen, was sie wollen.«

Lamme riß die Augen weit auf und den Mund noch weiter und sah Uilenspiegel mit ängstlicher Unruhe an. Der antwortete: »Die wandernden Handwerker sind nicht reich.«

»Es kommt doch manchmal vor«, sagte der Baas, »daß sie nicht wissen, was sie alles haben.« Und auf Lamme zeigend: »Dieses gute Gesicht ist so viel wert wie zwei andere. Was wird den Herrschaften angenehm sein zu essen und zu trinken? Ein Eierkuchen mit fettem Schinken, Soezels – sie sind von heute – Kastanien, ein Kapaun, der auf der Zunge zerschmilzt, ein guter Rostbraten mit einer Tunke mit viererlei Gewürzen, Dobbelen Knol von Antwerpen, Dobbele Kuite von Brügge, Wein von Löwen nach Burgunderart? Und ohne etwas zu bezahlen.«

»Bringt alles«, sagte Lamme.

Bald war der Tisch bestellt, und Uilenspiegel hatte seine Lust daran, dem armen Lamme zuzusehn, der sich, hungriger als je, über den Eierkuchen, die Goezels, den Kapaun, den Schinken und den Braten machte und den Dobbelen Knol, die Dobbele Kuite und den Löwenschen Wein nach Burgunderart maßweise in seinen Schlund goß. Als er nichts mehr hinunterbrachte, schnaufte er vor Behagen wie ein Walfisch und sah auf dem Tisch herum, ob sich nichts mehr für die Zähne finde. Und er knapperte die Krümchen der Kastanien.

Weder er noch Uilenspiegel hatte das hübsche Mäulchen gesehen, das immer wieder im Hofe erschien, um lächelnd durch die Scheiben zu blicken. Nachdem der Baas heißen Wein, gewürzt mit Zimt und Madeirazucker, gebracht hatte, fuhren sie fort zu trinken. Und sie sangen.

Um die Feierstunde fragte er sie, ob sie jeder auf ihr großes, schönes Zimmer hinaufgehn wollten. Uilenspiegel antwortete, daß ein kleines für sie beide genügen werde. Der Baas antwortete: »So eins habe ich nicht; ihr werdet jeder ein Zimmer bekommen wie für einen Prinzen, ohne Bezahlung.« Und wirklich führte er sie in reich eingerichtete und mit Teppichen belegte Zimmer. In dem Lammes war ein großes Bett. Uilenspiegel, der tüchtig getrunken hatte und vor Schlaf umfiel, hieß ihn sich niederlegen und tat sofort ebenso.

Am nächsten Tage trat er um die Mittagsstunde in das Zimmer Lammes, und er fand ihn schlafend und schnarchend. Neben ihm lag ein zierliches Täschchen voll Geld. Er öffnete es und sah, daß es Karlsgulden und Silberplappart waren. Er rüttelte Lamme, um ihn zu erwecken; der fuhr aus dem Schlafe, rieb sich die Augen, sah unruhig herum und sagte: »Meine Frau! Wo ist meine Frau?« Und er wies auf den leeren Platz an seiner Seite im Bette: »Eben erst war sie da.«

Dann sprang er aus dem Bette, sah von neuem überall herum, durchsuchte alle Ecken und Winkel des Zimmers, den Alkoven und die Schränke und sagte, mit dem Fuße stampfend: »Meine Frau! Wo ist meine Frau?« Auf den Lärm kam der Baas.

»Taugenichts«, sagte Lamme, indem er ihn bei der Gurgel packte, »wo ist meine Frau? Was hast du mit meiner Frau gemacht?«

»Du grober Mensch«, sagte der Baas, »deine Frau? Was für eine Frau? Du bist allein gekommen. Ich weiß von nichts.«

»Ha, er weiß nichts«, sagte Lamme, »er weiß nichts!« Und er durchstöberte von neuem alle Ecken und Winkel des Zimmers. »Ach! Sie war da, heute nacht, in meinem Bette, wie zu der schönen Zeit unserer Liebe. Ja. Wo bist du, Herzlieb?« Und er warf das Täschchen zur Erde.

»Dein Geld brauche ich nicht, sondern dich, deinen süßen Leib, dein gutes Herz, o meine Geliebte! O Himmelswonnen, ihr kehrt nicht wieder! Ich hatte mich schon gewöhnt gehabt, dich nicht mehr zu sehn und ohne Liebe zu leben, mein süßer Schatz. Und jetzt, wo du wieder bei mir gewesen bist, verläßt du mich. Aber ich will sterben. Ha! Meine Frau! Wo ist meine Frau?« Und er warf sich auf den Boden und weinte heiße Tränen. Plötzlich riß er die Tür auf und rannte durch die ganze Herberge und auf die Straße hinaus, im Hemde, und schrie: »Meine Frau! Wo ist meine Frau?« Aber er kam bald wieder zurück;

denn die bösen Buben höhnten ihn und warfen Steine nach ihm.

Und Uilenspiegel zwang ihn, sich anzukleiden, und sagte zu ihm: »Sei nicht trostlos; du wirst sie wiedersehn, da du sie einmal gesehn hast. Sie liebt dich noch, weil sie wieder zu dir gekommen ist und weil es sicherlich sie ist, die das Essen und die Herrenzimmer bezahlt und dir das volle Täschchen da ins Bett gelegt hat. Die Asche sagt mir, daß eine Frau, die so handelt, nicht untreu ist. Weine nicht mehr und ziehn wir weiter zur Verteidigung des Landes der Väter.«

»Bleiben wir noch in Brügge«, sagte Lamme; »ich will die ganze Stadt ablaufen und werde sie finden.«

»Du wirst sie nicht finden«, sagte Uilenspiegel, »weil sie sich vor dir verbirgt.«

Lamme verlangte Aufklärungen vom Wirt, aber der wollte nichts sagen.

Und sie machten sich auf nach Damme. [...]

An diesem Tage war König Philipp, der zu viel Backwerk gegessen hatte, trübseliger als sonst. Er hatte auf seinem lebendigen Klavier gespielt, in dessen Kasten Katzen waren, deren Köpfe aus runden Löchern über den Tasten heraussahen; jedesmal, wann der König auf eine Taste schlug, schlug diese wieder mit einem Stachel in die Katze, und das Tier maute und wimmerte wegen des Schmerzes. Aber Philipp lachte nicht.

Ohne Unterlaß grübelte er in seinem Hirn, wie er Elisabeth, die große Königin, überwinden und Maria Stuart auf den Thron Englands setzen könnte. Deswegen hatte er schon dem bedürftigen und verschuldeten Papste geschrieben, und der Papst hatte ihm geantwortet, für dieses Unternehmen werde er willig die heiligen Kirchengefäße und die Schätze des Vatikans verkaufen. Aber Philipp lachte nicht.

Ridolfi, der Liebling der Königin Maria, der in der Hoffnung lebte, sie nach ihrer Befreiung zu heiraten und König von England zu werden, kam Philipp besuchen, um mit ihm die Ermordung Elisabeths zu verabreden. Aber er war, wie der König schrieb, ein solcher Schwätzer, daß von seinem Plane an der Börse von Antwerpen ganz laut gesprochen wurde; und der Mord wurde nicht vollbracht. Und Philipp lachte nicht.

Später sandte der Blutherzog auf einen Auftrag des Königs zweimal ein Meuchelmörderpaar nach England. Aber sie richteten nichts sonst aus, als daß sie gehenkt wurden. Und Philipp lachte nicht.

Und so machte Gott das Trachten dieses Vampirs zuschanden, der darauf ausging, Maria Stuart ihren Sohn zu nehmen und an seiner Statt mit dem Papste über England zu herrschen. Und der Mörder konnte es nicht verwinden, dieses edle Land groß und mächtig zu sehn. Immer wieder wandten sich seine bleichen Augen dorthin, ob er es nicht zermalmen könnte, um dann über die Welt zu herrschen, die Reformierten, und sonderlich die reichen, zu vertilgen und das Gut der Opfer zu erben. Aber er lachte nicht.

Man brachte ihm Mäuse und Ratten in einem Eisenkästchen mit hohen Wänden, das oben offen war; er stellte das Kästchen mit dem Boden auf ein prasselndes Feuer und hatte sein Vergnügen daran, die armen Tierchen springen, schreien, wimmern und sterben zu sehn und zu hören. Aber er lachte nicht.

Dann eilte er, bleich und mit zitternden Händen, in die Arme der Frau von Eboli, um das Feuer seiner Geilheit, entzündet an der Fackel der Grausamkeit, zu löschen. Und er lachte nicht.

Und die Frau von Eboli empfing ihn aus Angst und nicht aus Liebe.

Der Tag war heiß; von der stillen See kam kein Lüftchen. Schier unmerklich säuselte das Laub der Bäume am Kanale von Damme, und die Grillen zirpten in den Wiesen, derweil die Leute der Kirchen und Abteien auf die Felder kamen, um den Dreizehnten der Ernte für die Pfarrer und Äbte zu fordern. Von dem blauen, glühenden, unergründlichen Himmel goß die Sonne die Hitze aus, und die Natur schlief unter dem Strahle wie ein schönes Mädchen, nackt und erschlafft unter den Küssen ihres Geliebten. Die Karpfen schnellten sich über den Spiegel des Kanals, um die summenden Fliegen zu schnappen, während ihnen die Schwalben mit den langen Leibern und den großen Flügeln die Beute bestritten. Von der Erde stieg ein warmer Dunst auf, der im Lichte schillerte und flimmerte. Auf einer zersprungenen Glocke, die wie ein Kessel klang, verkündete der Küster vom Turme Dammes den Bauern, die im Heu arbeiteten, daß es Mittag sei und Zeit, essen zu gehn. Die Frauen riefen durch die hohlen Hände ihre Männer und Brüder bei den Namen: Hans, Pieter, Judocus; und über den Hecken sah man ihre roten Schnitterhüte.

In der Ferne erhob sich vor den Augen Lammes und Uilenspiegels hoch, wuchtig und massig der Turm von Unserer Frau, und Lamme sagte: »Hier, mein Sohn, ist dein Schmerz und deine Liebe.« Aber Uilenspiegel antwortete nichts.

»Bald«, sagte Lamme, »werde ich meine alte Wohnung sehn, vielleicht auch meine Frau.« Aber Uilenspiegel antwortete nichts.

»Du Holzmensch«, sagte Lamme, »du Steinherz, vermag dich denn gar nichts zu rühren, nicht die unmittelbare Nähe der Orte, wo du deine Kindheit verbracht hast, nicht die teuern Schatten des armen Klaas und der armen Soetkin, der zwei Märtyrer. Wie? Du bist nicht traurig, nicht lustig; was hat denn dein Herz so vertrocknet? Sieh mich, wie es mich vor Bangigkeit und Unruhe in meinem Wanste schüttelt; sieh mich . . . «

Lamme betrachtete Uilenspiegel und sah, daß sein Haupt bleich und gesenkt war, daß seine Lippen zitterten und daß er lautlos weinte. Und er schwieg.

Sie wanderten, ohne ein Wort zu sprechen, bis nach Damme und betraten die Stadt durch die Reigerstraat. Sie sahen niemand, wegen der Hitze; die Hunde gähnten, mit heraushängender Zunge und auf der Seite liegend, auf den Türschwellen. Lamme und Uilenspiegel gingen geradewegs zum Stadthaus, vor dem Klaas verbrannt worden war; die Lippen Uilenspiegels zitterten noch mehr, und seine Tränen versiegten. Als sie vor dem Hause Klaasens waren, das nun ein Kohlenhändler bewohnte, sagte er zu diesem, indem er eintrat: »Kennst du mich? Ich möchte hier ausruhn.«

Der Kohlenhändler sagte: »Ich kenne dich: du bist der Sohn des Opfers. Geh, wohin du willst in diesem Hause.« Uilenspiegel ging in die Küche, dann in das Zimmer Klaasens und Soetkins, und dort weinte er.

Als er herunterkam, sagte der Kohlenhändler zu ihm: »Hier ist Brot, Käse und Bier. Wenn du Hunger hast, so iß; wenn du Durst hast, so trink.« Uilenspiegel deutete mit der Hand, daß er nicht Hunger und nicht Durst habe.

So zog er weiter mit Lamme, der rittlings auf seinem Esel saß; Uilenspiegel führte den seinigen an der Halfter.

Sie kamen zur Hütte Katelijnens, banden ihre Esel an und traten ein. Es war die Zeit des Mahles. Auf dem Tische waren Fisolenschoten, gemischt mit großen weißen Bohnen. Katelijne aß; Nele stand neben ihr und schickte sich an, auf Katelijnens Teller eine Essigtunke zu gießen, die sie eben vom Feuer genommen hatte. Als Uilenspiegel eintrat, verlor sie so die Fassung, daß sie den Topf samt der Tunke in Katelijnens Teller fallen ließ; die machte sich, den Kopf schüttelnd, daran, die Bohnen rund um den Tunkentopf mit dem Löffel aufzulesen, und sagte, sich vor die Stirne schlagend, in ihrer Verrücktheit: »Nehmt das Feuer weg! Der Kopf brennt!«

Der Geruch des Essigs machte Lamme hungrig.

Uilenspiegel stand ruhig da und sah Nele an, vor Liebe lächelnd in seiner großen Traurigkeit. Und Nele schlang ihm, ohne ein Wort zu sagen, ihre Arme um den Hals. Auch sie schien verrückt: sie weinte und lachte und sagte, ganz rot vor der großen, süßen Wonne, nur: »Thijl! Thijl!« Uilenspiegel betrachtete sie voll Seligkeit. Dann ließ sie ihn, trat ein paar Schritte zurück, sah ihn glücklich an und warf sich von neuem an seine Brust, die Arme um seinen Hals schlingend; und so noch öfter. Er hielt sie selig fest und wollte sie nicht loslassen, bis sie endlich, erschöpft und wie von Sinnen, auf einen Stuhl sank; und sie sagte, ohne sich zu schämen: »Thijl! Thijl! Mein Geliebter! Endlich bist du wieder da!«

JULIANE WINDHAGER
Limericks in Damme

Limericks
die Pappeln hinunter
eine Mühle
mahlt Wind
um den flachen
und glatten Kanal
tanzen Schellen.

Wir haben im
Rathaus getanzt
als die Stadt

noch am Meer lag
wir sind
um das steinerne
Brautbett gesessen.

Mit dem Sand
mit dem Schlick
schlechte Zeiten
für unsre
herübergeretteten Reime.

VICTOR HUGO
Brief aus Brügge

Ostende, den 28. August 1837

Brügge ist eine herrliche Stadt, zur Hälfte deutsch, zur
Hälfte spanisch. Sie wird Brügge genannt wegen ihrer
Brücken (flämisch *Brug*), so wie die Stadt deines Vaters
wegen ihrer Wasserläufe (die hundert Arme der Loire)
Nantes heißt, keltisch *nant*. Die Brügger setzen ihrem
Glockenturm gerade hart zu, einem Backsteinobelisk aus
dem vierzehnten Jahrhundert, also im vornehmsten Stil
erbaut. Sie haben ihn schon seiner Spitze beraubt und sie
durch ein scheußliches kleines Dach ersetzt, rund, flach und
töricht. Stelle dir einen Papst vor, dem man statt seiner
Tiara eine Schirmmütze aufgesetzt hat, dann weißt du, wie
der Brügger Glockenturm jetzt aussieht. – Dafür ist der
Turm des Belfrieds unversehrt. Er ist aus derselben Zeit
und bewundernswert, halb Backstein und halb Stein. Der
Backstein hat manchmal prächtige Rosttöne. Das machen
sie sich in Flandern sehr zunutze. Sie bauen alles aus Backstein, sogar Wendeltreppen, bis hin zu Fensterkreuzen von

vollendeter Feinheit. Man muß zugeben, daß die Flamen besser mit Backstein umgehen als die Bretonen mit Granit. Ich spreche mit Vorliebe immer von den alten Baumeistern, denn heutzutage zieht man aus nichts mehr Nutzen, aus Backstein wie aus Granit werden nur Torheiten gemacht. In Brügge stehen auch eine Menge schöner Giebelhäuser, jedoch stets scheußlich getüncht. Das gilt gleichermaßen für das Innere der Kirchen, alles ist dort hartes Weiß oder rohes Schwarz, all das zum Jubel der Pfarrer, Mesner und Vikare. Der Hauptfeind der Kirche ist der Priester, das habe ich schon vor langer Zeit gesagt.

So haben sie zum Beispiel eine herrliche Statue von Michelangelo, ein Wunderwerk der Kunst, sie verbergen sie hinter einem riesigen Kruzifix. Für dreißig Sous habe ich das Kruzifix abnehmen lassen, denn für dreißig Sous ereicht man so manches bei den rechtschaffenen belgischen Kirchendienern, und das Kruzifix erfüllt vielleicht gar keinen anderen Zweck. Diese Statue ist ein wunderbares Kunstwerk. Der Kopf der Jungfrau ist unbeschreiblich. Sie betrachtet ihr Kind mit jenem stolzen Schmerz, den ich allein an diesem Kopf und in diesem Blick gesehen habe. Das Kind, mit seiner großen Stirn, seinen tiefliegenden Augen und dem kräftigen Schmollmund, den seine kleinen Lippen bilden, ist zweifellos das göttlichste aller Kinder. Napoleon, der dem Kind wohl ähnlich gesehen haben muß, hatte es nach Paris bringen lassen. 1815 wurde es zurückgeholt, und auf dem Weg ist eine Ecke des Schleiers der Jungfrau zerbrochen, ich sollte sagen, zerrissen. Michelangelo ist in dieser Kirche. Ebenso Rubens, van Dyck und Pourbus. Der eine ist vertreten mit einer Anbetung der Weisen, der andere mit einer mystischen Vermählung der heiligen Rosalie, der dritte mit einem Abendmahl. Lange habe ich vor diesen Kunstwerken fast gekniet. Ich glaube, so etwas nennen die Protestanten Götzenkult. Götzenkult, meinetwegen. Das ist nicht alles, denn diese Kirche ist reich, und es ist nicht das Geringste, das ich für den Schluß aufgespart habe. In einer Kapelle befinden sich das Grabmal Karls des Kühnen und das seiner Tochter, Maria von Burgund. Stelle dir zwei Denkmäler aus vergoldetem Erz und Jaspis vor. Der Jaspis gleicht dem schönsten schwarzen Marmor, nur geschmeidiger und harmonischer anzusehen. Auf jedem Grabmal ruht eine Statue, scheinbar ganz aus Gold, und an den vier Seiten befinden sich Wappen und zahllose Arabesken. Das Grab der Herzogin Maria ist aus dem fünfzehnten Jahrhundert, das von Karl aus dem sechzehnten. Karl der Fünfte, dieser umsichtige Kaiser, Sohn Johannas der Wahnsinnigen und Großneffe Karls des Kühnen, ließ den Leichnam des Herzogs von Burgund von Nancy nach Brügge überführen.

Nichts ist prachtvoller als diese beiden Gräber, vornehmlich das der Maria. Es sind unermeßliche Schätze. Die Wappen sind aus Email. Zu Füßen des Herzogs ruht ein Löwe, zu Füßen Marias liegen zwei Hunde, von denen einer zu knurren scheint, auf daß man seiner Herrin nicht zu nahe komme. Überraschend ist auf allen vier Seiten des Denkmals dieser Wald von goldenen Arabesken auf schwarzem Grund mit Engeln als Vögel und Wappen als Früchte und Blumen.

Napoleon hat diese Gräber besichtigt. Für ihre Wiederherstellung hat er zehntausend Francs gespendet und tausend dem ehrlichen Bürger, der sie während der Revolution vergraben und gerettet hatte. In Gedanken versunken, so sagte mir der alte Küster, habe er lange in dieser Kapelle verharrt. Das war 1811. Der Kaiser sehnte sich damals nach Moskau. Er ließ diese Gräber nicht nach Paris bringen. Diese Grabmäler werden behandelt wie Michelangelo. Der Kirchenrat hat sie mit einer schrecklichen Holzverkleidung bedecken lassen, die aussieht wie der Katafalk des *Père*

Lachaise, und auf die M. Godde aus Paris neidisch wäre. Wollen Sie die Gräber sehen, zahlen Sie. Das ist für die Erhaltung, das heißt für das Tünchen der Kirche. Arme Kirche! auf diese Weise dienen diese Gräber, ihr Juwel, diese Gräber, die sie glanzvoll schmücken sollten, dazu, sie zu verunstalten. – Oh ihr Kirchenverwalter!

In dieser Kirche hat Philipp der Gute den Orden zum Goldenen Vlies gestiftet. Es wird eine entzückende Tribüne aus dem fünfzehnten Jahrhundert gezeigt, schrecklich angestrichen wie alles übrige, wo, sagt man, die ersten Ritter geschlagen wurden. Ich bezweifle das, denn der blumige Stil dieser Tribüne weist sie und unseren Karl VIII. als Zeitgenossen aus. Und in Flandern war man der Zeit immer eher hinterher als voraus. Zur Zeit Heinrichs IV. baute man noch Spitzbögen.

Nun, liebe Freundin, wenn ich dir gesagt habe, daß die Vergoldung jedes der beiden Gräber vierundzwanzigtausend Golddukaten gekostet hat, für die Zeit eine unermeßliche Summe, und daß das Glockenspiel des Belfrieds als das schönste Glockenspiel Belgiens gilt, so habe ich dir erschöpfend über Brügge berichtet. Es gibt noch eine alte verfallene Abtei, aber ich hatte keine Zeit, sie zu besichtigen. Das werde ich an dem Tag tun, an dem wir dies alles gemeinsam sehen werden, meine Adele.

Im übrigen werden die Baukunst und die Bildhauerei vom achtzehnten Jahrhundert an in Flandern schwerfälliger als überall sonst. Die Voluten sind plump, die Statuen haben einen Bauch, die Engel sind nicht pausbäckig, sondern aufgedunsen. All das hat Bier getrunken.

GEORGES RODENBACH
Die Stadt

Sie weilten seit einigen Tagen in der toten Stadt. Ihr Auf-
bruch von Paris glich einer jähen Flucht. Sie hatten sich
plötzlich ein Herz gefaßt, denn sie waren der Lügen und
Verheimlichungen, der kurzen Begegnungen und flüchtigen Küsse, der ganzen Misere des Ehebruchs müde. Jede
wahre Liebe schämt sich dessen, wie ein König, der, um
sich zu retten, in Lumpen geht. Und ihre Liebe war edel
und sollte sich frei äußern können. Sie wollte ihren Mann
verlassen und er seine Frau, denn ihr Unstern hatte gewollt,
daß sie beide unglücklich verheiratet waren. Sie wollten ihr
Leben ins reine bringen. Und so war es denn geschehen.

Jetzt besaßen sie sich endlich! Und sie fanden hier alles,
was sie brauchten: ein neues Land für ihr neues Leben. Alles
fing von vorn an, nichts lag hinter ihnen. Sie kamen sich
vor wie junge Eheleute, wie ein glückliches Paar, das sich
genug ist und mit der Ausschließlichkeit jeder tiefen Leidenschaft nach Einsamkeit verlangt und nach einer Stille, in
der es nichts hört als sich selbst...

Sie hatten sich also eine tote Stadt gewählt, die durch
Bücher und die Begeisterung der Reisenden in Mode gekommen war, fernab im Norden und im Nebel. Sie schien
so weit zu sein und war doch so nahe. Kaum einen Tag
Eisenbahnfahrt, und schon waren sie sich wiedergegeben.
Paris lag ihnen gleich so fern, und so fern auch ihre Vergan-
genheit. Oh, dieser plötzliche Abstand der Fremde und der
Reise! Alles war hier so anders, die Leute auf den Straßen,
die Häuser, die Färbung der Luft und der Himmel über den
Dächern, ein niedriger, tief herabhängender Himmel mit
scharf umrissenen Wolken, wie auf einem Gemälde... Ein
Hintergrund ohnegleichen, eine feine, silbergraue Atmo-

sphäre und die Patina der Zeiten auf den alten Mauern, ein ganzes schillerndes Wunder für Maleraugen. Er hatte sich vorgenommen, hier in der Stille zu arbeiten und diese unvergleichlichen Stadtbilder festzubannen. Es war ein jungfräulicher Gegenstand! Und welch eine Aufgabe, das alles zu malen!...

Die beiden Liebenden hatten in einem alten Gasthause am Marktplatz, dem Belfried gegenüber, Wohnung genommen. Sie hatten sich hier eingemietet, weil das Haus so altertümlich aussah mit seinem getreppten Giebel, darunter die rote Ziegelfront mit den frischen weißen Kalkstreifen zwischen den Steinen. Sie hatten auch gelesen, daß der große Michelet auf einer Reise hier vor sechzig Jahren abgestiegen war. Er, der über die Frauen und die Liebe so kluge und zartfühlende Worte geschrieben hatte, würde unsichtbar bei ihnen weilen; sein Bild, das diese Spiegel aufgefangen hatten, würde sie lächelnd umschweben wie ein gütiger Schutzgeist...

Oh, Süße der ersten zusammen verlebten Zeiten! Sie hatten sich endlich erobert. Sie begannen sich gegenseitig zu erfassen. Sie begannen auch die Stadt zu erfassen. Es war eine tiefe Trunkenheit...

Die Tage flossen eintönig dahin. Aber ist das wahre Glück nicht immer eintönig? Sie schlenderten an den Kanälen entlang, in denen ein lebloses Wasser träumt. Bisweilen betrachteten sie sich von den Brücken herab in diesem Wasser der Kanäle. Eine leere Flut, in der sich nichts zeigte als ihr Abbild... Ihre Gesichter schmiegten sich ineinander, aber sie waren ganz bleich, ganz fern, in einem Abstande, der dem ihres Fernseins und der Erinnerung glich. Sie sahen so traurig aus in diesem Spiegel! Es war, als betrübte es sie, nur ein Abglanz, ein flüchtiges Bild zu sein, das auf dem Wasser bebt und darin versinkt...

Eine tiefe Schwermut herrschte überall. Und ihre Liebe

nahm etwas davon an, sie wurde matter und zärtlicher. Es war etwas von der Liebe, wie man sie vor der Trennung fühlt. Es war wie Liebe in einem Lande, wo Krieg herrscht, wie in einer Stadt voller Seuchen. Eine Liebe, die durch die Nähe des Todes herausgefordert wird... Denn hier herrschte der Tod. Die Stadt war wie ein Museum des Todes. Er wollte jeden Tag an die Arbeit gehen. Aber wozu doch wirken und schaffen in dieser Stille, wo alles zerfiel? Voller Entzücken hatte er die Bilder der alten Meister betrachtet, die hier aufbewahrt wurden: Triptychen der Verkündigung und Kreuzigung, Reliquienbehälter mit miniaturhaft feinen Medaillons und Bilder der knienden Stifter auf den Seitenflügeln – lauter Meisterwerke der alten Maler, deren Finger Gott berührten wie die der Priester! Sie hatten gemalt, wie man betet.

Was sollte man nach ihnen versuchen? Die Vergeblichkeit des Bemühens war zu augenscheinlich. Und dazu der Stachel des Ruhmes, die Vergänglichkeit der Tage, die Grausamkeit des Lebens, das mit den Geschöpfen weniger Mitleid hat als mit den Dingen und alle die gemalten Gesichter dort erhält, während die von Fleisch und Bein zu Gott weiß welchem Schmutz und Staub geworden sind!

Die beiden Liebenden verbrachten die Tage in langsamem Umherstreifen... Bisweilen gerieten sie wohl auch in eine Kirche. Aber auch hier wich der Bann des Todes nicht... Der Boden war bedeckt mit großen Leichensteinen, unter denen Bischöfe, Kirchenälteste, berühmte Pfarrkinder schliefen, und ihre Namen, Titel, Geburts- und Todestage waren unter dem Schritt der Jahrhunderte allmählich verwischt... Es war ihnen, als ob ihre Liebe über den Tod schritte.

Selbst in den Nächten, in denen Kuß auf Kuß sich folgte, erschraken sie bisweilen über das Glockenspiel, das alle Viertelstunde vom Belfried herüberschallte. Ein langsamer, unbestimmter Klang, der von weither zu kommen schien, von ihrer Kindheit her und aus dem Schoß der Zeiten... Es war wie der Fall eines welken Blumenstraußes, wie ein Herbst von Klängen, der seine Blätter über die Stadt ausschüttete... Die Liebenden lauschten, von banger Unruhe ergriffen. Ihre Küsse stockten. Grollte die fromme Stadt ihrer Liebe? Und forderte ihre Lebensglut in diesen stillen Stunden wohl gar den Tod heraus, der hier herrschte? Zögernd suchten sich ihre Lippen wieder, wenn der letzte Schlag verklungen war. Und lange noch behielten ihre Küsse den Nachgeschmack von kalter Asche... Auch das Glockenspiel wirkte entmutigend, wie die Nähe des Todes...

Sie begann sich zu langweilen. Und gerade *sie* hatte den Gedanken gehabt, hierher zu gehen. Alle Liebenden haben diese Sucht nach Einsamkeit, um nur für sich zu leben. Sie schaffen sich gegenseitig eine neue Welt, in der sie nur zu zweit sind. Aber diese beiden hatten den Tod nicht mitgerechnet, der sich hier plötzlich dazwischendrängte... Ja, ihre Liebe schritt über den Tod. Alles in der toten Stadt war unaufhörlich im Sterben. Als verwöhnte Pariserin reagierte sie empfindlich auf alle Gerüche, vermochte sie sie mit ihrem verfeinerten Geruchssinn sicher zu unterscheiden.

Hier trug alles den Geruch des Todes... Die alten Mauern an den Kanälen schwitzten aus... Es war ein Salzgeruch von alten Tränen. Die alten Häuserfronten mit ihren Wasserflecken gemahnten an giftige Tätowierung. In den Kirchen herrschte ein dumpfiger Geruch von Schimmel, abgestandenem Weihrauch und welken Altartüchern, die in der Sakristei vielleicht in einem Schranke moderten, dessen Schlüssel seit Jahrhunderten verloren ist. Derselbe Totenduft verbreitete sich über alle Stadtteile. Es war, als ob Mumiensärge geöffnet worden wären – oder das alte Grab der Zeiten...

Sie litt unter diesem beharrlichen Geruch, der ihr die Lebensfreude täglich mehr benahm. Vor allem aber schien ihr Geliebter ihr kühler zu werden, ihr wie allem gegenüber. Ihre Küsse wurden seltener. Das Glockenspiel störte sie nachts nicht mehr. Sie schliefen nicht mehr Arm in Arm; ihre Liebe lag zwischen ihnen, so kalt und unbeweglich wie das Wasser der Kanäle zwischen den steinernen Uferborden ... Da sie ihn verdrossen und ziellos sah, fragte sie ihn:

»Warum arbeitest du nicht?«

»Morgen«, war die Antwort.

Er antwortete stets »morgen«. Er machte Pläne, wählte einen guten Platz aus, fing auch eine Skizze an, hörte aber wieder auf und verschob es noch einmal. Er spürte keine Arbeitslust, er, der hier so schön zu arbeiten gehofft, der sich zuerst so sehr für dieses Miteinander von Kanälen, Baumreihen und Türmen unter einem silbergrauen, unvergleichlichen Himmel begeistert hatte! Dieses Licht wiedergeben! Der Maler dieser toten Stadt zu sein, wie Turner der Venedigs ...

Sie war wie für die moderne Kunst geschaffen, ein Ideal der Freilichtmalerei! So dachte er im Anfang. Aber durch irgendeinen Zauberspuk begann er, je länger er darin verweilte, je mehr er die alten Meister dieses Landes bewunderte und anbetete, ihrem Einfluß allmählich zu erliegen. Die Töne dunkelten ihm auf der Palette, als ob der Schatten jener Toten darauf fiele. Die Linien seiner Zeichnung erstarrten. Er fing an, Jungfrauen, Goldwäger und Stifter zu malen. Er ahmte die alten Meister nach. Nicht lange, so kopierte er sie nur noch. Es war ihm, als ob jedes andere Kunstideal als das ihre hier Gotteslästerung wäre. War es nicht lächerlich, vor ihnen seine Persönlichkeit wahren zu wollen? War das nicht armselig wie eine Kerze, die im Sonnenschein brennt? ... Der Maler gab sich geschlagen.

Auch hier triumphierten die Toten, und der Tod blieb

Sieger über das Leben. Die tote Stadt ließ die neue Kunst dahinwelken, wie sie die neue Liebe hatte welken lassen. Die beiden Liebenden wurden immer ernüchterter übereinander wie über alles. Er sah so verändert aus, er war mürrisch und langweilte sich... Er sagte nichts und beklagte sich nicht, aber in seinen Augen schimmerte es wie Heimweh. Sein altes Leben lockte ihn insgeheim. Sprach seine Gefährtin einmal von Paris, so unterbrach er sie schnell, wie um eine Versuchung abzuwenden, der er sich auf die Dauer doch nicht gewachsen fühlte... Eine große Entfremdung keimte zwischen ihnen auf. Die Bande, die sich zwischen ihnen geknüpft hatten, schienen gelöst, sie wurden einander gleichgültig. Und wie hatten sie in den Monaten ihrer heimlichen Liebe danach gedürstet, sich so schrankenlos Tag und Nacht anzugehören und nichts zu sehen als sich selbst! Trotzdem war nichts geschehen; keiner hatte dem andern durch die vollständige Intimität ihres gemeinsamen Lebens eine Enttäuschung bereitet. Nichts hatte Anstoß gegeben, kein Streit war entstanden. Was also ging in ihnen vor? Er ging jetzt oft weg und immer allein... Er stahl sich für ganze Nachmittage fort, kam spät zurück und legte sich zu Bett, ohne ein Wort zu sagen. Eines Abends erklärte er, daß er einen Brief aus Paris erhalten habe. Sein Kunsthändler schreibe ihm in einer wichtigen Angelegenheit, die er persönlich erledigen müsse.

»Lüg nicht! Du liebst mich nicht mehr. Du willst fort!« sagte sie niedergeschlagen, aber ohne irgendeine innere Erregung, nur traurig, wie man es bei unabwendbaren Dingen ist

Er versuchte nicht, es abzuleugnen.

»Ja, die Stadt ist daran schuld!«

»Es ist nicht unsere Schuld«, stimmte die Frau bei. »Der Tod ist hier stärker als die Liebe«, sagte sie blaß und betrübt.

Dann saßen sie lange und still und dachten an die tote

Stadt, ihre tote Leidenschaft und sich selbst. Sie hatten sich durch das Übermaß ihrer Liebe selbst den Tod gegeben, und nun waren sie auferweckt, wie Lazarus, und mußten ein neues Leben beginnen – ein jeder für sich.

ALFRED ANDERSCH
Schlafende Löwin

Wer das tote Brügge finden will, wie Georges Rodenbach es noch um die Jahrhundertwende im Stil eines unfreiwillig komischen Ragouts aus Aquarellfarben und Dämonie beschrieben hat, wird enttäuscht werden. Ich ging vom Gründonnerstag bis zum Ostersonntag in einer prosperierenden Mittelstadt umher, in der die Kolben der Verbrennungsmotoren das gleiche Konjunkturgeräusch hervorbringen wie überall. Westflandern quillt über von Sahne und Gemüsen, und die Zünfte haben die Umwallung der Stadt gegen die fette Provinz schon vor zweihundert Jahren abgebrochen. Die spermatische Farbe der Landschaften Jan van Goyens bricht über die Stadt herein; die reichen, kennerischen Fremden lassen sich im ›Duc de Bourgogne‹ oder in dem mit roter Seide gefütterten Portinari-Hotel ›Waaterzooi‹ bereiten, ein Gericht aus gedünsteten jungen Hühnern, zu denen eine sämige Suppe gereicht wird, in der sich neben Kartoffeln und Spargel auch Fenchel und Sellerie finden, bekannte Aphrodisiaka aus den Gemüsegärten von Jabbeke oder Westkapelle. Brügge besitzt eine sichere Clientèle von Kunstreisenden, aber es ist auch der Wirkung seines mythischen Namens auf den Massentourismus so wenig ausgewichen wie Venedig und Nürnberg, Pisa oder Chartres. Eine Herde von Omnibussen parkt vor der Alten Kanzlei. Die Leute, die sie bringen – sie würden billiger reisen, wenn sie mit dem

Zug kämen und sich ein Quartier in einem der einfachen flämischen Gasthöfe suchten, an denen Brügge noch immer reich ist –, sieht man freilich kaum; sie begeben sich in das Innere einiger Sehenswürdigkeiten, ballen sich nur wenige Augenblicke vor den Veduten, die von den Reise-Unternehmern fixiert worden sind, dann sind sie wieder verschwunden; denn Brügge ist verhältnismäßig groß. Ich hatte es mir nicht so groß vorgestellt und war erstaunt, als ich mich an der Lange Rei müde lief und es aufgab, bis zum Beginn des Kanals nach Damme vorzudringen. Statt dessen setzte ich mich auf eine Bank an der Gracht und notierte mir die Farben der Treppengiebelhäuser, die entlang der Sint-Annarei gegenüberstanden; das erste war rosaweiß, das zweite gelb-grau mit einer grauen Kante, das dritte weiß-lila, das vierte weiß-bläulich, wobei gelbe Backsteine durch die Farbe schimmerten, das fünfte aus orange-roten Backsteinen, das sechste ebenfalls, nur waren seine Backsteine etwas heller getönt, das siebte war weiß-gelb, das achte hellrot, das neunte grau-violett, mit dunkelroten Flecken dort, wo der Verputz abgebröckelt war. Ich brauche nicht zu betonen, daß das Ganze keinen Farbkasteneffekt ergab, sondern wie die Variationsreihe eines einzigen Lokaltons wirkte, der aus der Geschichte, den Elementen und den Eigenschaften des Materials entstanden ist.

Der Meerhimmel hüllt die anonymen Architekturen in ein aprilenes Wasserlicht. Diese sehr einfachen Häuser unbekannter Baumeister, deren Baugeschichte bis ins 12. Jahrhundert zurückreicht und im Rokoko endet, bedecken den ganzen großen Raum der Stadt und bilden ihren Charakter. Ihre Anlage in leicht gekrümmten Straßen, ihr Zusammenspiel mit Bäumen und Wasserläufen, ihr sanft wechselnder Höhenduktus – ihre flache Giebelschrift wirft sich manchmal zu den Hügeln auf, in den Hospizhäusern ›De Pelicaen‹ oder ›Meulenaere‹ etwa –, ihr bewegter, schattenfarbiger

Anstrich oder die Glasur ihrer Ziegel übertreffen zusammen die großen Schaustücke Brügges an Schönheit. Nun ist die formale Qualität der Vrouwkerk und von Sint Salvator nicht eben bedeutend zu nennen, und nicht einmal die Bauten des Burgplatzes erreichen die sichere Vollendung und Größe des Marktes von Veurne oder der Graslei in Gent. Der Belfried am Markt ist ein gewaltiges Trumm von einem Turm, aber ist er mehr? Hingegen kann ein zufällig gefundenes Ensemble von ebenerdigen Häusern aus gelb geschlämmten Ziegeln, stockwerklos, jedoch mit schmalen Treppengiebeln in der Front, in die oben Luken zu einem Speicherraum unterm Dach eingelassen sind, von magischer Wirkung sein: Reihenarchitektur, schweigsam, gelassen, eine Addition von Widerstandszellen, zu ihrer Zeit gestenlos gegen den Hochmut von Burgund gesetzt.

Auch die berühmten lyrischen Bilder des Quai Vert, der Spiegelrei und des Rozenhoedkaai, die man sorgfältig erhält, leben von den Metaphern dieser Steinsetzungen der alten Handwerker. Den katholisierenden Reiseführern gerät das Schweigen des Grünen Kai zum Inbild stiller Einfalt, des vorgeblich mittelalterlichen Einklangs von Arbeit mit Adel und Kirche. Davon kann nicht die Rede sein. Huizinga hat uns die ›bunte Hölle‹ des 15. Jahrhunderts in Flandern geschildert; die Erinnerung an die Sporenschlacht von Kortrijk, in der die Brügger Zünfte das französische Ritterheer besiegten, genügt, um zu zeigen, welcher Geist in der See aus anonymen Häusern um die Felsen der Herrschaft schäumte. Nicht falsche Harmonie, sondern Leben im Widerspruch hat die Schönheit von Satz und Gegensatz erzeugt, aus der die Synthese dieses Stadtbilds entstand. Der Grüne Kai schweigt nicht ›im Gebet‹, sondern weil die Geschichte selbst ihn zum Schweigen gebracht hat. Auch Klassenkämpfe haben ihre Poesie.

Ihr Aufhören hat Brügge in eine Dumpfheit versetzt, für

die der versandete Hafen keine Ursache ist, sondern nur ein Gleichnis. Sie herrscht noch heute vor, und nur in ihr ist Brügge tot. Die Straßen der niedrigen Häuser entlang gehend, kann man, besonders an den Abenden, in ihre Fenster blicken; in den trüb erleuchteten Zimmern sah ich schwere Tische, bestickte Brokatdecken im Geschmack des vorigen Jahrhunderts, Kamingerät; auf den Fensterbrettern standen Messingkannen, Jugendstilvasen von Callebert, Blattpflanzen; in der Tiefe des Raumes saß manchmal ein Mann und las. [Was las er? In den wenigen und geringen Buchhandlungen von Brügge fand ich keine moderne Literatur, kein großer Name der neueren Weltliteratur stand in den Regalen, Devotionalien überwogen, und Kriminalromane.] Eine Türe wird geöffnet, Lichtschein, eine Frau verabschiedet einen Mann, und es ist noch immer Jane Scott, die Hugo Viane entläßt, damit er zum Kult der Locken seiner verstorbenen Frau zurückkehren kann. Schräge Spiegel, die man Spione nennt, beobachten ihn, überall sind sie noch vor den Fenstern angebracht; was durch sie gleitet, sind Reflexe verbotener Beziehungen, das Aroma geheimer Sünden weht vorbei, ein Raunen von Satanismus, schwarzen Messen – aber Félicien Rops ist längst gestorben – und seltsamen Fetisch-Beziehungen, ein Geisterschein aus gebrochenen und bösen Farben, über das Grau der Häuser huschend. »Dieses Grau«, wie Rodenbach es beschreibt, »gemischt aus dem Weiß der Nonnenhauben und dem Schwarz der Priesterröcke, die hier ununterbrochen vorbeistreifen und gleichsam abfärben! O Mysterium dieser ewigen Halbtrauerfarbe!«

Gelegentlich bietet der Klerikalismus, der die Stadt beherrscht, freundliche Bilder: einen bebrillten Mönch auf einem Fahrrad zum Beispiel, alles an ihm weht, die Franziskanerkutte, der Vollbart, oder eine Nonne mit Flügelhaube, oder junge Mädchen in Dunkelblau, zu Schulklassen geordnet, von jungen Nonnen beaufsichtigt. Aber mit dem Pinseln von Miniaturen frommer Idyllik hält sich die Kirche nicht lange auf; hier kann sie es sich leisten, offen zu zeigen, wie sie die Seelen in der Zange hat. Am Karfreitagabend zogen große Beterhaufen durch die Stadt, Männer, Frauen und Kinder, von einer Kirche zur anderen, brennende Kerzen in den Händen, und im Ton ihrer Gebete und Gesänge lag Fanatismus, das laute und auftrumpfende Herzeigen von Religiosität. Etwas Gewalttätiges war in der Luft, ich hörte wieder das erbitterte Schnaufen jenes fanatischen und perversen Mönchs, den ich einmal in der Basilika des Franz zu Assisi auf eine Frau einschlagen sah, die nicht diskret genug gekleidet das Heiligtum betreten hatte. Wie überall, wird auch in Brügge das Zelotische des blinden Glaubens kalt manipuliert, wobei man sich der Blutmystik bedient; ich betrat die spätgotische Kapelle, in der bis zum Ostermorgen die Reliquie mit den Blutstropfen Christi ausgestellt wird, welche Dietrich von Elsaß, Graf von Flandern, im Jahre 1150 vom zweiten Kreuzzug nach Hause brachte. Die Reliquie selbst konnte ich nicht erkennen, weil der Raum der Kapelle, deren schöne Gewölbe man durch neobyzantinische Dekorationen verdorben hat, mit andächtig knienden Gläubigen gefüllt war. Sie befand sich auf einem altarartigen Tisch, hinter dem ein Priester saß, der sich die Zeit damit verkürzte, vollkommen sachlich ein Buch zu lesen. Ein Meßbuch war es nicht; so viel konnte ich erkennen. In regelmäßigen Abständen wendete er Seite um Seite um. Ich hätte etwas darum gegeben, die Art seiner Lektüre feststellen zu können. Selbst wenn es sich um einen erbaulichen Titel handeln mochte, so brachte doch die gänzlich ungestörte Hingabe an eine der privatesten, der intimsten Gebärden menschlichen Verhaltens eine Formel der Verachtung für den Ort und seinen Sinn hervor, wie sie stärker nicht ersonnen werden konnte. Ich betrachtete ihn staunend. Sein sympathischer und mächtiger Kopf zeigte eine gewisse Verwandtschaft mit dem des Kanonikus van der Paele auf dem Bild Jan van Eycks. Wie brachte er seine ganze Existenz in Einklang mit seinem prinzipiellen Unglauben daran, daß sich nur wenige Zentimeter vor ihm, nur eine Handbreit von dem Buch entfernt, das ihn so sehr beschäftigte, eine Reliquie mit den Spuren vom Blut eines Gottes, seines Gottes, befand? Denn es war doch ausgeschlossen, daß einer, der an die Wahrheit jener Blutstropfen einer Person der Dreifaltigkeit glaubte, in ihrer Anwesenheit nicht in Anbetung verfiel! Zu seinen beiden Seiten saßen ein Mann in Zivil und ein Polizist als Wächter des mystischen Hortes, die mit leeren Blicken über die Menge starrten. In ihm aber war geistiges Leben. Welche Mechanismen einer uralten Beziehung zum Gedanken der Macht waren in ihm wirksam, zu jener dogmatischen Gewalt, die den Stein des credo quia absurdum in den Ring der Tradition faßt? Auch seine Hand, welche die Seiten eines Buches wandte, war geschmückt. So blättert man die Geschichte auf und zeigt den Nicht-Lesern gelegentlich das Blut eines ihrer Opfer als Legende, weil man weiß, welche Macht eine Religion ausüben kann, die mit solchen Requisiten arbeitet. Die leeren Buchhandlungen und die lauten Gebete von Brügge lassen schaudernd ermessen, wohin der Sieg einer neuen Gegenreformation Europa tragen würde. Renouveau catholique? Für Brügge haben Charles Péguy, Georges Bernanos und Emmanuel Mounier nie gelebt.

Schiller hat uns die Wirkung der Herrschaft des Herzogs Alba auf Flandern geschildert. Es gibt zwei historische Beispiele – von Spanien selbst abgesehen –, welche Möglichkeit eines absoluten Sieges der Inquisition über ihre Feinde bezeugen: die Auslöschung der Katharer in Südfrankreich durch Innozenz III. und die Trennung Flanderns von den Vereinigten Niederlanden durch den spanischen

Gemeißelte Zwiesprache mit Gott: flämische Skulpturen, ganz erfüllt von ihrer stummen Handlung.

Von seltener Pracht und südlicher Üppigkeit: Schloß Ooidonk in den weiten Wiesen von Bachte-Maria-Leerne. Der Graf von Hooan wurde hier geboren, Leidensgenosse Egmonts.

Die alte Grafenburg in Gent: Als Symbol für Unterdrückung und feudale Macht wirkt sie noch heute bedrohlich.

*Blick von der Sankt Michaelsbrücke auf Gent, das auch Industriezentrum
ist und Belgiens zweitgrößten Hafen besitzt.*

Veurne: der »Grote Markt« einer kleinen Stadt.

*Ein einzigartiger Turm kennzeichnet die Kathedrale von Antwerpen,
die größte des Landes. Ihre Bauherrn sorgten auch für die erste Börsen-
gründung in Europa.*

Der Brabo-Brunnen auf dem »Grote Markt«.

Margareta von Österreichs Hof in Mechelen: Die 27jährige Regentin der Niederlande zog Persönlichkeiten wie Erasmus, Thomas Morus, Josquin des Prez und Jan Gossart in ihren Umkreis.

*Der Marktplatz von Brügge: Aus den Gildehäusern
sind Restaurants geworden.*

Ein Wiesenstück mit Platanen bewachsen: der Mittelpunkt des Beginenhofes in Brügge.

Stille Spuren einstigen Reichtums: die ehemalige Zisterzienserabtei »Ter Doest« bei Lissewege.

Das Wasser der Leie war im Mittelalter eine wichtige Voraussetzung für die Entwicklung der flämischen Textilindustrie.

Der Geruch und das Licht: Ostende besitzt das Meer.

Schrecken Albas. Auch wenn der Herzog schließlich Brüssel verlassen mußte, – der Prinz Oranien kam doch zu spät, um die südliche Provinz noch für die Freiheit des Glaubens retten zu können. In Alba erscheint jener katholische Typ, der von der *großen Ideologie* gänzlich beherrscht ist und mit dem daher keine Verhandlungen mehr geführt werden können. Dieser Typ tritt immer mit einer *absoluten Vollmacht* auf, so Alba mit einem Urteil des Inquisitionshofes in Spanien, welches die gesamte niederländische Nation, Katholiken und Irrgläubige, Treugesinnte und Rebellen, der »beleidigten Majestät im höchsten Grade schuldig« erkannt hatte; »Gnade war alle Gerechtigkeit«, schreibt Schiller, »die das Volk künftig von Alba zu erwarten hatte«. In diesem Geiste wurde die letzte große historische Entscheidung gefällt, die für Flandern noch zu fällen war, und ihr Ausgang erklärt die Empfindung von etwas Trübem und Dumpfem, von gleichsam gestockter Luft, welche einen noch heute in den flandrischen Städten beschleicht. Wie atmet man auf, wenn man, nur wenige Kilometer nördlich, eine der holländischen Städte betritt! Wie leicht, frei und heiter wirken Den Haag, Leiden oder Delft nach der Schwere von Brügge und Brüssel, von Mecheln und Gent! In den Chroniken jener alten Kämpfe kommt übrigens Brügge kaum noch vor, das seine große Zeit unter den burgundischen Herzögen hatte; das Geschehen spielt sich zwischen Brüssel, Gent und Antwerpen ab; Brügge ist schon versandet.

Aber man findet Räume in dieser Stadt, die es verstanden haben, sich in Frömmigkeit von der großen Ideologie fernzuhalten. Einer von ihnen ist der Beginenhof. Ein Geviert von weißen Stiftshäusern, die hinter einer weißen Mauer mit grünen Pforten stehen, dazu eine gotische Kirche aus dem Jahre 1245, um einen Garten angeordnet, einen Wiesenplan, aus dem hohe schwarze Ulmenstämme aufsteigen. Narzissen blühen zwischen den kahlen dunklen Pfeilern der Bäume, welche die quadratischen Flächen der Häuser aus dem 17. Jahrhundert ein wenig schräg durchschneiden. Die sind schon späte Häuser, stammen eigentlich gar nicht mehr aus der hohen Zeit der Beginen-Bewegung, aber versammeln sich doch noch in großer Stille, in Andacht. Kaum Menschen; von Zeit zu Zeit geht eine der Schwestern über die Gartenwege, in einem der weitfaltigen blauen Kleider, eine weiße Haube auf dem Kopf, wie sie die Beginen trugen, oder im weiten schwarzen Kopfmantel der altflämischen Tracht. Aber die Schwestern sind keine Beginen mehr, sondern Benediktinerinnen, keine frommen Frauen aus einer Laien-Gemeinschaft, sondern – sicherlich ebenso fromme – Klosterfrauen, an strenge Ordensgelübde gebunden. Warum sind die Gründerinnen verschwunden? Die Frage erinnert daran, daß die Kirche die religiöse Bewegung der Beginen nie geliebt und niemals gefördert, oft verfolgt und sie schließlich nur matt geduldet hat. Sie, die alles zu entwickeln und zu bewahren weiß, was ihr nützlich erscheint, zieht es vor, von den Beginenhöfen nur noch die Architektur als romantische und verfälschende Erinnerung zu konservieren. Von der großen Liga der freien und hochgebildeten Bettelbrüder und Bettelschwestern des 12. und 13. Jahrhunderts, der Begarden und Beginen, die sich auf die Lehre des Amaury de Bène beriefen, ist nichts mehr übriggeblieben als ein paar milde belächelte Konventikel alter Weiblein, deren Zellen man als Idyllen herzeigen kann. Der Beginenhof in Brügge ist ein Idyll. Aber hier hat einmal große Unruhe geherrscht; aus einer Empörung ist er entstanden. In den Rheingegenden wurde es von den Mönchen von der Mainzer Synode im Jahre 1261 untersagt, außer in der Kirche oder in Gegenwart von Zeugen mit Beginen zu reden; ein Mönch, der ein Beginenhaus betrat, lief Gefahr, exkommuniziert zu werden. In der Elisabethkirche des Brügger Beginenhofs begann ich mich zu fragen, was ein Idyll eigentlich sei und woraus es seine Kraft ziehe. Lebt Ruhe nur, weil sie Unruhe in sich birgt? Klopft im Herzen der Ewigkeit das Blut der Erinnerung an die Zeit? Denkwürdig bleibt es jedenfalls, zu erfahren, wie in einer Stadt, die ein Museum der theologischen Summa sein möchte, ein Garten des Gebets aus der Gewalt eines Aufstands hervorging. Die schwarzen Ulmen des Beginenhofs von Brügge, Vertikalen einer dunklen Sehnsucht, haben ein direktes Verhältnis zu Gott.

Das sind alte Geschichten aus Zeiten, in denen man sich Gottes immerhin noch sicher war. Im Sint-Jans-Spital und im Groeninge-Museum gerät man in Brügges hohe Zeit und mit ihr in das Erwachen des Humanismus. Unter Qualen löst sich das Porträt aus dem Juwelen-Stil der Flügelaltäre. Die Maler finden die Kirche mit Schmuck ab, wie es ihn in solcher Pracht noch nie gegeben hatte; ihre gemalten Preziosen werfen sie den Priestern und ihrem Volk als Sand in die Augen, damit jene nicht zu früh die große Häresie erkennen: die Hinwendung zu menschlichen Augen, Stirnen, Mündern. Gerade die großen Religiosen können dem Ausdruckszwang nicht ausweichen: der strenge, gequälte Expressionist Rogier van der Weyden, der Gotiker Hugo van der Goes, der im Wahnsinn endet. Rogier malt Philipp den Guten, und so entsteht zum erstenmal auf einer Leinwand die große Person – scharf, überlegen, beobachtend, skeptisch: einer, der sich gewiß nichts vormachen läßt. Auch der Maler läßt sich nichts vormachen: im kranken Hochmut des Mundes scheint das Blutmeer auf, in dem der ›gute‹ Herzog die Unabhängigkeit der flandrischen Städte, die Freiheit von Brügge ersäufte. Das ›Goldene Vlies‹ schimmert im Grün und Schwarz des Bildes, aber unter diesem raffinierten Gesicht ist es nichts weiter als ein Orden, der den Tuchhandel mit England feiert. Die Herrschaft wird aufgeklärt, die Macht psychologisiert, von dem gleichen Maler, der eine Kreuzabnahme noch mit gänzlich unreflektiertem Schmerz malen konnte. Die harte Zeichnung drückt die Spannung aus. Rogiers Schüler Memling hat sie schon hinter sich, er ist glücklicher als sein Meister, kann sich schon souverän im neuen Stil bewegen, ihn weich und angenehm machen, das Bildnis harmonisieren. Aus dem Lärm der Schlacht von Nancy taucht er auf, Karl der Kühne ist gefallen, die burgundische Herrschaft ist gebrochen, die Städte erwachen wieder. Lächelnd überreicht Hans Memling der Kirche gemalten Brokat von solcher Kostbarkeit, daß sie geblendet ist; entzückt nimmt sie den Manierismus der ›Mystischen Hochzeit der heiligen Katharina‹ entgegen, lauscht hypnotisiert der Engelsmusik, die heute verklungen ist, indessen die Menschen Memlings zu sprechen scheinen: gelassen und klug die schöne Marta Moreel, nachdenklich und unabhängig jener Jan Floreins, der das Triptychon mit der Anbetung der Könige gestiftet hat. Und Memling läßt es damit nicht genug sein, sondern er wendet sich auch noch dem Realismus der Szene zu; listig grausam und mit höchstem Kunstverstand malt er die Rheinfahrt der heiligen Ursula ins Martyrium als Geschichte der sadistischen Fakten seiner Zeit auf die Felder eines Goldschreins, wendet so Kunstgewerbe in Kunst. »Das Abbild ersetzt die Symbole«, bemerkt mein katholisierender Guide ein wenig mißvergnügt zum Ursula-Schrein; »die naturalistische Malerei des 15. Jahrhunderts hat die goldgetriebenen ernsten Gestalten der Romantik verdrängt«, schreibt er, und es scheint ihm nicht ganz recht zu sein. Aber nicht die Kunst hat der Kunst die Symbole ausgetrieben, sondern die Zeit und ihre wirkenden Mächte. 1431 wurde die heilige Johanna von der Kirche als Hexe verbrannt, 1483 wurde Luther, ein Jahr später Zwingli geboren. In den fünfzig Jahren zwischen diesen beiden

Daten blühte die flämische Malerei. Sie verkündete den Tod der Symbole und entfesselte den Blick auf die Realität. Sie zeichnet die Zeit, – Zeichnung ist ihr erstes und ihr letztes Wort –, und gezeichnet blieb die Epoche hinter ihren Bildern zurück. In genau diesem Sinne verdient die flämische Malerei das Epitheton, das man ihr verliehen hat: primitiv. Aber in ihren besten Werken brach Psyche aus den Schauern des Hundertjährigen Kriegs hervor. Auf einmal standen die Bürger der flandrischen Städte als Menschen unter der Adels- und Kirchenherrschaft, und es gab nur einen Maler, der auch sie nicht gelten, selbst sie im Chaos einer Satire aus Höllenfarben untergehen ließ: Hieronymus Bosch. An ihm ergötzte sich später Philipp II., zog aus Boschs ›Jüngstem Gericht‹ vielleicht eine Art Bestätigung für die Greuel, die er in Flandern veranstalten ließ, während der Ruf Rogier van der Weydens, Hugo van der Goes' und Hans Memlings schon zu ihren Lebzeiten nach Italien drang, zu den Vorahnern der Renaissance. Als Agent der Medici bestellte Tommaso Portinari bei Hugo ein Altarbild für Florenz, und die humanistischen Kardinäle Italiens kauften Memlings für ihre Sammlungen. Dort sah Antonello da Messina die Bilder, reiste in die Niederlande und wurde zum südlichen Bruder des Flamen, zu einem Maler, dessen Bilder die Strenge des Nordens im Belcanto singen. Fremd, geschlossen, bedeutungsschwer hängen sie da und dort in den italienischen Galerien.

Mit dem Blick auf die bildende Kunst und auf sie allein geht der Reisende heute in Brügge umher. Und obwohl wir auch in ihr, wenn wir es nur wollen, die Dialektik von Brügge erkennen können, liegt doch im statischen Wesen der Bilderwelt ein Zug vorbereitet, der es erlaubt, den Geist, aus dem sie entstanden ist, zu verfälschen. Johannes Huizinga – wie kann alles, was ich anläßlich Brügges aufschreibe, höchstens eine Randnotiz zu seinem klassischen

Werk sein! – hat diesen Zug genau gesehen. »Tatsächlich ist unser Bild von allen früheren Kulturen heiterer geworden«, schreibt er, »seitdem wir uns mehr und mehr vom Lesen dem Sehen zugewandt haben, seit das historische Organ immer visueller geworden ist. Denn die bildende Kunst, aus der wir vorzugsweise unsere Anschauung über die Vergangenheit schöpfen, wehklagt nicht. Aus ihr verflüchtigt sich alsbald der bittere Nachgeschmack des Schmerzes der Zeiten, die sie hervorgebracht haben. Die in Worte gefaßte Klage über das Leid der Welt dagegen behält immer ihren Ton unmittelbarer Schmerzlichkeit und Unbefriedigtheit, durchdringt uns immer wieder mit Trauer und Mitleid, während das Leid, wenn ihm die bildende Kunst Ausdruck verleiht, gleich in die Sphäre des Elegischen und des stillen Friedens hinübergleitet.«

In Brügge freilich bleibt einem nichts anderes übrig, als sich an die bildende Kunst zu halten, wenn man den revolutionären Samen entdecken will, den der Herbst des Mittelalters verstreute, denn eine Literatur als geistiges Ereignis gab es im späten Burgund nicht. Die Literatur schwieg, auch wenn sie viel zu reden hatte. Da ich in alle Winkel von Brügge kroch, stieß ich in der Nähe der Jerusalemer Kirche mit ihrem merkwürdigen hölzernen Turm auf ein sehr altes Haus, das so niedrig, so fast in die Erde versunken war, daß ich in seine Dachtraufe hätte fassen können. Doch trug es einen pompösen Namen, nannte es sich doch ›Haus der Freien Rhetorikerkammer der Werten Drei Heiligen‹. Ich las die Jahreszahl 1474. Hier also kamen sie zusammen, die ›rederijkers‹, Mitglieder eines Vereins zur Pflege von Poesie, Vortrag und Schauspiel, eine Art von gelehrten Meistersingern, die zwar schon Petrarca lasen, selbst aber den Schritt zum Humanismus nicht vollziehen konnten. Was sie zustande brachten, war gespreizt Feinsinniges, antikisierende Korrespondenzen, scholastische Gesellschaftsspiele.

Will man sie mit irgend etwas Heutigem vergleichen, so mit evangelischen Konsistorialräten, die sich mit Sartre beschäftigen, oder mit Naturlyrikern der alten Schule, die an Benn geraten sind. Wie oft kommt doch der Geist, und schuldlos, in tragikomische Lagen! Es bedurfte einer langen Zeit, bis zum Jahre 1509, ehe Erasmus ins ironische ›Lob der Torheit‹ wider die Dunkelmänner ausbrach, ehe im Raum der alten Niederlande Literatur aufstand.

In den meermilden Frühlingsnächten konnte ich das scheintote Brügge atmen hören, obwohl es da wirklich von den Menschen verlassen scheint. Aber wenn man auf der hohen Brücke über der Spiegelgracht steht, so kann man in der Poortersloge, dem Brügger Stadtarchiv, am Ende des schwarzen Kanals, die Papiere knistern hören. Im Licht der Laternen lebt die Historie. Es gibt alte Städte, in denen man die politische Vergangenheit auf sich beruhen lassen kann. Die meisten italienischen Städte sind von solcher Art. Was ist Mantua etwa – in historischer Sicht – weiter als das Grabmal eines Geschlechts von Condottieri, genialer Räuber von Reichtum und Macht in einem eng umzirkten Raum? Höchstens als Typ waren die Gonzaga von einigem Einfluß auf die europäische Geschichte. Man kann das kurz zur Kenntnis nehmen und sich dann unabgelenkt den ästhetischen Sensationen zuwenden: den Bildern Mantegnas. Doch in Brügge lassen Maler, die vielleicht noch größer waren als Mantegna, der Erinnerung an die Kämpfe das letzte Wort. In dieser Stadt, in der sich alle Kraftlinien des Nordens schnitten, war die Geschichte so stark, daß sie die Straßen in Schweigen versenkte. Aber gerade darum ist die Anstrengung Brügges, nichts sein zu wollen als ein Monument, vergeblich. In der Vlamingstraat sah ich in eine billige Kneipe hinein; an einem Billardtisch stießen Arbeiter die Kugeln und tranken ab und zu aus ihren Biergläsern; das Haus, in dem sich die Wirtschaft befand, war ein sehr altes

Haus, grau, verwittert, aber sogar in der Nacht zeigte es unter seinem Grau ein verschlissenes gelbes Futter her; im Mittelgeschoß besaß es zwei breite Flamboyant-Fenster mit Rosetten und darüber einen geschwungenen Giebel mit Voluten, von einem Wappen gekrönt. Die Türe in der Arbeiterkneipe war eine gotische Pforte, und über dem Reklameschild der Brauerei Rodenbach stieß der heilige Georg auf einem alten Relief seine Lanze dem Drachen ins Maul. Für einen Augenblick war Brügge nicht mehr die Stadt eines musealen Fremdenverkehrs.

Es gibt viele solcher Augenblicke in Brügge. Dann öffnet sich der streng geschlossene Mund der alten Statue wie im Selbstgespräch, wie in Fragen, die ihr Geist an sich selbst stellen möchte. Aber dann versinkt sie wieder in Schlaf. Die Dialektik von Brügge ist eine Dialektik aus Träumen, und vielleicht sollte man sie in Ruhe lassen. Es ist spät geworden, vielleicht zu spät für Brügge. Die Stadt aus solchem Schlaf zu reißen, könnte nur einem Akt großer Genialität ihrer Bewohner gelingen. Spät in der Nacht, beim Abendbier im Gasthaus zu den vier Winden, sah ich zwei jungen Männern zu, wie sie, bewegungslos und ohne miteinander zu reden, auf den großen Markt hinaus starrten. Es muß schwierig sein, in Brügge zu leben, wenn man jung ist. Als ich über den Platz ins Hotel ging, sah ich die beiden Pommes-frites-Stände neben der Tuchhalle von Matrosen umlagert, die auf die letzten Omnibusse warteten. Weißer Dampf stieg aus den Öfen auf, und es roch infernalisch nach siedendem Fett, aber die Matrosen aßen gierig aus Tüten die heißen Kartoffelschnitze. Dann kamen die Omnibusse, und die Matrosen fuhren davon. Aus den Fenstern blickten sie zurück auf den Turm, unter dessen Schwärze zwei weiße Kartoffelwolken schwebten, und jetzt sahen sie auch den Vollmond: er hing gelb und unbeweglich rechts neben dem Belfried.

HUGO CLAUS
Onkel Florent

Nach dem Mittagessen mit Schweinebraten, Schwarzwurzeln und Bratkartoffeln gingen Vater und Sohn Louis Seynaeve an diesem Sonntag zum Café ›Groeninghe‹, reichlich
früh vor dem Freunschaftsspiel *Walle Sport(-ing Club)* gegen
Club Brugge. Viele Getreue saßen schon in dem mittelalterlichen Saal mit den bleiverglasten Fenstern, den Eichenmöbeln, den Kupferpfannen, den Fotos vom Landtag des VNV
– des flämisch-nationalistischen Verbands – und den Schildern in gotischer Schrift: ›Möhreneintopf‹, ›Blutwurst wie
bei Muttern‹, ›Bleib sauber‹, ›Kopf hoch‹.

Papa wurde allem Anschein nach nicht so empfangen wie
gewöhnlich. Man begrüßte ihn flüchtig und quatschte, die
Molle in der Hand, weiter. Natürlich merkte Papa das
nicht. Mein Vater ist aus Beton. Papa erzählte Noël, dem
Wirt hinter der Theke, ausführlich von seiner Verbrennung
neulich auf der Chaussee bei Harelbeke. Mit großen Gebärden und selbstsicherer, lauter Stimme – denn der Pate war
nicht im ›Groeninghe‹ – schilderte er, wie der funkelnagelneue Hut auf seinem Kopf Feuer gefangen hatte, wie seine
Armbanduhr geschmolzen war, wie ein Vorderreifen durch
die hölzerne Hitze geplatzt war, aber Noël hatte mit dem
Zapfen alle Hände voll zu tun und sagte nur: »Ja, das ist
vielleicht 'n Ding! Was es nicht alles gibt heutzutage. «

Louis hatte zuviel Bier bei Tisch getrunken und mußte,
mit der Limonade obendrauf, die ihm sein Vater jetzt spendierte, schrecklich dringend pinkeln, wagte es aber nicht,
den Saal zu durchqueren, hin zur lockenden Eichentür, in
die die Silhouette eines Ritters eingebrannt war und zu der
die Groeninghers minütlich gingen, manchmal schon mit
der Hand am Hosenschlitz.

Herr Leevaert, Lehrer am Atheneum, gesellte sich an der Theke zu Papa. Sein verwüstetes, fast violettes Gesicht beugte sich zu Louis. »Ist das derselbe Louis, der noch auf meinen Knien gesessen hat?«

»Ja, *Monsieur*«, sagte Louis. (Wenn ich ihm damit eine Freude machen kann.)

Papa hat große Ehrfurcht vor Herrn Leevaert, weil der viele Bücher liest und der Busenfreund von Marnix de Puydt ist, dem Dichter, Klavierspieler und berühmtesten Sprößling von Walle. Die beiden sind untrennbar wie siamesische Zwillinge.

»Noël, ein Pils ohne zuviel Schaum für unseren Louis!« Papa wollte protestieren, kam aber nicht weiter als bis zu einem gedämpften: »Weil heute Sonntag ist.«

Louis ist weltgewandt, er hebt das Glas zu Herrn Leevaert hin. »*Santé.*«

»Zum Wohl«, ruft Papa.

»Zum Wohl, Herr Leevaert.« Nicht zu schnell trinken. Sich nicht verschlucken. Schon wieder ein Patzer, in diesem Café auf Französisch zuzuprosten. Das werde ich nie und nimmer vergessen, es ist Byttebiers Schuld, der im Internat sein Glas Wasser oder Milch hebt und »*Santé*« ruft, wobei die Hottentotten immer vor Lachen prusten. Wann wird es meine eigene Schuld sein? Später.

»Staf.« Herr Leevaert kramt in seiner Innentasche und zieht einen hauchdünn gefalteten Zettel heraus, den er mit zarten Pianistenhänden entfaltet. Mama, die *quatre-mains* mit einem Ulanen (*Jetzt!*) spielte, behauptet, daß echte Pianisten keine langen schlanken Finger hätten, sondern, ganz im Gegenteil, meist Wurstfinger, allerdings *breite* Hände. »Staf, ich habe hier ein Dokument von Joris erhalten, das unsere doch schon so schwankende Welt auf den Kopf stellen wird.«

Louis fragte sich, was passieren würde, wenn er jetzt mit

aneinandergepreßten Schenkeln, in die Hose pissen würde. Ob jemand es merken würde? Sind die Groeningher nicht durch die Bank weg in ihre Geschichten vertieft? Ich tue es auch noch. Nein, er versuchte Herrn Leevaerts Geschichte zu folgen, um sich gegen den Druck in seinem Unterleib, der zu schmerzen anfing, zu wehren. Joris war Joris van Severen, der Führer der ›Dinasos‹, die auf der Suche nach dem idealen Reich waren, dem aller Niederländischsprachigen. Von Französisch-Flandern bis nach Friesland, das waren die Großniederlande, Holland, Belgien, Luxemburg und hier und da noch etwas: das war der Burgundische Staat.

Aber nun sollte sich – dem schlampig getippten und mit winzigen Bleistiftkritzeln versehenen Zettel zufolge – die Partei unter der Flagge von Belgien, unter der Mütze unseres Königs und seiner Dynastie zusammenscharen. Joris rief dazu auf, einem unabhängigen, neutralen Belgien zu dienen, ein solidarisches Volk zu sein, ohne Klassenkampf, in einer aristokratischen Ordnung.

»*Tiens, tiens*«, sagte Noël, ein Tablett voller Gläser unbeweglich vor der Brust haltend.

»Ein Bollwerk des Friedens«, las Herr Leevaert vor, »aber auch der Ordnung und echter Kultur und Zivilisation.«

An den Nebentischen war es still geworden. Louis rannte zu der Tür, stieß dagegen, aber die Tür, die so oft für die Groeningher Pisser aufgeschwungen war, rührte sich nicht. Das Blut stieg ihm in den Kopf, er rüttelte an der Klinke, sah das Grinsen eines bebrillten und bärtigen Mannes, der auf die Tür daneben zeigte, merkte dann, daß er sich vor den zierlichen, ins Holz eingebrannten Umrissen einer Jungfrau abplagte, und warf sich gegen den Ritter, der bei dem Anprall zurückwich.

Als Louis zurückkam, sagte ein Groeningher, daß die ›Dinasos‹ nicht konsequent seien, daß aber, nun ja, politische Sauberkeit nicht immer eine Tugend sei. Ein anderer meinte, daß, wie immer auch der belgische Staat zusammenbrechen würde, der Untergang unvermeidbar sei. Das konnte Louis begreifen, sein Geschichtsbuch berichtete von einer Reihe von Reichen, die untergegangen waren, aber meistens dauerte es doch einige Zeit. Der nächste meinte, daß die flämische Sprache das einzige Kriterium sei. Ein neues Wort, jedenfalls eine neue Bedeutung, denn ein Kriterium war bisher ein Rundrennen mit Karel Kaers und Marcel Kint, den beiden Adlern, gewesen.

Louis sah auf der Standuhr, daß das Spiel Walle-Brügge in einer Stunde anfangen würde und daß Papa keine Anstalten machte, aufzubrechen, so sehr hing er an den Lippen von Herrn Leevaert, der über die Schicksalsverbundenheit der Germanen redete.

Kann man von einem Glas Bier betrunken werden? Kann man eine Stunde, nachdem man sich mit Schweinebraten, Schwarzwurzeln, Bratkartoffeln und Apfeltorte vollgestopft hat, einen Bärenhunger haben?

Verschwommen sah Louis, wie das geäderte Gesicht von Leevaert durch einen Brauknecht mit einer Lederschürze verdrängt wurde, der Papa mit einem Wurstfinger bedrohte? Was stellte sich heraus? Was erklärte die scheuen, verlegenen Blicke der Stammkunden, als die Seynaeves hereingekommen waren? Eine erniedrigende, schockierende Tatsache, die der Brauknecht, dieser Schreihals, dieser rachgierige und empörte Fan, in Worte faßte: Gestern hatte man Florent Seynaeve, Papas jüngsten Bruder, von der Reservebank von *Walle Sport* weggekauft. Unter dem Vorwand, daß ihr Stammtorwart, Herman Vanende, eingezogen worden war, hatte *Stade Walle* viel Geld geboten und gezahlt, damit der Überläufer schon heute zwischen den Torpfosten stand.

»Viel Geld, viel Geld...« Louis erkannte, daß Papa nicht

auf dem laufenden war, daß er versuchte, Zeit zu gewinnen, um sich etwas auszudenken.

»Es ist die Rede von einem Motorrad, Marke *Indian*!«

»Und nicht zu reden von dem, was er unter dem Tisch erhält. *Ni vu ni connu.*«

»Sprich deine Muttersprache, Hanssens!«

»Treffender kann man es nicht ausdrücken, Willemijns«, sagte Papa. »Es handelt sich hier, wie bei allem, um ein Sprachproblem.«

Herr Leevaert kräuselte die Stirn, musterte Papa mit dem Anflug eines spöttischen Lächelns. Er trank sein sechstes Bier.

»Ich habe mit meinem Bruder oft darüber diskutiert. Ich habe ihm gesagt: ›Florent, *Walle Sport* ist eigentlich, wenn man es richtig besieht, ein *Cliquen-club*. Ein guter Klub, ein schöner Klub, das wohl, auf sportlichem Gebiet kann man nichts gegen ihn einwenden, aber . . .‹«

Papa schaute umher, sah aber Louis nicht an.

»Aber volksfeindlich. Ja, ja, ja. Spricht etwa der Vorstand zu Hause nicht französisch? Und sogar in den Umkleidekabinen? Haben die Spieler nicht ein Air von Rührmich-an? Sind es keine *fils-à-papa*, die die Nase über das gemeine Volk rümpfen? ›Staf‹, sagt mein Bruder, ›wenn ich darüber nachdenke, hast du recht. Denn was du nicht weißt, nächste Saison kommen zwei Spitzenspieler hinzu, einer aus Charleroi, der kein Wort Flämisch kann, und ein reinrassiger Franzose von *Stade Reims*.‹«

Die Groeningher redeten darüber, alle zugleich. Es war wahr, daß die Spieler von *Walle Sport* sich mehr um ihre schicken weiß-roten Trikots kümmerten als um ihr Publikum. Daß sie eher elegante Kunststücke mit dem Ball zeigten als gute Resultate aufwiesen.

Und soll man nicht lieber einen Klub unterstützen, der zwar etwas weniger leistet, aber uns gehört, dem Volk?

Papa ist ein Redner, der im Handumdrehen die Massen dazu bringt, ihre Meinung zu ändern. Papa, der dort, schwitzend und selig, Reden schwingt, ist der Anlage nach jemand wie Danton oder Hitler. Louis strahlte vor Stolz.

»Und darum gehe ich nun mit unserem Louis zu *Walle Stade*, um meinem Bruder den Rücken zu stärken.«

Die Leichtigkeit, mit der ihm diese Lüge über die Lippen kam. Die Selbstverständlichkeit, mit der er seine Lieblingsmannschaft abschüttelte. Die Waghalsigkeit eines so ungeheuren, aus dem Augenblick geborenen Verrates! Louis packte seinen Vater beim Arm und sagte laut:

»Es ist Zeit, Papa.«

»Du hast recht, mein Junge.«

Auf der Straße fragte Louis, ein Schwindelgefühl im Kopf und eine Leere im Magen: »Gehen wir jetzt zu *Stade*?«

»Das hast du doch gehört.«

»Gegen wen spielen sie?«

»Das werden wir sehen«, sagte Papa und rülpste, was höflich ist – nach einem Essen bei den Beduinen in deren Zelten.

»Ein stolzes Volk«, sagte Papa, als sie sich hinter das Tor und die schmalen Schultern und breiten Hüften von Onkel Florent stellten. »Manche mögen sagen: Ein armes Volk, aber ich sage: Es ist *mein* Volk.«

Onkel Florent hatte einen grobgestrickten Pullover an und eine beige Mütze auf. Er machte ein paar Kniebeugen und sprang, sich hochreckend, an die Querlatte. Er trug dickere Beinschützer als seine Mannschaftskameraden.

»Das liegt daran, daß er schwache Knöchel hat«, sagte Papa. »Ein Familienleiden. Das und empfindliche Därme. Sonst sind wir aus Granit, wir Seynaeves, was, mein Junge?«

Zwischen den zusammengepferchten Menschen verwandelte er sich in einen pfeifenden, lärmenden Arbeiter. Er winkte mit schlapper Hand rechts und links Leuten zu, die er nicht kannte. Er ist froh, daß ich dabei bin, vielleicht sogar ein bißchen stolz. Sonst läßt es sich nicht erklären, daß er dann und wann in Gegenwart des gemeinen Volks mit seinen Mützen, Bierstimmen und selbstgedrehten Zigaretten in den Mundwinkeln den Arm um meine Schultern legt. *Stade* spielte gegen den *S. K. Waregem.*

»Tritt ihn reif fürs Krankenhaus!« »Du Flasche!« »Nach vorne, Van Dorne!«

»Abseits!« »Elfmeter!« Eine dicke Frau stieß, wenn das Tempo etwas nachließ, heisere Laute aus, ein unmenschlicher Gesang, als würde ein Lumpensammler auf seiner Runde gefoltert: »Was ist das für ein Scheißspiel?«

Wenn der *S. K. Waregem* angriff, hörte man nur den trocken widerhallenden Fußtritt gegen den Ball. Wenn *Stade Walle* vor dem gegnerischen Tor auftauchte, brüllte Papa lauter als alle anderen.

Onkel Florent wehrte Bälle lieber mit der Faust, dem Knie, dem Fuß ab, als sie zu fangen. »Seynaeve, halt deinen Kasten sauber. Seynaeve, denk an unsere Kinder!« Die Fußballkenner gaben zu verstehen, daß *Stade* einen guten Einkauf gemacht hatte. »Und ob!« sagte Papa, aber er wagte noch nicht zu sagen: Er ist mein Bruder.

Erst als Onkel Florent in seinen karierten Knickerbockern und mit pitschnassem Haar nach dem Spiel im Stadioncafé erschien und die erhitzten *Stade*-Fans ihm auf die Schulter klopften, drängelte sich Papa vor. Onkel Florent bot ihm eine englische Zigarette an. Papa paffte sie ohne zu inhalieren, wobei er das vollendet rundgerollte Stäbchen zwischen Daumen und Zeigefinger hielt wie ein Mädchen. »Florent, du mußt deinen rechten Fuß weiter vorstrecken, wenn du herausläufst, du klebst noch zuviel auf der Linie.«

»Staf, du kannst mich am Arsch lecken«, sagte Onkel Florent. »Haben wir gewonnen oder nicht? Ist einer in meinem Kasten gelandet?«

»Du hast Glück...«, sagte Papa zu den johlenden Saufbrüdern um sich herum, »... daß du mein jüngerer Bruder bist, sonst...«

»Was sonst?«

»Sonst würde ich dich übers Knie legen.«

»Du, Staf? Und wie viele Männer brauchst du dazu?«

Die Fans stupsten sich. Louis fühlte sich als Bruder von Papa und Onkel Florent. Warum war Vlieghe nicht da? Oder notfalls Dondeyne, ja sogar Dobbelaere?«

Ein Lümmel mit einer Stupsnase sagte, daß Onkel Florent, wenn der Linksaußen des *S. K. Waregem* dabei gewesen wäre, der jetzt an einem Abwehrgeschütz an der deutschen Grenze stehe, keine Chance gehabt hätte, denn der Linksaußen schieße die Bälle flach über den Boden.

»Und du kannst vielleicht einen hohen Ball wegfausten, aber bis dein träger Körper auf dem Boden landet, habe ich schon zehn Vaterunser aufgesagt.«

Er wurde fast gelyncht, spendierte aber schnell einen. Er murmelte Louis etwas zu, der mit hochrotem Kopf nickte und dann eine schäumende Molle in die Hand gedrückt bekam.

»Nein doch!« rief Papa und knallte das Glas mit einem schrill klirrenden Geräusch auf den Glastisch. »Bist du übergeschnappt?« Das verschüttete Bier floß auf den Boden. »He«, sagte der Waregem-Fan, »ist das hier in Walle so Sitte, wenn jemand eine Molle spendiert?« Onkel Florent sagte: »Komm, Staf, laß den Jungen doch...«

»Niemals!« brüllte Papa wie auf dem Fußballplatz.

»Lieber hackt er mir die Hände ab«, sagte Louis, die Leute um sie herum lachten. Onkel Florent am lautesten.

»Du machst einen Waschlappen aus ihm.«

»Er hat doch schon die Erste Kommunion hinter sich.«

»In Frankreich geben sie den Kindern schon mit vier Jahren ein Gläschen Wein.«

»Und ob! Gegen Blutarmut.«

»Nein, nein und nochmals nein«, sagte Papa. »Sollen sie sich doch in Frankreich zu Tode saufen, Frauen und Kinder und *Clochards* in der Gosse, soviel sie wollen, je mehr, desto lieber, aber bei uns in Flandern . . .«

»Walle ist malle!«

»Deinze ist auch nicht das Feinste«, rief jemand trocken.

Onkel Florent sagte: »Staf, hörst du endlich auf?«

»*Er* hat angefangen«, sagte Papa wie ein Hottentotte, und dann: »Komm, mein Junge.« Mein Junge. Es hatte noch nie so zärtlich geklungen. Aber es dauerte lange, bis es der Kellnerin beliebte, mit der Rechnung zu kommen. Papa kehrte seinem jüngsten Bruder und dessen Verehrern den Rücken und stach mit dem dazu vorgesehenen Holzstäbchen Löcher in einen mit braunem Papier überklebten Karton, der neben dem Bild von Königin Astrid hing. Der Hauptpreis war ein Prozellanteller mit einer orientalischen Tänzerin, die lauter goldene und schwarze Fransen um die Hüften trug. Papa stach zwölfmal Nieten und erhielt als Trostpreis zwölf Täfelchen Schokolade. Er aß auf dem Heimweg sechs davon auf, Louis drei.

»Jetzt hast du selbst gesehen, war für ein ordinärer Klub *Stade* ist. Armes Volk. Unser flämisches Volk ist sauber. Ich tue es nur für unseren Florent, sonst würde ich keinen Fuß mehr ins Stadion von *Stade Walle* setzen. Diese Mannschaft ist es nicht wert.«

»Und Onkel Florent?«

»Der ist auch nicht gerade Klasse. Für diese flachen Bälle ist er viel zu dick.«

VICTOR HUGO
Brief aus Oudenaarde

Oudenaarde, den 24. August, 8 Uhr abends
Eine schöne Stadt ist Gent. Gent ist für Antwerpen, was
Caen für Rouen ist: etwas Schönes neben etwas Bewundernswertem. Ich habe mir indessen die Zeit genommen,
Saint-Bavon zu besichtigen und bin selbstverständlich auf
den Turm gestiegen. Für mich gibt es zwei sich ergänzende
Arten, eine Stadt zu betrachten, zunächst im einzelnen,
Straße für Straße, Haus für Haus; sodann als Ganzes, von
der Spitze der Kirchtürme aus. Auf diese Weise erstehen vor
dem geistigen Auge Gesicht und Profil der Stadt. Hochoben von Saint-Bavon aus gesehen, aus einer Höhe von 272
Fuß, die man über 450 Stufen erklimmen muß, ist die
gotische Gestalt Gents ähnlich gut erhalten geblieben wie
die Antwerpens. Der Turm des Belfrieds, über dem ein
riesiger vergoldeter Drache schwebt, trägt ein Dach aus
einer recht lustigen Ansammlung von Glockentürmchen,
Luken und Wetterfahnen. Daneben steht eine alte und
schwarze Kirche, *Saint-Nicolas,* mit bewundernswerter romanischer Fassade: ein großer strenger Spitzbogen, eingerahmt von zwei gezackten Türmchen vornehmsten Stils.
Etwas weiter weg die Kirche *Saint-Michel,* deren Anblick
sich wie bei *Saint-Nicolas* durch die Apsis erschließt. Zwei
oder drei andere Kirchen ragen noch in weiterer Entfernung auf, inmitten der treppenförmig geschnittenen Dächer. Wendet man sich um, steht da *Saint-Jacques,* mit drei
Turmspitzen, einer aus Stein und zwei aus Schiefer. Daneben ein schöner Platz mit hohen Giebeln, von denen sich
zwei alte Steinhäuser aus dem vierzehnten Jahrhundert mit
Türmchen und großen Dächern abheben. Das mittlere auf
der kürzeren Seite des Platzes war das Haus der Grafen von

Flandern. Dieser Platz ist der Tuchmarkt; außerdem gibt es noch eine Menge weiterer malerischer Märkte, Klöster, verwinkelte Ecken, umgeben von gezackten Häusern in allen möglichen Stellungen, deren Umrisse einander höchst reizvoll brechen; und dann ein riesiges Dach über einem großen nüchternen Kirchenschiff aus dem vierzehnten Jahrhundert, ohne jeden Turm, die Dominikanerkirche. In jenem Augenblick gingen gerade mehrere Mönche hinein mit ihrer bewundernswerten Kleidung, weißer Kutte und schwarzem Skapulier. Zu meinen Füßen das Rathaus mit seinen beiden Fassaden, der einen aus der Zeit Ludwigs XIII., der anderen aus der Zeit Karls VIII., die eine schlicht, die andere bezaubernd. Denke dir dazu vor den Toren der Stadt einen endlosen Horizont aus Wiesen und im Inneren der Stadt eine Vielzahl kleiner Brücken und Wasserläufe, in denen Häuser stehen, und du hast eine ungefähre Vorstellung von Gent aus der Vogelschau.

Wahrlich eine schöne Stadt; 4 Flüsse treffen sich hier, die Schelde, die Lieve, die Moer und die Leie. Ein Geflecht aus Wasserläufen, das sich immer aufs neue zwischen den Häusern verknüpft und wieder auflöst, es teilt die Stadt in sechsundzwanzig Inseln, so ist Gent mit seinen Booten, seinen unzähligen Brücken und seinen aus dem Wasser ragenden Fassaden eine Art Venedig des Nordens. Genau am Fuß der Kathedrale, in einem Block plumper flämischer Häuser, wies mich mein Fremdenführer auf einen hübschen Binnenhof hin, niedlich, grün und sandbedeckt, umgeben von einer Wandelhalle aus dem letzten Jahrhundert, ganz in krausem Muschelwerk gehalten, mit Säulengang und Statuen aus blauem Marmor. Dieses Haus und dieser Garten sehen besonders frisch und heiter aus. Es war das Wohnhaus des Millionärs Maës, der vor zwei Jahren so elend ermordet wurde und der seine abgelegten

Hüte mit Gold zu füllen pflegte. Jetzt wird bei ihm gebaut, sein Haus bekommt ein weiteres Stockwerk, es herrschen Freude und Reichtum. Dieser alte Mann hat nie mein Mitleid erregt.

Viele Rocaille-Fassaden stehen in Gent inmitten gotischer Giebel, sogar besonders verspielte, was sie annehmbar macht. Rokoko ist nur unter der Bedingung einer gewissen Extravaganz erträglich.

Aber langweilt dich dieses ganze Geschwätz auch nicht, meine arme Geliebte? Ich plaudere mir dir, als säße ich vor unserem Kaminfeuer an der Place Royale. Ich erzähle dir alles. Ich schreibe dir soviel ich kann von meiner Reise. Benachrichtige mich, meine Adele, wenn mein Bericht dich nicht erheitert.

In diesem Land sind weder Herrensitze, noch Wehrtürme, noch Schlösser anzutreffen. Daran sieht man, daß dies das Land der Gemeinden ist und nicht das der Herren, das Land der Bürger und nicht das der Landvogte. Hingegen stehen überall Rathäuser, bezaubernde Blumen aus Stein, die besonders das fünfzehnte Jahrhundert im Herzen der Städte prachtvoll erblühen ließ.

Ich habe die mächtige Kanone von Gent gesehen: Ein gewaltiges Rohr aus schmiedeeisernen Keilen, eine echte Waffe aus dem fünfzehnten Jahrhundert. Die Genter kümmern sich kaum um sie. Sie haben sie auf drei mit steinernen Girlanden verzierte Rokokolager gesetzt, und der gesamte Rachen des Geschützes ist nichts weiter als ein Abfallkübel. Diese Kanone ist 18 Fuß lang und wiegt 36000 Pfund. Innen erkennt man deutlich die Rillen, die die Eisenkeile bilden. Die Mündung hat einen Durchmesser von zweieinhalb Fuß. Sie stieß dicke Granitkugeln oder tonnenweise Alteisen aus. Kolossal. Das ist indes nichts gegen die Geschütze Muhammads II., die von viertausend Männern und zweitausend Rindern gezogen wurden, und die riesige Felsblöcke ausspien. Solche Vulkane kippte dieser Türke über Konstantinopel.

In Saint-Bavon hängen schöne Gemälde, besonders zwei sind hervorzuheben, eines von Rubens, das andere von Jan van Eyck, dem Erfinder der Ölmalerei.

Das von Rubens ist bewundernswert, es zeigt die Aufnahme des heiligen Amand im Kloster. Die untere Gruppe ist besonders ausdrucksvoll. Das andere, in einem völlig anderen Stil, ist nicht minder staunenswert. Van Eyck ist so still wie Rubens ungestüm.

Außerdem hängt hier noch ein schönes Gemälde eines van-Eyck-Schülers, und ein anderes, ebenfalls schönes, von Rubens' Lehrmeister. Diese vier Gemälde bilden eine Art Treppe, über die man auf eigentümliche Weise von Epoche zu Epoche hinab, von van Eyck zu Rubens hinaufgelangt. Wir kennen in Paris kaum jenen Otto Venius, Rubens' Lehrmeister. Bemerkenswert! Er ist auch ein stiller Maler.

Im übrigen ist jede einzelne dieser flämischen Kirchen ein Museum. Davon abgesehen mag ich unsere Kirchen in Frankreich lieber. Diese hier sind entschieden zu sauber. Übermäßige Sauberkeit ist, was Bauwerke betrifft, ein großer Makel. Die Folge ist zunächst das Tünchen, dieser Gipfel des Schmutzes, und dann das Abkratzen, und dann das ständige Scheuern. Nun ist aber die Farbe der Jahrhunderte immer schön, und der Staub der Gegenwart ist es manchmal. Das eine ist die Spur der Zeiten, das andere die der Menschen. Alles ist weiß, strahlend, glatt, spiegelblank in den belgischen Kirchen. Auf Schritt und Tritt der harte, grelle Gegensatz von weißem Marmor und schwarzem Marmor, an dem nirgends gespart wurde. Reichlich wenig jener schönen grauen und dumpfen Farbtöne wie in unseren alten Kathedralen. Keine bemalten Kirchenfenster. Die Fenster zerschlagen und die Kirchen tünchen, oftmals auch die Lettner niederreißen, darin besteht die den Priestern eigene Verwüstung. Sie wolien mit aller Macht gesehen werden, dazu müssen sie die Fenster und die Wände weißen und die Lettner umstoßen. Ach, Eitelkeit, wo setzt du dich da fest?

RAINER MARIA RILKE
Die Marien-Prozession

Aus allen Türmen stürzt sich, Fluß um Fluß,
hinwallendes Metall in solchen Massen
als sollte drunten in der Form der Gassen
ein blanker Tag erstehn aus Bronzeguß,

an dessen Rand, gehämmert und erhaben,
zu sehen ist der buntgebundne Zug
der leichten Mädchen und der neuen Knaben,
und wie er Wellen schlug und trieb und trug,
hinabgehalten von dem ungewissen
Gewicht der Fahnen und von Hindernissen
gehemmt, unsichtbar wie die Hand des Herrn;

und drüben plötzlich beinah mitgerissen
vom Aufstieg aufgescheuchter Räucherbecken,
die fliegend, alle sieben, wie im Schrecken
an ihren Silberketten zerrn.

Die Böschung Schauender umschließt die Schiene,
in der das alles stockt und rauscht und rollt:
das Kommende, das Chryselephantine,
aus dem sich zu Balkonen Baldachine
aufbäumen, schwankend im Behang von Gold.

Und sie erkennen über all dem Weißen,
getragen und im spanischen Gewand,
das alte Standbild und dem kleinen heißen
Gesichte und dem Kinde auf der Hand
und knieen hin, je mehr es naht und naht,
in seiner Krone ahnungslos veraltend
und immer noch das Segnen hölzern haltend
aus dem sich groß gebärdenden Brokat.

Da aber wie es an den Hingeknieten
vorüberkommt, die scheu von unten schaun,
da scheint es seinen Trägern zu gebieten
mit einem Hochziehn seiner Augenbraun,
hochmütig, ungehalten und bestimmt:
so daß sie staunen, stehn und überlegen
und schließlich zögernd gehn. Sie aber nimmt,

in sich die Schritte dieses ganzen Stromes
und geht, allein, wie auf erkannten Wegen
dem Glockendonnern des großoffnen Domes
auf hundert Schultern frauenhaft entgegen.

GIUSEPPE UNGARETTI
Menschen und Steine von Gent

»Sieh dort!« sagt Hellens zu mir.

Ich war gebannt von der Schelde, die in den Ort eindringt
und sich dann wieder in den Weiden des umliegenden Landes verliert; aber da ist ein Schornstein, den ich betrachten
soll, der sich zwischen dem Turm von St. Bavo und dem
Turm des Belfried emporschwingt. Indem wir uns Gent
immer mehr nähern, wird dieses Schauspiel geradezu ge-

walttätig: nunmehr von einer Horde von Schornsteinen umzingelt, werden die Türme zu einem ganzen Volk, das aus dem Nebel hervortritt.

Das ist eine Stadt, dir mir gefällt. Treu sich selbst. Wo das Moderne nicht davor zurückschreckt, sich dem Alten gegenüberzustellen. Sie wird von einer alten Rasse kühner Bürger bewohnt; und verdankt sie nicht dem kriegerisch-frommen Geist, den diese Bürger ihrem Tun und Handeln zu erhalten verstanden, jene moralische, geistige und physische Lebenskraft, die sie nicht bei der Achtung vor ihrer Vergangenheit stehen bleiben läßt, sondern sie, in einem Schwung von Tatkraft, die nach Unbekanntem strebt, Tag für Tag aufs neue jene Einheit in der Zeit erobern läßt, welche die einzige menschliche Wahrheit ist?

Flandern, mit seinen Städten, mit seinen Ortschaften, deren es eine Nachkommenschaft hat wie die Kaninchen, ist die mannigfaltigste Gegend dieser Welt. Und wenn man es mit Gent vergleicht, so scheint Antwerpen ein Betrug zu sein, eine kindische Improvisation der Renaissance mit einem melancholischen Humanismus, der sich seiner Natur und seiner Korpulenz schlecht anpaßt, und der sich letzten Endes darauf beschränkt, schwer zu essen, zu trinken, zu lieben, zu lachen, oder um, wie Hellens mir einredet, religiöse Lehrsätze zu ersinnen, mit dem Inhalt etwa wie folgender, der in der Kirche von St. Jakob eingemeißelt ist:

> Men wint den Hemel met guvelt
> of his te roop met Kracht van gelot

was aber – es wird euch verblüffen – tatsächlich dies bedeutet:

> Willst du den Himmel erobern?
> Gewalt braucht's dazu, oder Batzen.

Es ist dies ein Skeptizismus, allzu robust, um nicht naiv zu sein. Und da ein Land das Volk hat, das seine Bürgerschaft ihm einträgt, zeigt uns Antwerpen – außer seinen Frauen aus dem einfachen Volk, die in ihrer plastischen Fülle und in ihren schillernden Hautfarben mit seinen authentischeren Damen wetteifern – in beiden Klassen die gleiche Sucht nach Prasserei, die bei seinen Künstlern früherer Zeiten auf solch makabre Weise zu Tage tritt. Und so wird in allen seinen Schichten das, was sie an Lebensgier und an Lebensklugheit besitzen, zu Narretei; es versöhnt sich mit der Phantasie – besonders beim Volk – in Form von gewissen Späßen, die so geistreich, und gewissen Überschwenglichkeiten, die so unverständlich sind, daß man auch bei diesen Materialisten, wie bei allen Flamen, oft von Mystizismus hat sprechen können. Damit hätte der Humanismus sie zu ihrer Natur zurückgeführt, anstatt sie zu verfeinern, und auch dafür soll man ihm danken.

Gewiß, sie sind von liebenswerter Einfalt. Schließlich gehört diese zu allen großen Häfen. Oh, nehmt die nicht für etwas Absonderliches. Aber wo ein Hafen ist, dort altert man nicht. Wahrlich, so ist es: das Gegenteil von dem, was logisch wäre, trifft ein. Das Volk, das mit so vielen Völkern verkehrt, hat keine Zeit, sich Schlauheit anzueignen. Zwar werden die Horizonte der Meere ihnen vertraut, aber jene Augen sehen das Neue so schnell vorüberziehen, daß sie stets alles überraschen wird. Sie sind es, die wahren Provinzler.

Der Bürger und das Volk von Gent sind etwas ganz anderes. Schon von je haben sie den Gedanken an städtische Vorherrschaft im Kopf gehabt. Seit seinem Emporkommen, rings um die Abtei von St. Bavo, sehen wir dieses Volk im Kampf. Damals handelte es sich darum, sich von der Herrschaft der Mönche zu befreien; dann wird es Zusammenstöße geben, zwischen der Stadt und dem Grafen, zwischen dem Großbürgertum und den Zünften, und den Zünften untereinander; Gent aber wird immer danach streben, eine freie Stadt zu sein und in Flandern durch das Primat des Gewerbes zu herrschen. Stellt euch vor, daß es in einem bestimmten Augenblick – es ist lange her: es war im dreizehnten Jahrhundert – den Anspruch erheben durfte, seine Vorrangstellung zum Monopol erweitern zu lassen; und man zog mit Waffen aus, um die Webstühle der Nachbarstädte in Stücke zu schlagen und die Weber niederzumetzeln.

In diesem Teil der Stadt, den man den Bottich von Gent nennt, wo all der alte Stein eng beieinander ist, empfindet man deutlich, daß sie der Gewalt entsprungen ist. Der Gewalt und der Geduld. Einer gezügelten Gewalt, einer Gewalt, die sich befestigt, die Stein emporhebt, um den Jahrhunderten zu trotzen, die allem standhält. Eben das ist es: ihr Herz ist dieser rauhe Stein. Seht euch die St. Nikolauskirche an, mit den an ihren Flanken zermalmten Kanonenkugeln, mit all ihrem Stein, der damals gewackelt hat, mit ihrem Aussehen eines Insekts, das am Turm emporklimmt, mit ihren Wölbungen, die sich zu übertriebenen Spitzbogen dehnen. Seht euch die St. Michaelskirche an, mit ihrem verstümmelten Turm, der wie ein aufrechtes Gerippe dasteht: noch immer auf Wache, immer bereit, euch anzuspringen. Seht euch das Kastell der Grafen an. Es ist rund, es treibt dahin wie ein Krebs, es leidet in seinem klaren Gewässer; es ist rauchgeschwärzt; es scheint die Zähne zu fletschen, um euch Angst einzujagen, und doch liegt es reglos da.

Kommt hierher an einem Freitag, und ihr meint, vor tausend Jahren zu leben. Ihr werdet sehen, wie hinter dem Schloß Gerhards des Teufels legendäre arme Leute hervorkommen und sich an die Mauern des erzbischöflichen Palastes lehnen und wie, unbeweglich wie Bündel, die Männer auf die Verteilung des Kautabakes, die Frauen auf den Schnupftabak warten. Vor dem hochaufgeschossenen Brustharnisch von St. Nikolaus seht ihr die Bauern ihre Säcke voller Korn ausschütten. Rings um St. Jakob werdet ihr die Trödler sehen, wie sie sich unter den Platanen herumtreiben. Ihr werdet um St. Michael herum, dort, wo ein Dominikanerkloster war – man hat Wohnungen für das Volk daraus gemacht –, eine Unmenge von Frauen herumschwärmen sehen. Wenn ihr den Marktplatz erreicht, seht ihr lange Reihen von Karren: mit ihren über Bogen gespannten Stoffbahnen haben sie die Form dicker Fässer und das Aussehen gebändigter Luftballons; alle Gaben Gottes werden daraus hervorgeholt: Obst, Butter, Geflügel, Kaninchenfelle, lebende Zicklein und was weiß ich. Die Pferde werden ausgespannt, und in den Häusern ringsum gibt es niedrige Öffnungen, dazu bestimmt, die armen Tiere zu verschlucken. In der Finsternis dieser unterirdischen Gewölbe scheint die Riesenhaftigkeit der Pferde grenzenlos.

Dann aber verlaßt den *Graslei* entlang der Leie und bleibt auch nicht an der alten Fleischhalle stehen, in die man jenen Berg von Orangen gezwängt hat, der euch unter diesen schweren Himmeln Duft und Goldfarbe unserer Sonne zuträgt, nehmt eine Straßenbahn, schaut euch diese Stadt an, die kein Ende findet, und mit all ihrem freien Raum eine endlose Vorstadt zu sein scheint, und geht hinunter, dorthin, wo die Fabriken liegen.

Hat man nicht gesagt, dieses Volk sei sich selbst treu? Das Gent dieser Arbeiter, die aus den Werkräumen hervorkommen, deren Pantinen, wenn sie auf das Pflaster schlagen, ein seltsames Trampeln, wie von einer Herde, verursachen, ist es nicht das gleiche, schweigsam und lärmend, wie des alten Steins?

Und jene harten Bürger, die ihr in den Werkstätten seht, gebeugt hinter einem Fortschritt, gierig nach Wissen – die Krise hat sie nicht entmutigt, wie sie auch beim Sturz Napoleons ihre Vorväter nicht entmutigt hatte –, sind nicht sie die Erben des alten Anspruches nach Vorrang dieser Stadt im Gewerbe? Es war die erste Stadt Flanderns, die nach dem Niedergang im siebzehnten Jahrhundert sich wieder erhob. Ist das etwa keine Tat? Hundertundfünfzig Jahre sind es her.

Sind nicht sie die Erben jenes Lievin Bauwens, dem es in jenen Jahren gelang, England das Geheimnis der Maschinenweberei zu entreißen? Der aus Gent, von der Blockade begünstigt, die Stadt des Leinens und die Stadt der Baumwolle machte, so wie es die Stadt des Tuches gewesen war?

Und nun ist es Nacht. Gent tritt mit allen seinen Wirbelknochen in das Dunkel der beiden Flüsse und der beiden Kanäle, die sie verbinden.

Jetzt ist sie nichts anderes als die Stadt der sechsundzwanzig kauernden Inselchen, voll von Chimären.

H. C. ARTMANN

gent:

ach flanderns wigwam
herbstete im wind
sah huschgestalten
tabaksfarbne seide
zerfloß in nebelei
voll clownerien

148

vergaß den flitter
ließ den cirkus fort
las auch die signatur
und waren astern da
allüberall in gent
zu lange konnte ich
nicht folgen augs
es war um abendzeit
aus kneipen qualmte
dünnes orgelspiel

LOUIS PAUL BOON
Der Brüsseler

Wobei der Leser in eine Landschaft versetzt wird, die ziemlich gespenstisch anmutet: Galgen sind auf dem Hügel errichtet, Raben krächzen drum herum, und hinten am Horizont ist die rote Glut eines Brandes zu sehen.

Wir leben Anno 1745. Zeit von Hungersnot, von Pest und Cholera und vielen fremden Soldaten. Eben erst waren die Spanier da und haben unsere Städte ausgemordet, und der beste Teil unseres Volkes hat sich in aller Eile über den Moerdijk geflüchtet. Danach sind die Österreicher gekommen. Und jetzt, in dem Augenblick, in dem unser Buch anfängt, sind die Soldaten des französischen Königs, Ludwig XV., in unser Land eingedrungen.

Der Abend fällt. In den Straßen des Städtchens Aalst werden schon die Ketten gespannt, damit kein einziger Wagen mehr hindurch kann. Wir werden uns beeilen müssen, denn bald wird man uns das Stadttor vor der Nase schließen, und wir werden den Ausweis zeigen müssen.

Aber seht, da eilt noch jemand dicht vor uns seines Weges. Wie wir, klettert er über die schon quer gespannten Ketten. Wie wir, versucht er das Stadttor zu erreichen, ohne seine Papiere vorzeigen zu müssen.

Es ist ein kleines unansehnliches Kerlchen, das uns da vor den Füßen herläuft. Man sehe nur die dürftige, dürre Gestalt! Man beachte, wie er sich bewegt, wie rasch er vorankommt, obwohl seine Füße sich doch kaum vom Boden erheben. Sie schieben dahin, diese flinken Füße. Sie schieben übers Pflaster, schnell und fast unhörbar.

Wir wollen ihn überholen und ihm dabei ins Gesicht sehen. Blitzschnell, aber gründlich. Wir sagen ihm beim Vorübergehen »Guten Abend« und zeichnen dabei sein Porträt.

Wir sind so weit. Wir haben ihn eingeholt und schleudern ihm, wie es sich für ehrsame Bürger geziemt, unseren »Guten Abend« ins Gesicht. Er hat einen Knebelbart, der uns mit seinen herabhängenden Spitzen und in seiner ganzen Ungepflegtheit etwas Trauriges, Mitleiderregendes vor Augen führt. Die Augen sind ohne Glanz und machen einen trübseligen Eindruck. Der Mund wirkt niedergeschlagen und mutlos. Genau wir wir, muß auch dieser Mann mit einer Last auf dem Gewissen herumlaufen, kann er etwas nicht verschmerzen.

Das merken wir schnell genug, denn über seine verdrossenen Züge fährt plötzlich ein Schrecken, als wir ihn grüßen. Zögernd, stockend sogar, antwortet er uns. Und dazu noch in einem Flämisch, das wir nicht oft hören, hier im Aalster Land. Eine Art Flämisch, wie es nur ein entarteter Brüsseler sprechen kann. Es hört sich eher wie »Kuttenabend« an.

Nein, pruste nicht gleich heraus, lieber Leser! Lach später! Wir wollen erst schnell aus dem Stadttor hinauskommen. Verstecken wir uns am Grasufer der Dender und

lassen wir den Brüsseler als ersten den dunklen Weg einschlagen.

Wieviel mag wohl in seinem Geldbeutel stecken?

Und seht, er schaut ich noch einmal um zum Stadttor, als
wolle er sich vergewissern, daß niemand ihm folgt. Und
dann eilt er auf der Landstraße nach Brüssel dahin, auf den
Boechoutberg zu.

Es ist einsam auf der Straße. Es ist immer so still und
verlassen auf diesen Wegen in Flandern, daß wir gezwungen sind, im dunklen Schatten der Baumreihe zu bleiben,
um dem Brüsseler unsere Anwesenheit nicht zu verraten.

Auf der Höhe des Boechoutbergs verläßt er die Landstraße und schlägt einen hohlen Seitenpfad ein. Ha, wir sind
schon dahintergekommen, daß er in ›Het Verloren Hol‹
sein muß.

Die Verlorene Höhle. Was für ein schöner und vielsagen-
der Name für eine Herberge – oder sagen wir lieber: eine
Schenke – in der nur Diebe, Landstreicher und Bettler
zusammenkommen. Eine Höhle, verloren an den Wegen
Flanderns. Einsam und verlassen für jedermann, der mit
Justiz und Polizei zu tun hat. Aber eine Höhle, in der alle
sicher sind, die in Nacht und Nebel ihr düsteres Gewerbe
betreiben, die tagsüber auf den Wegen Flanderns und des
Aelster Landes umherstreifen, betteln, gaukeln, Lieder singen.

Im Ofen werden Holzblöcke brennen, denn die Kluis-
wälder sind im Jahre 1745 noch groß, dunkel und tief. Es
kommt auf einen Baum mehr oder weniger noch nicht an.
Vielleicht kann man ein tüchtiges Stück von einem gewil-
derten Hasen ergattern, lecker gedünstet, mit viel Zwie-
beln. Eine Kanne schäumendes Bier wird auch zu haben
sein, wenn man etwas Kupfergeld zeigen kann.

Und auch Unterkunft für die Nacht. Wir werden zwar in
der Wirtsstube liegen müssen, auf dem Holzboden und nur

zugedeckt mit unserem eigenen Rock. Neben uns werden andere Bettler, Landstreicher und Diebe liegen, die unseren Schlaf benutzen möchten, um das Mein mit dem Dein zu verwechseln. Oder die uns schlaftrunken mit den Füßen ins Gesicht treten. Aber was bilden wir uns eigentlich ein, lieber Leser, daß wir so hohe Ansprüche stellen?

Wir folgen dem Brüsseler auf dem Fuß und sehen, wie er sich da drüben in der dunkelsten Ecke der Schenke hinsetzt, so weit wie möglich vom Schein der qualmenden Öllampe entfernt. Er sitzt nun neben einer anderen Person, die wir im Halbdunkel noch nicht so recht erkennen können. Aber das wird noch kommen. Wir setzen uns lieber ins Licht der Lampe.

Neben uns sitzen schon ein paar andere Landstreicher. Es ist nicht viel Besonderes. Es sind nur die gewöhnlichen Exemplare vom Kraut, das in diesem Augenblick in Flandern am üppigsten wuchert. Wir sind hier auf dem Boechoutberg an der Grenze des Aalster Landes, in dem entlegensten Zipfel Brabants. Und in Brabant gibt es, gut gerechnet, dreißigtausend Landstreicher.

Es ist eine Armee. Nein, es ist eine Horde.

Dieser zerlumpte Mann, der scheinbar schläft, durch die geschlossenen Augenlider blinzelnd aber sehr genau unsere Kupfermünzen mitzählt, ist ein Berufsbettler. Ein jämmerlicher, heruntergekommener Landstreicher. Er ist ziemlich schieläugig. Man bedenke aber, daß es schwer ist, sich etwas zu erbetteln, wenn man jung und kräftig aussieht, vor allem in Brabant, wo man die Beute mit dreißigtausend anderen Bettlern zu teilen hat. Ein Krüppel, ein Lahmer oder Blinder, ein Buckliger oder ein Einäugiger, solche Leute haben die größten Vorteile. Der hier mußte sich also etwas Besonderes ausdenken, um den anderen etwas voraus zu haben!

Er hat seine Hand mit ungelöschtem Kalk verbrannt!

Auch die Frau neben ihm ist trotz ihrer Jugend nicht mehr ganz heil. Es ist Anne-Marie de Mulder, und sie ist hier nur ein paar hundert Schritte von ihrer Stadt entfernt, von Aelst, wo sie geboren wurde. Doch zwischen ihr und dem nahen Aalst liegen fünf Jahre Verbannung, eine Geißelung und ein Brandmal.

Sie ist kaum zwanzig Jahre alt, aber ihre Jugend und ihre Schönheit sind schon arg mitgenommen. Das kommt davon, wenn man das Liebchen zahlloser ausländischer Soldaten gewesen ist. Jemand, der es mit Soldaten zu tun hat, hat auch irgendwie etwas mit dem Krieg zu tun. Es ist, als wäre man zusammen mit den Soldaten in die Schlacht gezogen. Und wirklich, wenn der Pulverdampf sich verzieht und die eroberte Stadt bloß und wehrlos daliegt, folgen unausdenkliche Greuel.

Anne-Marie war kaum vierzehn Jahre alt, als sie in so eine fürchterliche Schlacht hineingeriet. Rundherum sah sie Männer stürzen, hörte sie fremdländische, sonderbar klingende Flüche.

Und plötzlich schrie sie:

»Es ist etwas mit meinem Auge los!«

Und wirklich, es war so, sie hatte ein Auge verloren.

Etwas Ekelhaftes, dieses Loch, diese Ritze, aus der immerfort Feuchtigkeit sickert, über der die verklebten Wimpern hängen. Sie ist rasch einige Sprossen tiefer gesunken, sie wurde das Liebchen von Dieben, Schelmen und Vagabunden. Die Soldaten hatten etwas von ihrem Kriegsgeschrei, vom Sengen und Morden über sie gebracht. Die Diebe und Vagabunden brachten etwas vom Leben der Vogelfreien über sie. Ihre Kleider wurden allmählich zu Lumpen, ihr Körper begann nach Armut zu stinken. Aber obwohl das eine Auge fort war, zwinkerte das andere jedem Mann um so verführerischer zu.

Beide schauen sie in die dunkle Ecke hinüber, wohin der

Brüsseler sich mit einem Unbekannten zurückgezogen hat. Sie können bis hierher hören, wie er auf seinen Kameraden einredet. Der Brüsseler spricht französisch, als eigne sich das Besprochene nicht für neugierige Ohren. Allmählich ist er lebhafter geworden, links und rechts bewegen sich die zu kurzen Arme hin und her. Von der Trauer und der Scheu, die ihm anfangs vom Gesicht zu triefen schienen, ist jetzt nicht mehr viel zu merken.

Im Gegenteil, diese scheuen Äuglein haben nun angefangen zu leuchten, als hätte man in ihnen eine Lampe, ein Licht entzündet. Der andere hört schweigend zu oder brummt hin und wieder ein kurzes Wort.

»Ich habe die Hauptstadt gesehen«, sagt der Brüsseler. »Ich habe mir den Palast des französischen Oberbefehlshabers, Moritz von Sachsen, angeguckt. Er saß mit seinen Trabanten an voll beladenen Tischen. Es gab Obst auf silbernen Schalen, dampfende, gefüllte Kapaune neben herrlich duftenden Fasanen und am Bratspieß aufgereihten Spanferkeln. Es brannten tausend Kerzen, und dazu erklang eine süße, berauschende Musik. Der Wein perlte in den Pokalen. Es gab nackte, wehrlose Frauen. Aber der Oberbefehlshaber sah mißmutig aus. Soeben war ein Bote mit der Meldung gekommen, daß dieses verarmte Land ihm nur 280000 Gulden pro Jahr zu bieten habe. Wo er doch schon 40000 Gulden für Tapeten und Teppiche ausgegeben hatte! Und wütend schrie er: »Dann setzt diese 40000 Gulden auf die Rechnung und schreibt, daß es zum Wohle des Landes ist!«

Einen Augenblick schweigt der Brüsseler, um dann mit erbitterter Stimme fortzufahren:

»Mittlerweile aber müssen wir Reisesteuer bezahlen, müssen wir uns einen Paß kaufen, wenn wir unsere Städte besuchen wollen, können wir in den Herbergen nur ein Stück schwarzes Roggenbrot bekommen. Unsere Städte sind wie ausgestorben. Es gibt dort keinen Handel und Wandel, kein Leben und Treiben, kein Gewerbe und kein Vergnügen mehr. Kaum ist es sechs Uhr, so ist alles schon fest geschlossen. In den ärmlichen Häusern löffelt man schweigend die Suppe aus Kartoffelschalen in sich hinein. Man zündet eine Kerze für die Heilige Jungfrau an, denn wieder sind die gefürchteten Pocken ausgebrochen. Und niemand traut sich noch ein lautes Wort zu sagen, man flüstert, damit die Franzosen es nicht hören!«

Noch immer hört der Genosse des Brüsselers schweigend zu.

»Ich hatte auch Gelegenheit, schnell einmal den Kerker unter dem Stadtturm von Aalst zu besuchen«, fährt der Brüsseler fort. »Sie brachten gerade eine junge Bäuerin herein, um sie der Feuerprobe zu unterwerfen. Sie war in einem Atemzug nach Aalst gerannt, um der Polizei zu melden, daß einige geschwärzte Räuber ihren Bauernhof geplündert hatten. In der Nähe des Stadttors war sie aber den französischen Gendarmen in die Hände gefallen, die ihren Ausweis verlangten. Und ja, in ihrer großen Eile hatte sie sich die Genehmigung, die Stadt nach sechs Uhr abends betreten zu dürfen, nicht eingesteckt. Aber man glaubte ihr das nicht ohne weiteres und wollte ihr erst einmal auf den Zahn fühlen: man schleifte sie an die lodernden Flammen bei der Feuerstelle, da sollte sie in der sengenden Hitze gestehen.

»Und hat sie gestanden?« fragt nun der Genosse des Brüsselers.

»Auf einmal wurden die Vorbereitungen unterbrochen«, antwortet der Brüsseler. »Ein Bote meldete, der Chef der französischen Polizei in Aalst sei gekommen, die Kerker zu inspizieren.«

»Du hast ihn gesehen?«

»Ich habe ihn gesehen.«

»Das ist vermutlich ein furchtbar grausamer, hinterlistiger Kerl mit einem großen, furchterregenden Schnurrbart.«

Nun aber lacht der Brüsseler spöttisch.

»Im Gegenteil. Du vergißt das Gesetz vom Widerspruch. Du vergißt, daß Kaiser Nero, der Rom in Brand steckte, ein liebenswürdiger Dickwanst war, der nette Gedichtlein schreiben konnte und herzzerbrechend schluchzte, wenn er an seiner Harfe zupfte. Nein, der Chef der französischen Polizei, Baru heißt er, ist eher ein kümmerliches, unansehnliches Männchen. Genau wie ich ein kleines, schmächtiges Kerlchen. Und genau so wie ich trägt er einen riesigen Schnurrbart. Während meiner aber recht mutlos herabhängt, sind bei ihm die Spitzen hoffärtig hochgezwirbelt.«

Und einen Augenblick schweigt der Brüsseler, als grüble er über diese Ähnlichkeit zwischen sich und Baru nach. Dann aber wischt er mit einer Handgebärde diese Gedanken fort.

»Ich hörte Schritte näherkommen. Baru trat ein. Er wurde von vier französischen Karabiniers vom Regiment Royal-Rossillon umgeben. Es war sozusagen die Gerechtigkeit selbst, die da ihren Einzug hielt. Doch hinter seinen Soldaten versteckt, mußte er sich den Hals ausrenken, um etwas von dem Greulichen erhaschen zu können. Er forderte, man solle die junge Bäuerin auspeitschen, anstatt sie der Feuerprobe zu unterziehen. Er stand da, klein, schmächtig und unansehnlich, während man ihr die Kleider vom Leibe riß und sie auf die hölzerne Bank ausstreckte. Und mit Entsetzen sah ich, wie ihm die Augen aus den Höhlen gekrochen kamen wie Schnecken aus ihrem schleimigen Haus, wie Ratten aus ihrer Gosse. Aber ja, auch ich konnte die Augen bald nicht mehr losreißen von diesem schönen, entblößten Rücken, der so grausam geschändet wurde. Die junge Frau schrie bei jedem Schlag, die Riemen striemten das weiße Fleisch. Die Haut riß, das Blut perlte darauf in kleinen dunklen Tropfen. Und auch ich konnte meine Augen nicht abwenden vom jagenden, weißen Busen, von den großen flehenden Augen, den wallenden, blutbespritzten Haaren. Doch auf einmal, da schaute ich zu Baru hinüber. Er grinste, sein Mund war aufgeklappt wie eine Kloake!«

»Verschon mich damit!« sagt nun plötzlich der Kamerad des Brüsselers heftig.

Auch er spricht französisch.

Und da drüben in der Wirtsstube sitzt Anne-Marie de Mulder mit ihrem einen Auge und hört diese französischen Worte. Sie erschrickt dabei in einem fort. Zwar braucht sie vor diesen Leuten keine Angst zu haben, aber es schaudert sie doch immer wieder, wenn sie diese Sprache hinter sich hört.

»Keine Bange vor den beiden da hinter uns!« sagt ihr Begleiter. »Es ist ja nur der Wallone.«

Anne-Marie ist sich vollkommen darüber im klaren, daß es nur der Wallone ist. Und doch berührt es sie sonderbar schaurig.

»Können sie nicht sprechen wie du und ich?« fragt sie. »Und wer ist der andere, der Kleine?« fragt sie weiter.

Das weiß der andere Bettler nicht so genau. Er glaubt, daß es der Brüsseler ist, über den er neulich noch reden hörte.

Für uns ist nun aber der Augenblick gekommen, uns den Genossen des Brüsselers etwas gründlicher anzuschauen. Er ist also, wie dieser Bettler es soeben gesagt hat, ein Wallone. Soweit wir etwas vom Wallonen in seinem dunklen Kapuzenmantel erkennen können, sieht er wie ein Soldat aus. Ein Kerl, der an der Spitze einer Kompanie französischer Karabiniers seinen Mann stehen würde. Ein Hauptmann. Und wer sagt uns, daß er nicht wirklich einer ist?

Ein Deserteur vielleicht, der sich hier versteckt hält, in einer Gegend, wo man seine Sprache kaum kennt. In Wallonien spricht man auch französisch, er kann also bequem sagen, daß er ein Wallone ist.

Und doch hat sich uns dieser erste Eindruck eingeprägt: er ist irgendwie ein Hauptmann. Der Hauptmann einer Kompanie Soldaten oder der Hauptmann einer Räuberbande, das eine oder das andere. Jedenfalls ein Mann, der geboren ist, zu befehlen, das hört man schon an den wenigen barschen Worten, mit denen er hin und wieder den Brüsseler unterbricht. Er hat einen Mund mit offensichtlich zuviel Zähnen, die den ganzen Unterteil seines Gesichts zu schwer machen. Ein hübscher Bursche, wäre nicht dieses ungeheuerliche Kinn da, dieser hervorspringende Mund, wie bei einem Raubtier.

Und käme nicht hinzu, daß diese Augen viel zu leer und zu hell sind. Es sind Augen ohne Tiefe. Es sind Augen, hinter denen kein Hirn steht. Nur von Macht und Herrschsucht wird dieser Mann getrieben. Und wohl auch von Mut, unbezähmbarem Mut. Ein brüllender Dragonerhauptmann, der aber machtlos ist, wenn hinter ihm kein General steht, der Hirn genug hat, den Schlachtplan zu entwerfen.

Und neben ihm sitzt der Brüsseler, der den Wallonen auf Herz und Nieren geprüft hat. Der kleine schmächtige Mann mit dem herabhängenden Schnurrbart sieht neben dem sechs Fuß langen Kerl, der ihn allein schon mit seiner dröhnenden Stimme zermalmen könnte, jämmerlich aus. Aber er ist schlau, der Brüsseler. Erst hat er den Wallonen erhitzt, als er ihm in kurzen Worten den Zustand dieses armen, leergeplünderten Landes schilderte. Und jetzt fragt er ihn schmeichlerisch, wie es »seiner Bande« gehe.

»Was gibt es Neues in der Bande?« fragt er.

Na ja, es ist eigentlich ein bißchen viel gesagt, denn eine

Bande kann man das wahrhaftig nicht nennen. Im Wallonen lebt zwar die brennende Begierde, Hauptmann einer Bande zu werden, aber er versteht es nicht so recht, die Leute hier um sich zu scharen. Er versteht ihre Sprache nicht genug und noch viel weniger ihre Art und Weise zu denken. Es kommt immer wieder zum Zank und zu einem wüsten Handgemenge, wenn er mit einigen von ihnen etwas unternommen hat und dabei den Eindruck bekommt, daß sie ihn wieder einmal hereinlegen wollen. Er träumt davon, Hauptmann zu sein, aber mit Gewalt allein hält man eine Schar von schlauen Dieben und Betrügern nicht bei der Stange.

»Ach«, sagt er achselzuckend, »was soll man mit diesen Leuten anfangen? Sieh dir die beiden da einmal an. Den einen mit seiner verstümmelten Hand. Und die andere, die verkommene Soldatenhure. Diese Leute bestehen zum größten Teil aus ängstlichem Ungeziefer, das nur im Dunkeln gedeiht, das aber beim ersten Geräusch die Ohren spitzt und auf Nimmerwiedersehen ausrückt. Ihnen reicht das bißchen Kupfergeld, das sie mit Bänkelsang und Gaukeln verdienen.«

Einen Augenblick beschleicht das schmächtige Männchen schon wieder die alte Mutlosigkeit.

»Dann klappt überhaupt nichts?« fragt er.

»Nun ja, überhaupt nichts, das ist wieder zuviel gesagt«, antwortet der Wallone. »Heute abend zum Beispiel drehen wir so ein Ding. Ich erwarte hier ein paar Leute, sie hätten sogar schon hier sein müssen. Der eine heißt Francies van der Geenst, aber alle nennen ihn Tincke.«

»Tincke!« murmelt der Brüsseler. »Das ist ein kurzer, böser Name. Ein Judasname. Ich höre das Klimpern von Münzen, ich höre darin auch so etwas wie das Hinken eines ewig getretenen, mißhandelten Hundes. Wäre ich in Eurer Haut, so würde ich diesen Tincke gut im Auge behalten.«

»Das werde ich auch«, sagt der Wallone mit Überzeugung. »Tincke stammt aus dem Aalster Land, aus Nederbraeckel. Man sollte meinen, daß er noch viel zu jung dazu ist, kaum neunzehn Jahre, und doch hat er schon dutzendweise Einbrüche verübt, und das schon seit drei Jahren. Ein flinker, schlauer Kerl, dieser Tincke. Er ist imstande, mich irgendwo einbrechen zu lassen, mir das gefährliche Werk aufzuhalsen, heimlich aber die Moneten einzustecken und frech zu behaupten, daß nichts da war.«

Der Brüsseler schüttelt den Kopf. Nicht über diese Burschen, auf die der Wallone wartet, sondern über den Wallonen selbst. Das Material ist gut genug, nur der Mann, der es gebrauchen soll, taugt nichts. Und just in diesem Augenblick sehen wir, wie dem Brüsseler so etwas wie eine Lampe, ein Licht aufgeht und wie seine kurzen Ärmchen sich nach beiden Seiten spreizen, als wollte er den unfaßbaren Raum umspannen.

»Du wirst also heute nacht mit diesen Leuten irgendwo einbrechen«, sagt er, »und danach die Beute verteilen... Das heißt, den Löwenanteil für dich behalten. Und dann? Dann wirst du für ein paar Wochen verschwinden, das bißchen Geld aufessen, bis der Hunger wiederkommt und an deinen Magen klopft. Nein, ich habe etwas anderes, etwas Bedeutenderes im Auge. Wäre ich nicht so ein jämmerliches, miserables Gerippe, hätte ich so einen starken, imposanten Körper wie du, dann stünde ich in diesem Augenblick an der Spitze einer Bande von ganz anderem Schlage. Nein, lach nicht so spöttisch! Ich würde mich darauf verstehen, dieser Horde von Landstreichern eine Seele einzuhauchen. Ich würde all diese Krüppel, Buckel, Einäugigen, Straßensänger, Schelme und Messerstecher um mich sammeln. Ich würde diese ständig wachsende Schar von Heimatlosen zu einer organisierten Armee, zu einer Einheit zusammenschmelzen. Hast du keine Lust dazu, Wallone? Wäre das nicht etwas für dich, an der Spitze einer solchen Armee von Parias zu stecken, einer Horde, die außerhalb des Gesetzes lebt? ›Die Armee des Verbrechens‹ könnte sie heißen. Oder ›Die Horde der Rachsüchtigen‹. «

Und es ist ergreifend schön, den Brüsseler da in der Ecke sitzen zu sehen mit seinem von innerem Feuer erleuchteten, ein wenig himmelwärts gerichteten Gesicht. Die Äuglein glimmen wie die einer Ratte. Eine Ratte, die davon träumt, die Gosse hinter sich zu lassen und Entsetzen und Panik zu säen, wo sie erscheint. Eine Ratte, die davon träumt, einen Thron zu besteigen und mit ihren stolzen, schimmernden Knopfäuglein niederzuschauen auf ihre Horde von Krüppeln und Lahmen, von Grobianen und Wüterichen.

Sonderbar auch ist es anzuschauen, wie seine viel zu kurzen Arme mit den Wurstfingern den Raum von beiden Seiten zu umfassen suchen. Und wie aller Mühe zum Trotz seine von der Bank herabbaumelnden Beinchen die Erde nicht berühren können.

Schön, aber tragisch. Und auch ein wenig lächerlich.

Etwas komisch, wie da sein schwerer, herabhängender Schnurrbart vor lauter Rührung zittert. Etwas komisch, wie seine Füße sich mühen, den Boden unter sich zu erreichen. Der Aufstand der Parias. Die Armee des Verbrechens. Die Horde aller Vogelfreien. Und er schildert indes die Armut dieses Landes, der dahinsiechenden, trübseligen Städte, der in Trümmer liegenden Dörfer. Er erzählt von den vielfältigen Folterqualen, die alle Leute erwarten, die einen Laib Brot gestohlen haben oder einen warmen Rock. Und er beschreibt die Qualen der Folterbank so genau, so richtig, als wäre er der Sohn des Henkers persönlich.

Er beschreibt sie bis in die letzten Einzelheiten, so daß er einen Augenblick lang sogar den Faden seiner Erzählung zu verlieren droht. Seine Hände ahmen die Gebärden des Henkers nach, in seinem Gesicht spiegeln sich für einen Moment die Züge derjenigen wider, die unmenschliches Leid ertragen, und dann wieder die Züge jener anderen, die unbewegt, genießerisch vielleicht, diesem Leiden zuschauen.

Aber dann rafft er sich plötzlich zusammen.

»Schluß, genug damit!« sagt er. »Gegen diese Dinge muß sich die Armee des Verbrechens erheben. In Aufstand kommen gegen Baru!« flüstert er.

Aber seht, sogleich versinkt er wieder in seine graue Verdrossenheit. Seine kurzen Arme, seine Hände mit den Wurstfingern tasten noch einen Augenblick im Leeren, dann fallen sie mutlos herab. Das Öllämpchen, hinten in seinem Kopf, erlischt knisternd. Das Licht in den Knopfäuglein ist dahin. Und mit einer fast verschämten Geste wischt er sich den Schweiß vom Gesicht.

»Ha, steckte ich in deiner Haut für ein paar Jahre!«

Und seinen Krug Bier in einem Zug leerend, stammelt er:

»Und warum kannst du sie nicht anführen, diese Armee der Finsternis?«

Der Wallone schweigt. Sein riesiger Unterkiefer mit dem zu großen Gebiß hängt da wie bei einem prähistorischen Tier. Grausam und sinnlos. Seine leeren, lichtlosen Augen verlieren sich in der Vision, die der Brüsseler ihm vorgegaukelt hat. Er sieht sich selbst als Anführer dieser Armee in Lumpen, dieser Armee der kalkzerfressenen Hände, der Tinckes, die schlau und böse sind und schnell mit dem Messer.

Er ist bereit.

Sechshundertzweiundzwanzig Stufen

Nach Antwerpen fährt man durch ein steinernes Tor ein, das durch Vorsprünge, Wappen und Siegeszeichen auffällt, deren Wirkung es nicht an Würde fehlen läßt; rosafarbene, apfelgrüne und mausgraue Häuser sind hier wie selbstverständlich in großer Zahl vorhanden; ich sah sogar zwei oder drei aus Holz in äußerst einladendem geteertem Farbton; am meisten überraschte mich jedoch die außergewöhnliche Anzahl bemalter Madonnen, die man an jeder Straßenecke sieht und die wie die guten mittelalterlichen Jungfrauen mit Glasperlen geschmückt sind. Nicht weniger zahlreich die Kreuzigungsgruppen; die sieben Passionsinstrumente: Kreuz, Lanze, Leiter, Hammer, Nägel, Schwamm, Dornenkrone, zu einem Büschel gebunden, zieren beinahe alle Mauern; große Christusfiguren mit regelrechtem Galgengesicht, in der Farbe fahlen Fleisches gehalten und von langen roten Fasern überzogen, erheben sich an den Kreuzungen und an den Ecken der Plätze; eine Laterne dient ihnen als Heiligenschein, und sie tragen alle eine etwa folgendermaßen abgefaßte Inschrift: *Ex Christo splendor* oder *Christus dat lucem,* in allen möglichen Abwandlungen; man kann sich die unglaubliche Wirkung nicht vorstellen, die diese lebensgroßen Figuren bei Mondschein, im Abenddunst ausstrahlen, mit ihrer rötlichen Lampe, die den Anschein eines in die Nacht geöffneten Zyklopenauges erweckt.

Ich hatte bei Roger de Beauvoir, in dessen Skizzenbuch, eine äußerst schauerliche Zeichnung von Alphonse Royer gesehen, sie stellte einen riesigen Tintenfleck dar, mit der schwülstigen Aufschrift: *Antwerpen bei Nacht.* Ebensogut hätte es Konstantinopel oder Mazulipatnam sein können,

nichts sprach dagegen. Ich hatte mir aufgrund dieser trüge-
rischen Zeichnung eine sehr finstere Vorstellung von Antwerpen bewahrt, und nichts überraschte mich mehr, als
dort dank der lampentragenden Christusfiguren selbst bei
Nacht klar sehen zu können. Nichts ist weniger bituminös,
mittelalterlich und durcheinander als die Stadt Antwerpen, nicht das geringste stehende Wässerchen, nicht die geringste aufgerissene Straße, nichts schließlich von jenem
malerichen Wirrwarr, das Rouen zu einer für Künstler so
reizvollen Stadt macht. Isabey, Poitevin und andere Herrschaften der (man möge mir den Ausdruck verzeihen) fle-
gelhaften Bindfaden- und Möchtegernmalerei würden in
Antwerpen kein einziges Motiv für eine Skizze finden; alles
ist dort breit, weit, luftdurchflutet, von märchenhafter
Sauberkeit; alles ist dort in drei Schichten gestrichen, selbst
die Kathedrale, die von einer recht drolligen pistazien-
grünen Lampe angestrahlt wird.

Wir stiegen auf der Place Verte ab, mit dem löblichen
Vorsatz, ein ausgezeichnetes Mahl einzunehmen; wobei
wir nur mäßigen Erfolg hatten, aber Gott, der nur auf die
Absicht schaut, wird uns verzeihen, so hoffe ich. Man hatte
uns das Hotel der *Union* als einen Ort geschildert, an dem
der Bereich unterhalb der Nase vorzügliche Erholung erfahren könne; wir gingen also in die *Restauration* der Union;
im belgischen Französisch heißt ein Restaurant nämlich
Restauration. Das sehr große Haus, von einem im Him-
melblau übergehenden Weiß, mit großen Fenstern, guß-
eisernen Pfeilern macht einen durchaus schicklichen Eindruck. Wir tranken dort von einen weißen Rheinwein, der
nicht allzu schlecht war. Die Küche allerdings war gewöhnlich und ohne jeden Charakter. Fritz mit seiner Sucht
nach exotischen Zutaten konnte auf der Karte, obgleich er
die Geduld aufbrachte, sie von einem Ende bis zum anderen
zu lesen, nichts Sonderbares und Ungewöhnliches finden,

bis auf ein chinesisches Ingwerkompott. Die Konfitüren, die Pantagruel an Pichrocole schickte, sind nichts dagegen. Stellen Sie sich in Schnaps eingelegte spanische Fliegen vor, Nelkenpfeffer in Vitriol, alles was Sie sich nur an teuflischst Gewürztem und äußerst scharf Schmeckendem ausmalen können, eine Mischung, die Ihnen Blasen auf die Zunge treibt, als hätten Sie an Brennesseln geleckt, dann haben Sie eine schwache Vorstellung von jenem chinesischen Ragout und übermäßiger Würze. Sobald wir zwei Bissen dieser abscheulichen Komposition im Leib hatten, begannen wir uns lauthals zu entrüsten: »weh, der Hals brennt mir! auf, Knappe, an die Luft!«, aber der Brand erlosch deshalb noch lange nicht, und wir mußten das Mahl mit einem flammenden Vulkan in der Brust beenden.

Neben uns aßen zwei befreundete Komödianten, deren Namen ich nicht kenne... Da fährt man nach Flandern, um blonde Fläminnen zu sehen, und findet dort Pariser Komödianten vor: Welch ein Hohn!

Die Komödianten zogen gen Osten, und wir gen Westen; wir sind uns seither noch nicht wieder begegnet.

Da noch genügend Tageslicht herrschte, besichtigten wir die Kathedrale: dort befinden sich drei wunderbare Rubens', die Kreuzabnahme, die Kreuzaufrichtung und die Himmelfahrt Mariens, die beiden ersten mit Flügeln von derselben Hand, auf vier Tafeln. Sechs Seiten voller oh! ah! und Ausrufezeichen könnten nur schwach die bewundernde Verblüffung wiedergeben, die mich beim Anblick dieser Wunderwerke ergriff; statt eines Kapitels bräuchte ich einen Oktavband. Die von Verbruggen geschnitzte Holzkanzel ist von ganz besonderer Schönheit. Das Motiv stellt Adam und Eva dar, und auf dem von Reben und Laub umrankten Geländer sitzen Vögel und ausgefallene Tiere aller Art, darunter radschlagende Truthähne. Soll das eine boshafte Anspielung des Künstlers auf die Schäfchen des

Predigers sein, oder auf den Prediger selbst? Wir wagen nicht, diese heikle Frage zu entscheiden. Welche Geschmeidigkeit, welche Klarheit, welche makellose und scharfe Kanten, welch überströmende und ungezwungene Erscheinung! wie dicht das ist, üppig, voller Phantasie und Besonderheiten in den Details, und was waren jene Künstler des sechzehnten Jahrhunderts doch für kräftige Gesellen! Die Kirche beherbergt auch einige gute Bilder von Quinten Metsys, Otto Venius, dem Meister von Rubens, von van Dyck und verschiedenen anderen. Nur eines ist betrüblich, diese schöne, von außen pistaziengrün gestrichene Kathedrale, ist innen mit einem abscheulichen Zeisiggelb beschmiert, in mehreren Schichten und mit der allergrößten Sorgfalt aufgetragen.

Nachdem wir die Kirche von innen besichtigt hatten, kamen wir auf den Gedanken, auf den Kirchturm zu klettern; es kostete uns drei Francs, ziemlich teuer für einen Kirchturm. Auf die Türme von Notre Dame stieg man für einen Sous, vor dem Roman von Victor Hugo, der die alte Kathedrale in Mode gebracht hat; jetzt kostet es acht Sous, ein noch eingermaßen angemessener Preis.

Sechshundertzweiundzwanzig Stufen sind es vom Pflaster bis zum Sockel des Kreuzes, das die Turmspitze überragt, man arbeitet sich über eine kleine Wendeltreppe empor, wo schmale Schießscharten das trübe Tageslicht durchsickern lassen. Wegen des Schattens der benachbarten Gebäude ist die Dunkelheit zunächst sehr dicht; in dem Maße, in dem man höher steigt, nimmt das Tageslicht jedoch allmählich symbolhaft zu, um zu zeigen, daß die Finsternis vergeht, wenn man sich vom Erdboden entfernt, und daß das wahre Licht oben ist. Auf halber Höhe befinden sich die Glockengehäuse, jene ungeheuren Vögel, die auf dem steinernen Laub der Kathedralen sitzen und singen, und Kammern, in denen die abgebrochenen Kreuzblumen aus Zementkitt geformt und vorspringende Ornamente gefertigt werden, die die Zeit oder der Krieg unaufhörlich von dieser alten Kirche schleift. – Eines muß man den Belgiern lassen, sie pflegen ihre Bauten mit einer Liebe, wie Kinder sie ihren Eltern entgegenbringen: kaum ist ein Stein herabgefallen, wird er auch schon wieder eingesetzt; kaum klafft ein Loch, wird es auch schon gestopft; sie würden sie am liebsten unter Glas setzen, und in jenem Land ist der Stand der Baudenkmäler wahrlich ein angenehmer Stand. Allerdings gehen sie allzu verschwenderisch mit Apfelgrün, Zitronengelb und anderer nicht eben gotischer Tünche um. Etwas recht Merkwürdiges in dieser Art ist das Rathaus von Aalst, an dem wir auf dem Rückweg vorüberkamen, der Hintergrund der Wand ist in einem ins Lauchfarbene übergehenden Grün gehalten, von schmalen Strichen überzogen, um die Umrisse der Steine darzustellen; die Säulchen sind schieferblau, die Statuen und Skulpturen weiß mit silbernem Lack; äußerst närrisch, man könnte es für ein Spielzeug aus Deutschland halten.

Nach so manchem Umweg im finstern Bauch der riesigen Röhre traten wir schließlich auf die Plattform hinaus. Vor unseren Augen entfaltete sich ein gewaltiges Panorama; man kann sich kaum ein wundervolleres Schauspiel vorstellen: große luftige Wellen strömten uns ins Gesicht, und der frische Windhauch streichelte unsere Stirnen und trocknete den Schweiß ab, den die Anstrengung des Aufstiegs dorthin getrieben hatte; stoßweise flogen von Zeit zu Zeit Tauben vorüber und ließen weiße Schneeflocken auf die Brüstung fallen, in die so zerbrechliche Kleeblätter gemeißelt waren, daß ich es nicht wagte, mich aufzustützen, aus Furcht, mit ihr in die Tiefe zu stürzen; die ganze Stadt drängte sich am Fuße der Kathedrale zusammen, gleich einer Herde zu Füßen der Hirten; die höchsten Häuser reichten ihr kaum bis zum Knöchel, und die treppenförmig geschnittenen Dächer boten von dort oben einen eigentümlichen Anblick, es sah aus, als hätten die Bewohner versucht, stufenförmige Sitzreihen zu errichten, um die Kathedrale zu erstürmen, als hätten sie jedoch aus Einsicht in die Nutzlosigkeit ihres Strebens nach einem Dutzend Stufen innegehalten. All diese mit ins Nichts führenden Treppen beladenen Dächer wirkten wie ein Haufen kleiner unvollendeter Turmbauten zu Babel.

Aus der Vogelschau betrachtet, bietet die Stadt das Bild eines gespannten Bogens, dessen Sehne die Schelde bildet; ihre Dächer, in kräftigem Rot oder violettem Blau gehalten, traten im langsam aufsteigenden Abenddunst noch deutlich hervor. Die Schelde funkelte stellenweise wie eine blanke Stahlklinge, an anderen Stellen lag sie stumpf und glanzlos wie die Rückseite eines Spiegels; auf der anderen Seite des Flusses war das »Flämische Haupt« zu erkennen und jenseits davon weite Wiesen von samtenem Grün, in denen die Wasser der Schelde mit ihren vielen Windungen hin und wieder glitzerten. Koffs mit roten Segeln glitten langsam dahin, und ihr sanftes Kielwasser zerriß dabei das trübe Häutchen dieser Bänder aus geschmolzenem Blei. Da die waagerechte Lage der Aussicht das Flußbett nicht erkennen ließ, schienen die Boote auf dem Trockenen zu fahren, wie Pflüge mit Segeln. Ganz nahe bei dem Streifen, an dem der Himmel begann, machte uns der Wärter auf vier kaum wahrnehmbare schwarze Pünktchen aufmerksam. Es waren vier holländische Küstenschiffe, die die Durchfahrten überwachten. In dieser Richtung liegt Bergen-op-Zoom; aber so viel ich die Gläser meines Fernrohrs auch putzte, ich konnte in den blaßvioletten Farbtönen der Ferne nichts erkennen, das die geringste Ähnlichkeit mit einer Stadt gehabt hätte. – Falls dieser große Drang, Bergen-op-Zoom zu sehen, Sie überrascht, so ist der Grund dafür, daß ich einen gewissen Vorfahren hatte, der als erster Bergen-op-Zoom erstürmte, und für diesen großartigen Waffenstreich ein silbernes Ehrenschwert erhielt. Da dies die ruhmreichste Geschichte meiner Familie ist, wäre ich nicht böse gewesen, selbst aus sehr großer Entfernung einen flüchtigen Blick von einem Ort zu erhaschen, an dem einer meiner Ahnen so mutig gewesen war. Diese Genugtuung blieb mir jedoch versagt.

Große rötliche Nebelfelder schoben sich übereinander mit einem Widerschein von Kupfer und Erz, als kämen gigantische Titanrüstungen aus dem Schmelzofen. Risse und Trümmerhaufen waren das, flammende Funken brachen aus den Massen hervor wie in einem eingestürzten Vulkan, die Wirkung war prächtig.

Die Sonne leuchtete unheilvoll inmitten jener rostroten Farbtöne wie ein riesiger Feuerschild am Arm des Erzengels Michael, die Gestalt einer großen Wolke glich einem Krieger, der auf einer Woge mitten in einem Feuermeer sitzt, und rundete das Trugbild ab. Jene phantastische Wirkung hielt einige Minunten an. Der Wind blies heftig, der Umriß der Wolke verschwamm, und der Erzengel löste sich in Nebel auf.

Als wir dieses Schauspiel lange genug betrachtet hatten, wies uns der Wärter darauf hin, daß wir noch nicht ganz oben waren, und daß es noch hundertzwanzig Stufen zu erklimmen galt, und er zeigte uns ein Treppchen, so breit wie zwei Hände, und wies uns an, immer geradeaus zu gehen.

Stellen Sie sich eine sehr spitze, sehr dünne Nadel vor, innen ausgehöhlt, fürchterlich durchlöchert und zum Tageslicht hin ausgemeißelt, so hoch wie der Chimboraço, und die immer enger wird. Diesmal ließ Fritz mir den Vortritt, eine Ehre, die mir kaum erstrebenswert schien, ich fand ihn viel zu höflich. Sobald ich in diesen abscheulichen Schlauch eingedrungen war, hatte ich das Gefühl, übergroß zu werden und beträchtlich anzuschwellen. Ich bekam Angst, nicht wieder hinuntergehen zu können und bis an mein Lebensende dort bleiben zu müssen, wie jene Frau des Leuchtturmwärters, die in ihrem luftigen Nest so fett geworden war, daß sie nie wieder die enge Treppe hinabsteigen konnte, die sie als schmächtiges junges Mädchen flink hinaufgeklettert war. Ich fühlte mich schwerer als ein Elefant mit einer Ritterburg auf dem Rücken. Die Stufen gaben unter meinen Füßen nach, und meine Ellbogen brachten die Innenwände der Mauer zu Fall, wie Pappe, wenn man dagegen stößt. Durch die niederträchtigen Ausschnitte dieser höllischen Nadel, die so zart war wie das Spitzenpapier, das über Süßigkeiten und kandierte Früchte gelegt wird, konnte man Streifen bläulicher Luft erkennen, das Pflaster des Platzes hatte die Größe eines Damebretts mittleren Ausmaßes, die Menschen wirkten wie Maikäfer und die Hunde wie Fliegen; schöne Aussicht! Obendrein wehte ein böiger Nordostwind, es stürmte entsetzlich, und alles hüpfte im Teufelskirchturm umher, wie Teller auf einer Anrichte, wenn ein Wagen vorüberfährt.

Ich wandte mich Fritz zu, um zu sehen, ob er mir folgte, und ich stieß ihm den Fuß ins Auge, was Ihnen wohl eine hinreichende Vorstellung von der Sanftheit jenes Aufgangs vermitteln wird; endlich erreichten wir eine kleine ins Leere geöffnete Luke nahe der Kreuzkugel. Unser Aufstieg war zu Ende. Wir setzten uns einige Augenblicke auf die letzte Stufe, um ein wenig auszuruhen. Während ich saß, kam ich auf folgenden geistreichen Gedanken: daß eines Tages die Glockentürme der Kathedralen notwendigerweise einstürzen müßten, und daß vielleicht an jenem Tag und in eben jenem Moment der Kirchturm Unserer Lieben Frau von Antwerpen auf seinen Granitbeinen einknicken und kopfüber aufs Pflaster fallen würde. Es wäre nicht besonders erheiternd gewesen, gerade dann an der Spitze der Flugbahn zu stehen. Ich teilte Fritz diese Überlegung mit, er fand sie überaus geschmackvoll, und wir stürzten sogleich die Wendeltreppe hinunter, mit angelegten Ohren, wie gehetzte Hasen.

In dem Augenblick, als wir auf der ersten Plattform ankamen, schwankte die Sonne wie ein weinseliger Mensch, strauchelte und stolperte in einen Nebelschlund hinab. Wie ein Feuer, das mit einem Blasebalg angefacht wird, blitzte ab und zu ein Funke unter den schwarzen Wolkenbalken auf. Es war wunderbar, jenseits jeglicher Beschreibung und jeglicher Malerei. Der übersinnlichste Schwulst würde sich daneben schwach ausnehmen.

Auf der gegenüberliegenden Seite nur kalte Blautöne, eisiges Lila, gedämpftes Grau; es war bereits dunkel. Lediglich auf Mechelen, mit seinem Kirchturm mit vierfachem Zifferblatt, fiel ein orangefarbener Strahl, der es scharf von dem Hintergrund in verschiedenen Farbtönen gestreifter Felder abhob. Der verschwommene Umriß Brüssels zupfte gerade noch am äußersten Saum des Horizonts, und die Lokomotive mit ihrem Schwanz von Wagen und ihren Rauchwölkchen kroch auf ihrer Schiene dahin wie ein seltsames Tier; und ein paar Landhäuser mit bereits brennenden Lichtern übersäten diese üppigen, immer dunkler werdenden Färbungen mit funkelnden Punkten. Die Sonne verschwand völlig.

Fritz, ein wohlerzogener junger Mann, zog unter dem Vorwand, man dürfe nicht einmal zu den Gestirnen unhöflich sein, äußerst anmutig seinen Hut, grüßte die Sonne und sagte zu ihr: »Gute Nacht, meine Liebe, bis morgen.«

Ich befinde mich hier in Antwerpen sehr wohl

Antwerpen den 1ten September. [1852]

Geliebte Eltern.

[. . .] Ich befinde mich hier in Antwerpen sehr wohl u. kann
mich nicht genug freuen, daß ich hier mit meinen Mal-
studien den Anfang gemacht habe. Jedenfalls lerne ich
hier in einem halben Jahre ebenso viel als ich in Düsseldorf
in einem ganzen gelernt haben würde. Zwar wird hier die
Malerei etwas handwerksmäßig betrieben, das tut aber
nichts zur Sache, denn wenn man erst eben dieses hand-
werksmäßige, technische so ziemlich in seiner Gewalt hat,
so kann man sich nachher desto mehr auf das geistige legen.
Der größte Teil der Schüler der Akademie besteht aus
Deutschen, so daß man in der Klasse fast nur deutsch
sprechen hört; außerdem wird noch flämisch, weniger
französisch gesprochen. Der Professor korrigiert entweder
in französischer od. flämischer Sprache. Die Stunden beginnen jetzt um 9 Uhr morgens und dauern dann bis 12
Uhr, darauf ist eine halbe Stunde Pause. Von halb Eins bis 4
Uhr wird wieder gearbeitet u. dann noch abends von 6-8.
Der Name unseres Professors ist *Dykmans*; seine Korrektur
ist ausgezeichnet; er sieht immer nur auf das großartige.
Danach sollte man erwarten, daß er auch seine eigenen
Bilder in derselben Weise male. Aber dem ist nicht so. Er
malt kleine Genrebilder, etwa 1 Fß quadrat, aber so ausgeführt, daß man bei den Personen die Poren in der Haut u.
die einzelnen Haare auf dem Kopfe erkennen kann. Wenn
man diese Bildchen durch ein Vergrößerungs-Glas betrachtet, so werden sie erst recht natürlich. Für ein solches Bild
bekommt er in der Regel 10-12000 Franken. –

Die flämischen Maler sind durchgehends ungebildete Leute, mit denen man nicht weiter umgehen kann. Ebenso steht es auch mit der Bildung des ganzen flämischen Volkes. Es wohnt in ihm indes ein gewisser Sinn für Gemütlichkeit. Abends sieht man alle Welt vor den Häusern auf der Straße sitzen, ja selbst mit Regenschirmen mitten im Regen. Ich selbst geselle mich wohl im Schlafrock u. mit der Tonpfeife an schönen Abenden zu den Flamändern vor der Haustüre, um mit ihnen ein Wort zu *klappen* (d. h. gemütlich sprechen). Lustig ist es anzusehen, wenn abends der Zapfenstreich durch die Straßen zieht. Ein Heer von Straßenjungen verfolgt ihn, indem es die Melodie fürchterlich mitschreit, u. voran tanzen Scharen von Mädchen den Ringelreihen in klappernden Holschen nach dem Takte der Musik. Am ausgelassensten ist aber das Volk hier bei der großen Kirmes, welche das größte Fest von Antwerpen ist u. sechs Tage dauert. Um das Volk in diesen Tagen zu amüsieren, bestehen förmliche Vereine. Preise aller Art sind ausgesetzt für Musik, Wettrudern, Schwimmen, Pfahlklettern – u. s. w. Auf einem der großen Plätze in der Stadt ist großer Volksball, wo jedermann frei tanzen kann. Abends sind große Feuerwerke, die über 100 000 Fr. kosten. Eine Art der Belustigung will ich noch anführen, die, wenn sie auch nicht gerade sehr delikat ist, doch das flämische Volk recht eigentlich charakterisiert. Sie besteht nämlich darin, daß man von einem Abtritte die Brille abhebt u. diese in einem Fenster nach der Straße hin befestigt. Durch das Loch derselben stecken nun alte Weiber, eins nach dem andern, den Kopf u. schneiden die scheußlichsten Grimassen. Dasjenige alte Weib nun, welches die gräulichste Grimasse schneidet, erhält einen dazu eigens ausgesetzten Preis. So etwas würde doch in Deutschland nicht vorkommen dürfen. –

Im ganzen habe ich das Volk hier nicht so sehr katholisch

gefunden als in Düsseldorf. Es mag wohl daher kommen, daß die Konkurrenz des Protestantismus hier fast gar nicht hervor tritt. Alles geht mehr so einen ruhigen geschäftsmäßigen Gang. Während des Gottesdienstes sieht man alle Arten von Fremden u. Neugierigen zwischen den Betenden auf u. abgehen, ohne daß das irgend eine Störung hervorbringt. Einen solchen Anblick hat die Kathedrale aber wohl noch nie erlebt, als bei der neulichen Anwesenheit der Königin von England. Die Königin besuchte nämlich auch die Kathedrale, um die dortigen Kunstwerke zu besehen; Prinz Albert, der König v. Belgien u. mehrere kleine u. große Prinzen begleiteten sie. Eine Masse Volk (darunter auch ich) stürzte ihr nach, drängend, stoßend, schreiend *vive la reine, vive le roi.* Das wühlte u. tobte in den großen Räumen der Kirche. Unten auf den Altären standen die alten Weiber, u. oben hingen u. kletterten die Straßenjungen. Mehrere große Armleuchter wurden in dem allgemeinen Tumulte zu Boden geworfen. Man glaubte nicht in der Kirche, sondern auf dem offenen Markte zu sein, nur mit dem einzigen Unterschiede, daß jedermann instinktmäßig seinen Hut abgenommen hatte. Ich ließ die Königin mehrmals dicht an mir vorbei passieren. Nach den Portraits, die ich von ihr gesehen, hatte ich sie mir ganz anders vorgestellt. Sie ist klein, mager, rot, unansehnlich u. hat durchaus nichts Königliches in ihrem Äußern. In ihrem schwarzen einfachen Anzuge kam sie mir gerade so vor, wie eine alte, verschrumpfte, unverheiratete Pastorentochter vom Lande. Sie kam zu Schiffe hier an u. brachte noch acht andere englische Schiffe zur Begleitung mit, worunter vier Dampffregatten waren. Es war ein großartiger Anblick auf den letztern das Leben u. Hantieren der Matrosen zu sehen u. den Donner der Kanonen zu hören. Gegen die Marinesoldaten kommen einem die Landsoldaten höchst kleinlich vor. – – – – –

Wenn Ihr mir gegen den 23. dieses Monats wieder Geld schickt, so wird dies am besten in preußischen Papieren geschehen.

Zum Schluß viele Grüße an die lieben Meinigen u. die Versicherung, daß ich Euch immer recht herzlich lieb haben werde, wie immer

Euer Wilhelm.

Herumlungern in Antwerpen

Ich verdurste am Brunnen . . .

»Hör mal«, sagte ich zu Korzakow. »Wir wollen uns ein bißchen frisch machen. Dann schicke ich dich eine Besorgung in der Stadt machen.«

Wir waren am Brunnen hinter der Fischhalle. Wir machten uns den Oberkörper frei und begannen uns gründlich zu waschen, ohne uns um das Geschwätz zu scheren und ohne Antwort auf die spöttischen Zurufe und Sticheleien der vorbeikommenden Frauen aus dem Volk oder der Fischhändlerinnen, die in Antwerpen ein ebenso loses Mundwerk haben wie überall sonst, und ganz besonders in Marseille. Korzakows Oberkörper war von Tätowierungen übersät, das heißt, wir bekamen ganz schön was zu hören.

Aber ich hatte meinen Plan.

Nach dem Waschen und mit hellwachem Verstand schleppte ich Korzakow in ein gutes Restaurant gegenüber dem Bahnhof. Auf der anderen Seite des Bahnhofs ist das Viertel der Diamantenhändler, kein Ghetto, sondern ein wohlhabendes Viertel, in dem die Diamantenhändler wohnen.

»Was fällt dir ein?« sagte Korzakow zu mir. »Hast du eine Erbschaft gemacht?«

»Mach' dir keine Gedanken. Setz' dich. Wir werden erstmal futtern«, antwortete ich ihm. »Danach sehen wir weiter.«

Und ich bestellte ein gutes Mittagessen und ein paar gute Flaschen.

Korzakow aß für drei, und ich nicht weniger. Um elf Uhr vormittags hatten wir uns zu Tisch gesetzt, um drei Uhr nachmittags, als ich den Kaffee, die Liköre, Zigarren und etwas zum Schreiben bestellte, hatten wir unseren Heißhunger noch nicht gestillt.

»Es geht schon besser«, sagte Korzakow und rülpste wie ein Orientale. »Und wie geht's jetzt weiter?«

»Wir trinken Kaffee.«

»Bist wohl übergeschnappt?« sagte Korzakow. »Hauen wir ab, dalli? . . .«

Der Saal war zu drei Vierteln leer. Der Kellner an der Anrichte. Die Kassiererin in ihrem Kabuff eingesperrt. Der Oberkellner schwatzte mit einem letzten Kunden, einem alten, hochdekorierten Herrn, der seine Serviette zusammenfaltete. Wir konnten uns aus dem Staub machen! Und Korzakow zwinkerte zur offenen Tür hinüber.

»Nein«, sagte ich zu ihm, »ich bleibe. Ich schreibe dir eine Nachricht auf. Du bringst sie in die Stadt. Wir werden schon sehen . . .«

Er lachte. Er hatte seinen Stuhl zurückgeschoben. Seine Zigarre steckte ihm schief im Mund. Er goß sich einige Gläschen alte Chartreuse hinter die Binde. Die grüne mochte er lieber als die gelbe. Er scherzte mit dem Kellner, der ein Praktikum in Paris gemacht hatte und der ihn nach Neuigkeiten aus ich weiß nicht mehr welcher Bar fragte, nachdem er ein Streichholz angezündet hatte.

»Da«, sagte ich zu Korzakow und hielt ihm den Brief

hin, den ich soeben versiegelt hatte. »Geh und bring ihn zur angegebenen Adresse. Es ist gleich um die Ecke, auf der anderen Seite des Bahnhofs, und sieh zu, daß du mir den Burschen oder das Moos mitbringst, gib ihm dieses kleine Büchlein...«

Ich holte den kleinen Villon-Band aus meiner Tasche. Der Kellner hatte sich entfernt. Ich beugte mich zu Korzakow:

»Das ist an die 2000 Francs wert. Gib nicht so an und beeil' dich.«

Korzakow sah mich erstaunt an. Er drehte und wendete den kleinen Villon in seinen riesigen Pfoten hin und her. Es war eine alte Ausgabe, *Lyon* 1532. Er schien nichts damit anfangen zu können.

»Los!« sagte ich zu ihm. »Stopf' das in deine Tasche und hau' ab...«

Er schnappte sich seinen alten Hut, stülpte ihn sich auf den Kopf und rannte blitzschnell hinaus.

»Das ist 'ne Nummer«, sagte der Kellner zu mir.

»Ja, das ist 'ne Nummer.«

»Wünscht der Herr etwas?« fragte mich der Kellner noch.

»Geben Sie mir noch eine Zigarre.«

Würde Korzakow wiederkommen oder würde ich den Tag im Gefängnis beschließen?

»Haben Sie nicht eine Zeitung?« fragte ich den Kellner.

Ich zündete meine Zigarre an.

Der Kellner brachte mir die Zeitungen.

Das nennt man Zechprellerei, was für ein hübsches Wort! Schreibt sich das mit einem oder mit zwei *l*? fragte ich mich und zog an meiner Zigarre.

Mir schien, als beobachtete mich der Kellner jetzt aus den Augenwinkeln. Ich vertiefte mich in die Zeitungen. Aber ich war nicht bei der Sache, und bald schob ich sie weg, um mich bequem an die Bank zu lehnen, an meiner Zigarre zu ziehen und blaue Rauchkringel vor mich hinzublasen.

Da erst bemerkte ich, als ich die Beine ausstreckte, daß meine Schuhe zerrissen und schmutzig waren, und mir wurde klar, was ich für einen schlechten Eindruck machte.

Aber mir war alles egal.

Ich hatte unbändige Lust auf ein Nickerchen.

Das feuchte Stroh der Kerker. Das war vielleicht besser als ein Baumwollballen oder ein Bett aus aufgeschlitzten Verpackungen in einer zugigen Lagerhalle.

Ich hatte wirklich Lust zu schlafen.

Diesen Leuten aus dem Hotel- und Gaststättengewerbe fehlt es an Einfühlungsvermögen: Einen Industrieritter mit falschen Juwelen an sämtlichen Fingern halten sie für einen echten Prinzen und einen Kartenspielkönig, der mit einem Satz kronengeprägter Koffer angibt, für einen Monarchen, der unerkannt bleiben will. Das liest man jeden Tag in der Zeitung. Aber mich? . . .

»Herr Ober!«
»Mein Herr!«
»Die Rechnung!«

Ich lache Tränen am Brunnen.

Es wurde spät.

In Belgien ist es ein bißchen wie in Rußland, man ißt ungefähr zu jeder Tageszeit; aber in Antwerpen hallen zwei Schüsse in den Restaurants, um elf Uhr, vor Öffnung der Getreidebörse um zwölf, und um fünf Uhr abends, wenn die Diamantenhändler mit ihrer Arbeit aufhören. Und da kamen sie nun, die Diamantenhändler . . .

. . . Aber ich bezahlte die Rechnung noch immer nicht, Korzakow war ja immer noch nicht zurück.

Ah! der Schuft!

Nicht alle Brillenputzer sind Spinozas; aber Mandaïeff, der, zu dem ich Korzakow geschickt hatte, war ein Vollblutintellektueller, der der Mathematik frönte und dessen Leidenschaft den Büchern galt.

Der Anteil an Intellektuellen in der Gilde der Diamantenhändler ist erstaunlich hoch. Unter Intellektuellen verstehe ich nicht die jungen Produkte, die frisch aus einer universitären Ausbildung kommen und die sich zum Ziel setzen, eine mehr oder weniger amtliche Karriere zu machen, sondern Leute vom Fach, Mitglieder einer großen Handwerkerfamilie, die, einer zwei oder drei Jahrhunderte alten Tradition folgend, zwar mit den Händen arbeiten, um ihr Überleben zu sichern, aber Logik, Dialektik, Rationalismus praktizieren: Weil sie das Bedürfnis haben, klar zu sehen und frei zu denken. Aus den berühmtesten Rabbinerschulen Polens und Südrußlands hervorgegangen, haben sie, durch vieles Spintisieren über Kommentare von Kommentaren (ist der *Talmud* etwas anderes?) den Glauben verloren. Sie halten die vorgeschriebenen Riten nicht mehr ein und sind seit Generationen Atheisten, seit den Edelsteinschleifern, die aus Spanien kamen, und den Goldschmieden aus Portugal, den ersten Bewohnern der Ghettos der Niederlande. Das sind die Antwerpener Diamantenhändler, oder doch wenigstens eine ganz kleine Gruppe, eigenwillig, Verächter des Heiligen Geistes und der Mystik, Kritiker der reinen Vernunft. Es ist aber eine sehr geschlossene Gesellschaft. Alle gehören jüdischen Familien an.

Diamantenhändler ist vielleicht zu viel gesagt. In Antwerpen sind sie nur in Ausnahmefällen Steinschleifer. Da die Diamantenschleiferei eher in Amsterdam ausgeübt wird, schleifen die Antwerpener eher farbige Steine, Rubine und Smaragde. Und als Kunde brachte ich ihnen Beutel voll Edelsteine zur Umarbeitung – vor allem alte schräg geschliffene Smaragde aus China mit zu großem Durchmesser, aus der Beute, die eine internationale Armee im Jahre 1900 in der verbotenen Stadt, in Peking, gemacht hatte, und die Mandaïeff mir nach englischem Geschmack zurechtschliff und auf marktübliche Maße reduzierte. Dadurch hatte ich einige Jahre zuvor Zugang zu diesem sehr eigenen Milieu gefunden, in dem der Wohlstand alt ist, die Interieurs stattlich, voller schöner Dinge, Orientteppiche, Möbel, Silber und Gemälde, wo die Arbeit im Familienkreis getan wird, und wo überall in den Werkstätten Bücher auf den Arbeitstischen herumliegen.

Bücher...

Mandaïeff war ein scharfsinniger und skeptischer Geist. Wenn ich wegen meiner Schmuckgeschäfte nach Antwerpen kam, ging ich bei ihm ein und aus. Es war der angesehenste Handwerker am Platze; aber er war tuberkulosekrank und arbeitete sehr unregelmäßig. Er stammte von der Krim. Er war gebrechlich und empfindlich und von ganz kleinem Wuchs. Er lebte in Antwerpen mit seiner Schwester, einer Perlenheilerin, oder eher -prüferin, mit wunderbarem Fingerspitzengefühl und ebensolchem Griff, berühmt in allen Werkstätten, und man schickte ihr haufenweise kranke oder schadhafte Perlen aus Paris, aus London und aus New York. Sie konnte angenehm davon leben. Es war eine zarte Jüdin mit milchigem Teint, kränklich und fiebrig. Sie hieß Sephira. Sie war zwanzig. Wie ihr Bruder war sie klein, schmächtig und empfindlich, und wie ihr Bruder las sie gern. Wir lasen oft zusammen Dichter der höfischen Liebe, aber oft ließen wir es dabei, um uns mit Doktorspielchen zu vergnügen. Und deswegen habe ich, als mir der Gedanke kam, ihren Bruder anzupumpen, oder ihm meinen kleinen Villon zu verkaufen, oder ihm dieses als Pfand zu geben, Korzakow, einen Landsmann geschickt, meinen Brief zu überbringen, Korzakow, der immer noch nicht wiederkam ... Ich hatte sie bestimmt drei, vier Jahre nicht gesehen. Vielleicht war Mandaïeff gestorben und Sephira hatte geheiratet? [...]

Ich hatte eine Flasche Sandeman-Portwein geleert. Das Restaurant hatte sich gefüllt. Der Spaß hatte lange genug gedauert. Auf gut Glück hatte ich vier neue Gedecke an meinem Tisch auflegen lassen. Meine Lage war ekelhaft. Und nun hatte ich mir eine Flasche Whisky bringen lassen, und der Pegel sank zusehends, als plötzlich Sephira da war, vor mir, aufgeregt, zitternd, und schmächtiger und gebrechlicher denn je in ihren Pelzen, zwei Silberfüchsen, die ihren Hals bloßlegten, um ihr besser die fröstelnden Schultern auffressen zu können; und ohne mir die Hand zu reichen, aber bis zu den Ohren errötend, sagte sie mir:

»Seit einer Viertelstunde belauere ich Sie von der Straße aus, ist Grischa denn noch nicht gekommen?«

»Grischa? Nein ... Wer ist denn Grischa?« sagte ich wie im Traum und stand mühsam auf, um sie zu begrüßen und ihr meinen Platz auf der Sitzbank zu überlassen.

»Grischa? ...«, sagte sie und nahm meinen warmen Platz ein, auf dem ich den halben Tag gebrütet hatte. »Grischa, na, das ist mein Verlobter! ...«

»Meine herzlichsten Glückwünsche«, brachte ich hervor und verbeugte mich, um ihr die Hand zu küssen.

Mit beiden Händen umklammerte sie ihre Börse, als ob die Börse, von beträchtlichem Umfang, ein Vermögen enthalten hätte, zum Beispiel ein Paket Schmuck, kranke Perlen, einen Posten zum Prüfen.

»Und die Arbeit? Sind Sie immer noch zufrieden?« fragte ich, um den Anschein zu erwecken, etwas zu sagen.

Ich war übler Laune. Langsam bestätigte sich das Vertrauen des Kellners. Und schon brachte er ein Glas!

»... Wir arbeiten schon etliche Monate nicht mehr ... Mein Bruder kann nicht ... Er liegt im Sterben ... Und ich bin nicht mit dem Herzen bei der Arbeit...«, antwortete mir Sephira zerstreut.

Es war offensichtlich. Es lief nicht recht. Sie mußte am Ende sein.

Sie war ungeduldig. Sie war beunruhigt. Sie vermied es, mich anzusehen. Sie beugte sich nach rechts, nach links, als ob sie etwas unter den Tischen gesucht hätte oder jemanden, der sich hinten im Raum verirrt hatte. Sie sah nervös auf die Uhr, mal auf das Glockenspiel des Restaurants, mal auf eine winzige Armbanduhr, einen kugelförmig geschliffenen Brillanten, den sie unter dem Handgelenk trug, am Puls, und der mit einem Elefantenhaar befestigt war.

»Und Grischa?« fragte sie. »Ist er wirklich nicht gekommen?...«

»Aber ich kenne Grischa nicht, Sephira.«

»Lügen Sie nicht, Herr Cendrars. Das ist Ihr Freund... der, der mir dieses Büchlein gebracht hat, vorhin, zu Hause... Er hat eine schöne Stimme... Was macht er denn so?...«

Und sie zog es aus ihrer Platinbörse und warf das Buch auf den Tisch. Und sie gab mir meinen kleinen Villon zurück.

Verfluchter Korzakow! Ich wußte nicht einmal, daß er einen Vornamen hatte, einen richtigen.

Untereinander, das heißt in der Rue Cujas, nannten ihn seine Kumpel, die Zinker, Paul, den großen Paul.

Gerade wollte ich Sephira mit einer indiskreten Frage über ihr Verlöbnis antworten, als ich Korzakow hereinkommen sah.

Der Lump war neu eingekleidet.

Ah! Das Schwein!

Also sagte ich nichts.

Wir aßen alle drei schweigend zu Abend, und Korzakow beglich die Rechnungen.

Es war absurd, der Kellner des Restaurants trug den Sieg davon!

Es war nach Mitternacht.

Wir machten eine Kneipentour.

Ich sagte immer noch nichts.

Daraufhin gingen die Verlobten, verlegen, und weil sie sich auch nichts Besonderes zu sagen hatten, tanzen.

Wir klapperten alle Tanzlokale von Antwerpen ab. Bestens. Korzakow bezahlte überall. Ich lachte schallend...

Bei Tagesanbruch nahmen wir ein Taxi, um Sephira nach Hause zu begleiten. Wir gingen ein paar Minuten mit hinauf. Im Zimmer des Bruders wollte ich nachsehen, wie es Mandaïeff ging. Er lag da. Er röchelte zwischen seinen Büchern und Sauerstoffflaschen in einem kleinen Raum, sein kahler Kopf war übernatürlich erleuchtet von einer jener Wasserkugeln, wie sie die Diamantenhändler vor eine Lichtquelle halten, um die Helligkeit zu brechen und auf einen einzigen Punkt zu konzentrieren. Er hielt ein Buch in der Hand. Ich weiß nicht mehr welches. Ich hatte ihm nichts Besonderes zu sagen. Er seinerseits war bereits dem Tode zugewandt.

... Und wir gingen weg durch die verlassenen Straßen, und Korzakow zerrte mich zu *Julia*, wo er, wie er seit dem Abend unserer Ankunft in Antwerpen ständig behauptet hatte, eine Eroberung gemacht hatte.

»Was wir alles gefressen haben, heute!« sagte er, als wir ins Bordell gingen.

»Ich genehmige mir Rij.«

Wir lichteten den Anker erst um Mitternacht. Ich hatte Zeit, ich hatte Zeit, mit jener fetten Nutte Rij einen trinken zu gehen, die mir bei *Julia* im November unter der Hand ein Zimmer besorgt hatte, als dieser Halunke Korzakow verschwunden und ohne Vorwarnung durchgebrannt war, und mich vollkommen abgebrannt in der Klemme sitzengelassen hatte.

Wir waren zum dritten, vierten Mal in Antwerpen vor Anker gegangen. Ich war es, der die Emigranten von Libau nach New York begleitete und ihnen als Dolmetscher diente. Die *Volturno* war ein alter schwarzer, mennigebeschmierter Kahn, der die ärmsten Emigranten Europas aus Lettland holte, um sie nach New York zu befördern. Im Austausch dagegen nahm er am *Pier* von Brooklyn oder Hoboken eine volle Ladung amerikanischer Rinder für Europa an Bord, mickerige Viecher, zu denen man eine Handvoll Unglücksraben gesellte, die sich während der Überfahrt um das Vieh kümmern und den Mist aus den Ställen entfernen mußten. Es waren alles von der amerikanischen Polizei als unerwünscht Abgewiesene, die uns die Behörden von Ellis Island, dieser Hölle der Elenden in New York Gestrandeter, mit Schiffen an Bord brachten, wenn wir ablegten.

Ich hätte gern das Affenhirn kennengelernt, das sich dieses Austauschsystem von europäischen Emigranten gegen amerikanische Rinder ausgedacht hatte, kräftige Männer, beherzte Arbeitskräfte gegen einen Haufen Tuberkulosekranker, Syphilitiker, Habenichtse, Prostituierter, Diebe, Verbrecher, Opfer von Arbeitsunfällen, die die Stahlhütten von Pittsburgh und Bethlehem reihenweise lieferten, und oft fragte ich mich, was die Kapitalisten der *Uranium Steamship Co* wohl in einen derartigen Handel investiert haben mochten, und wie hoch ihre Dividenden waren? Machte sich das wirklich »bezahlt«? Ich konnte es nicht recht glauben. Aber es gibt so viel geheimnisvollen Handel auf See! Kurz und gut, wir luden das Ganze in Antwerpen aus. Die Rinder waren dazu bestimmt, in Dosen abgefüllt zu werden, für die Verpflegung der im

Aufbau begriffenen Armeen, und diejenigen unter den Unerwünschten, die noch drei Groschen bei sich hatten, entgingen der Polizeikontrolle durch Fluchthelfer, und sie schätzten sich glücklich; was die anderen betrifft..., die anderen, Männer, Frauen, Kinder, wie dem auch sei, es war Abfall.

Nichts ist trübseliger, bei Nacht, als die Kais von Antwerpen im Regen...

Und nun brannten die Laternen... Die hohen Zahlen... Die 18... Ich gehe hinein.

Die alte Rij! Außer ihr kenne ich niemanden mehr bei *Julia*. Innerhalb weniger Monate ist das gesamte Personal ausgewechselt worden; denn die Huren ziehen ohne rechten Grund um und gehen ins Kloster gegenüber. Die gute Äbtissin, die ist immer noch da!

»Na nu, du bist's, Kleiner!... Und was treibst du so?... Weißt du, es wundert mich überhaupt nicht, daß du heute auftauchst. Gerade letzte Woche hatte ich Besuch... Kannst du dir nicht denken, wer?... Wir haben von dir gesprochen... Na, dein dicker Kumpel, na hör mal, Herr Grischa, der Russe, der im November verschwunden war, und von dem wir uns gefragt haben, was aus ihm geworden ist?... Stell' dir vor, er hat geheiratet. Sie haben sich in Lüttich niedergelassen. Seine Frau hat einen Schmuckladen, und er, er hat eine Werkstatt gekauft, eine Fabrik, ein Labor, ich weiß nicht was, jedenfalls ist er gelehrt und stellt Toilettenpapier her. Angeblich ist er dabei, reich zu werden... Ah! den hättest du sehen sollen, in Schale, mit einem schönen Auto vor der Tür, und nicht hochnäsig... Na, du kennst ihn ja... Weißt du, er hat mir nichts vorgemacht, das ist nicht seine Art, aber ich habe ihm all meine Ersparnisse anvertraut... Glaubst du, daß ich es nicht richtig gemacht habe, sag mal?«

Köln–Antwerpen

Ankunft in Antwerpen. Was dem aus Mitteleuropa Zugereisten gleich auffällt – er trifft ziemlich spät abends ein, so daß die Schlußlichter der zumeist amerikanischen Autos wie wohlwollend blitzende Augen leuchten – das ist der offenbare Reichtum dieser Stadt. Er dachte sie sich nicht so lebendig, nicht so elegant, nicht so verschwenderisch von Lichtreklamen erleuchtet, denn irgend etwas von der »Festung Antwerpen« des Ersten Weltkriegs war undeutlich in seinem Gedächtnis hängen geblieben, so daß er sich ein graues, abweisendes Stadtbild vorgestellt hat, etwas regnerisch Düsteres, wo zwischen Festungskuppeln und Hafenschuppen einsilbige Menschen ihrem Tagewerk nachgehen. Aber einsilbig sind sie gar nicht, die großen, meist schweren Männer, die üppigen und nach zeitgenössisch-deutschen Begriffen überreich mit Make-up zurechtgemachten Frauen, die der Fremde – oder sollen wir ihn, den gestern Entwichenen, fürderhin den Eindringling nennen? – über die vom Bahnhof hafenwärts führende Hauptstraße »Keyserlei« gehen sieht, die in den Cafés duftende, aus Butter herausgebackene warme Waffeln essen, so daß einem Hungerleider das Wasser im Munde zusammenläuft. Breughel. Man wasche den Weibern die Schminke aus den Gesichtern, ziehe den Männern Bauernkittel an, sie werden aussehen wie das Volk, das der Meister gemalt hat. Sie machen Handelsgeschäfte aller Art trotz der Krise, in der die industrielle Welt seit 1929 steckt. Es ist ihnen, wenn man ihren schmatzenden Mündern und in Fett gepolsterten, gutmütig-stumpfen Augen glauben darf, wohl in ihrer Haut. Und in ihrer Stadt, die sie die »Metropole« nennen und von der sie alle wissen, daß sie zur Zeit von Karl V.

Europas mächtigste Handelsstadt war, mächtiger nach Silber, Gold, Häuserprunk als London oder Paris. Um wieviel intensiver doch hier das Leben pulsiert, denkt der Ungast, als in Köln, das eben erst verlassen wurde, als gar in Wien, das mehr und mehr im Nebel verblassender Erinnerung versinkt. Daß nicht alle Antwerpener sonntäglich völlern wie beim Bauern-Breughel, daß nicht alle zufrieden sind mit Stadt, Land und Staat, der Fremdling wird es bald erfahren. Noch steht freilich zwischen ihm und den 600000 Stadteinwohnern die Sprache. Eine Anti-Sprache, wie er zunächst zu meinen geneigt ist, denn was da gurgelt, röchelt, die RRRRs rollt und nur gelegentlich in langgezogenen Lauten zwischen A und O sich vokalisch erlöst – das ist doch keine Sprache! Auch daran wird man sich gewöhnen, wie an so vieles, was man nicht glaubte erfahren zu können. Der Fremde erlernt die Sprache, ziemlich mühelos sogar, durch bloßes Zuhören und Zeitunglesen, wiewohl das letztere ihn oft vor schier endlose Rätsel zu stellen scheint. Er liest von »taalwetten« und stellt sich geraume Zeit hindurch so etwas wie wettwerbenden Langschilauf in Bergtälern vor. Er geht ganz fehl damit. Taalwetten, das sind die Sprachgesetze: taal = Sprache, de wet = das Gesetz. Dergleichen klärt sich schnell auf, auch die überraschende Tatsache, daß an manchen Häusern »te huur« steht, was aber nichts zu tun hat mit dem dubiosen Gewerbe, vielmehr als »te hüür« ausgesprochen wird und einfach meint, hier sei etwas zu vermieten. To hire, heuern, das fällt einem bald ein und der Ruch von Lasterhaftigkeit verschwindet von den Häusern mit den einladenden Affichen. Bald ist das Niederländische so halbwegs gemeistert, verliert damit auch alles Ächzende, denn was man selber redet, ist niemals unschön.

Der Ungewünschte, denn »ongewenst« liest er täglich in der Zeitung, wenn von seinesgleichen die Rede ist, muß nach bleibender Bleibe suchen. Versehen mit den paar Franken und Cents, welche die unermüdlich fürsorgliche Antwerpener Judengemeinde den Flüchtlingen zur Verfügung stellt, wandert er stadtauf, stadtab in immer mehr herabkommendem Schuhwerk auf der Suche nach einem Zimmer, das »te huur« und zugleich erschwinglich ist. Er hat so manchen Schicksalsgenossen in Antwerpen, der ihm Rat erteilen möchte. Aber alle verweisen sie ihn immer wieder auf das jüdische Viertel, »de joodse wijk«. Gerade dort will er nicht hin. Er weiß nun schon manches über die Antwerpener Verhältnisse, hat vernommen, daß es sehr viele sehr reiche Diamantenhändler gibt, die in vornehmen neuen Buildings am Stadtrand wohnen. Sie sind selber der »joodsen wijk« entronnen, denn es scheint, daß der soziale Aufstieg einhergeht mit einer zumindest oberflächlichen Ablösung der Menschen von ihrem fatalen Herkunftsgeschick. An sie, eben die Herren und wohlbekleideten, oft schicken und zumeist französisch parlierenden Damen, die allerwegen ihr Eintrittsbillet in die europäische Kultur sich zwar nicht durch Taufe, wohl aber mittels des Diamantengeldes ihrer Ehemänner verschafft haben, kommt der Eindringling ohnedies nicht heran. Sie kommen auf für sein Existenzminimum aufgrund einer Verpflichtung, die sie der Regierung des Königreiches gegenüber eingingen. Aber sie wollen begreiflicherweise von den wenig schluckenden Schluckern gleichen ethnischen Ursprungs, gleicher Physiognomie, aber ganz ungleichen nationalen Hintergrundes so wenig wie möglich wissen. Wer ihnen trotzdem einmal vors Gesicht kommt, der kriegt allenfalls zu hören: So, da seid ihr in Sicherheit, Gott sei gelobt. Aber warum habt ihr eigentlich gegen diesen Hitler keine Revolution gemacht? Dort also führt kein Weg hin. Und die alte »joodse wijk«, wo die armen Juden, Diamantenschleifer, kleine Händler, auch Industriearbeiter, hausen, die meidet der Fremde mit dem Instinkt dessen, der genau weiß, daß das Ungewohnte erst dann wirklich zum Anstoß wird, wenn es sich ballt. Te hüür also anderswo. Und ganz natürlich führt der Weg hinunter in jene dem Hafen nahegelegene Stadtregion, wo in überfüllten, Hotels sich nennenden Herbergen für billiges Geld Zimmer zu mieten sind. Dort findet er für so rund einundeinhalb Jahre Obdach. Die Wirtsstätte, in der er sich einnistet, hat wenig Ehrbares. Die Existenzen seiner Türnachbarn scheinen nicht reputierlich zu sein. Einer ist da, der geht allmorgendlich mit einem kleinen Köfferchen aus dem Hause, Kämme, billige Kosmetika und allerhand Tand zu verkaufen. Eine stets im Schlafrock durch die Korridore huschende Person geht offensichtlich dem Hurengewerbe nach. Der Unerwünschte, den Behörden ebenso verdächtig wie das Mädchen, wird bald die Bekanntschaft der schwerbusigen Dame machen, die sich als ganz umgänglich und hilfsbereit erweist. Sie ist aus Liège, das auf deutsch Lüttich und auf flämisch Luik heißt, spricht nur Französisch, haßt die flämischen Antwerpener, die doch nun einmal ihre Kunden sind. Das sind keine wahren Belgier, sagt sie. Die liebäugeln alle schon mit den Deutschen, sie werden uns verraten. Der Zugereiste will das nicht so recht glauben. Hat nicht erst gestern ein flämischer Arbeiter ihm versichert, Hitler sei ein »smeerlap«, ein Saukerl? Er versteht sich recht gut mit den Flamen, nachdem er so halbwegs ihre Sprache erlernt hat. Es macht ihm auch nichts aus, daß sie im Zustande erhöhter Stimmung dann und wann flämisch-nationalistische Lieder singen, wie »Vliegt de Blauwvoet«, das ein deutscher NS-Dichter namens Otto Brues seinem Roman »Fliegt der Blaufuß?« zum Titel gab. Er weiß: hier herrscht Demokratie. In dieser Stadt amtiert ein sozialistischer Bürgermeister, und einer der populärsten Politiker des Landes ist ein anderer Sozialist namens Paul-Henri Spaak. Es wird noch eine gute Weile währen, bis man die Fassade der belgischen Formaldemokratie durchschaut und hinter ihr den tödlichen Kampf zweier Volksgruppen entdeckt. Vorläufig versucht man, die Stadt zu entdecken. Nicht auf touristische oder kulturtouristische Weise! Die schöne spätgotische Liebfrauen-Kathedrale, an der man täglich vorübergeht, wird nicht aufgesucht, auch an jenen Tagen nicht, an denen in ihr die Rubens-Gemälde den Blicken der Kunstbeflissenen offen liegen. Für Besuche der flämischen Oper, des flämischen Schauspielhauses – man spielt dort häufig Lessings »Nathan der Weise« –, ist ohnehin kein Geld da. Es ist hauptsächlich das Hafenviertel, wo der Fremde sich herumtreibt. Namentlich die Hurenhäuser, gleich hinter dem »Groote Markt« und seinem schönen Renaissance-Rathaus gelegen, interessieren ihn. Er hat dergleichen noch nirgendwo gesehen: Glastüren, als ginge es in kleine Läden und hinter ihnen bescheidene, aber sauber gehaltene Zimmer, mit breiten Betten, gestickten Tischdecken, Kunstblumensträußen. Es sind Schaufenster und die zur Schau gestellten Waren sind Frauen zwischen siebzehn und fünfzig, in tiefdekolletierten Kleidern, die Gesichter maskenhaft beschmiert. Sie lächeln ein ewiges starres Lächeln, wenn draußen ein möglicher Kunde vorbeigeht. Manchmal winken sie oder machen gar mit dem Zeigefinger Lockbewegungen wie die Hexe in Hänsel und Gretel. Man wird nicht müde, ihrer mysteriösen Daseinsweise nachzugrübeln. Vor allem: man fühlt sich ihnen verwandt. Wenige Schritte von dem dunklen Gassengewirr, in dem sie ihre Quartiere aufgeschlagen haben, steht das Rathaus und in ihm befindet sich die höchste Polizeibehörde der Stadt. Der ungebetene Gast weiß genau, daß man dort auf ihn das gleiche kalte Fischauge hat wie auf die Mädchen. Er ahnt nicht, um wieviel günstiger übers Jahr die Lage der armen Huren sein wird als seine eigene. Sie werden dann Kunden finden, die kurze, schwarze Stiefel tragen, Knobelbecher, wie man sie nennt. Er aber wird. Was? Wir werden sehen. Es kommt die Zeit, auch davon zu sprechen. Vorläufig geht er in leidlich ausgewogenem Weltvertrauen durch die Gassen, hinunter an den Quai, woselbst die Heilsarmee an jedermann ganz wohlfeile Mahlzeiten ausgibt, Paardenbeefsteak, Pferdebeefsteak, ist besonders beliebt. Am Nachmittag wird er vielleicht durch schmale Straßen, vorbei an schönen Giebelhäusern den Weg zur Stadtbibliothek suchen, die eine reiche deutschsprachige Abteilung hat und wo man ein immer wieder unterbrochenes Studium auf eigene Faust, die immer noch die beste ist, fortsetzen kann. Die Bibliothekare sind dienstfertig und gebildet. Ihnen ist der manierliche Ausländer ein Leser wie irgendeiner. Bereitwillig schleppen sie die Josephs-Romane von Thomas Mann herbei oder einen ganzen Jahrgang der Zeitschrift »Maß und Wert« oder den Wälzer »Der logische Aufbau der Welt« von Rudolf Carnap. Dann und wann wagt man sich schon an Niederländisches, die Schriften Felix Timmermans und Ernest Claes' zum Beispiel, in denen das flämische Bauerntum nicht ohne bösartige, aber von dem eben erst die Konturen der Landesszenerie halb und halb erkennenden Leser noch nicht durchschaute Hintergedanken dem Schmutz und einer vorgeblichen Verlotterung der wallonischen Industriegebiete entgegengehalten werden. Manchmal, in einer Zigarettenpause, die der Fremde sich vor dem idyllischen kleinen Bibliotheksgebäude in der feuchten Nordseeluft gönnt, kommt es zu Gesprächen mit anderen, einheimischen Bibliotheksbesuchern, Studenten und Intellektuellen. Da kann er hören, daß Flandern endlich im Begriffe sei, zu erwachen und sich einen Platz an der Sonne dieses Staatswesens zu erobern. Es sei übrigens ein miserabler Staat, dieses Belgien. Während eines Jahrhunderts habe es die Flamen unterdrückt und sie ins Joch einer wildfremden

Kultur, einer verhaßten Sprache gezwungen. Die Französisch-Sprachigen, Wallonen und Brüsseler, blickten nur nach Paris, betrachteten das Niederländische als Küchensprache und die Flamen allesamt als dumme Bauern. Und – würde man es für möglich halten? – selbst in Antwerpen, der Metropole, gebe es volksverräterische Leute, Flamen, die nur französisch sprechen, eine ehrvergessene Bourgeoisie! Mit der werde man abrechnen. Bald. Wenn es je zum Kriege käme, Frankreich würde ihn gegen das neue Deutschland verlieren. Und verlieren würden die französischsprachigen Bürger ihre Vormachtstellungen im Staate. Dem Gast wird unheimlich. Er fühlt sich plötzlich unerwünschter denn je, wagt keine Gegenrede, schweigt verlegen. Das neue Deutschland, mein Gott! Da wäre doch diesen Leuten so manche Aufklärung zu erteilen. Wer aber geduldet ist, wer von Vierteljahr zu Vierteljahr sich sein Aufenthaltspapier holen muß, nicht ohne jedesmal zu bangen, ob man ihm den windigen Zettel auch wirklich aushändigen wird, macht sich hier nicht weiter wichtig. Er flüchtet wieder hinauf in den wohlgeheizten Bibliotheksraum, der unendlich viel freundlicher ist als das öde Zimmer im zweifelhaften Hotel. Er sucht Unterkunft bei Thomas Mann, was ihm aber auf beklagenswerte Weise mißlingt. Ja, er verspürt sogar Neid und Ressentiment gegen den geliebten Dichter. Du hattest gut und schön schreiben dort droben in Küsnacht-Zürich, eingepackt in Ruhm, Geld und das Bewußtsein deiner Unvergleichlichkeit. Komme gefälligst hierher und höre dir das widerliche Geschwätz der Dummköpfe an, die nicht wissen, was sie reden, denen aber darum nie verziehen werden soll. Ah, du magst nicht? Du schreibst feine Bücher in feinen Worten an feine Leute? Gute Nacht. Eiligen Schrittes geht der Eindringling dem Haus zu, darin er wohnt, einem hohen, grauschwarzen Bau, in dessen Erdgeschoß sich eine Taverne befindet. Er sucht die Hure Denise und lädt sie zu einem Glas Bier ein, das kann er sich noch leisten. Denise aus Liège, die schlumpichte, schwerbrüstige, aber nicht reizlose Person, von der er wenigstens hören wird, daß, wenn es zum Kriege käme, die letzte Stunde des Boche geschlagen habe. Frankreich. Die Maginot-Linie. An ihr mögen sich Widerlinge aus dem östlichen Nachbarland ihre dummen Schädel einrennen. Auch La Belgique sei gut gerüstet. La Belgique: für Denise ist das eine Heimat, ein verteidigenswerter Staat, verbündet mit den unbesiegbaren Großmächten Frankreich und England. Die Neutralitäts-erklärung, die König Leopold III. abgegeben habe, gelte nicht im Ernstfalle. Sie, Denise, wisse das von einem ihrer besten Kunden, einem Offizier. Der Gast ist so erhoben und erwärmt vom nazifeindlichen belgischen Patriotismus der Dame, daß er Gebrauch macht von einem längst von ihr vorgebrachten Angebot. Sie hat Verständnis für die Lage eines Flüchtlings. War nicht ihr Vater im Ersten Weltkrieg selber auf der Flucht gewesen vor dem deutschen Eroberer? Denises Körper ist weich und warm und sehr mütterlich. Ein heimatlicher Körper. In seiner Fülle ist man wohlge-borgen und denkt nicht mehr an Antwerpen. Wenn es aber zum Kriege kommt, sagt Denise danach, dann . . .

Und dann kam er, der Krieg, »de oorlog«, la guerre. Und entgegen den Versicherungen der guten Denise hielt Belgien an seiner Neutralität fest. »Von jetzt an wird zu-rückgeschossen«, bellte der Wolf, man vernahm seine Stimme im Hinterzimmer der Taverne »Gounod«, Kelder-straat 8, Antwerpen. Sind Sie bereit zu kämpfen? fragte herausfordernd ein junger flämischer Geschäftsmann den Fremden. Niemand ist bereiter als er, der von Komitee zu Komitee läuft, um sich freiwillig zu melden. Aber Bel-gien ist neutral. Es wird wenig Notiz genommen von seiner fiebrigen Kriegsbereitschaft, seinem dringenden

Verlangen, endlich Mann gegen Mann mit der Waffe in der Hand einem Feind gegenüberzutreten, der ihm bislang nur Jäger gewesen war. Kleinwildjäger, Judenjäger. Die jungen Männer Belgiens werden mobilisiert, ziehen mit den verschlafenen Mienen von Leuten, die diese Sache nichts angeht und die Angst haben, in recht armseligen Khaki-Uniformen an die Ostgrenzen, den Albert-Kanal. Der Gast beneidet sie. Er selbst ist darauf gestellt, sich einen Film anzusehen, den man in einem großen Kino an der Keyserlei vorführt: »Sind wir gut gerüstet?« – eine vom Heeresministerium hergestellte Propaganda-Schau. Da sieht schwarzweiß und zweidimensional alles recht stattlich aus: die Kanonenrohre wie die aus dem Potemkin, die Festungskuppeln, die ausgesucht martialischen Infanteristen, die Bunker und Flugzeuge. Sind wir gut gerüstet? Die Antwerpener, die nun dem Unerwünschten mit doppelter Reserve gegenübertreten, da er ja einerseits ein Flüchtling und für sie also eine Art von Deserteur ist, andererseits die Sprache spricht des Landes, gegen das sie das ihre schützen sollen, sind von der Schlagkraft ihrer Armee weit weniger überzeugt. Sie hoffen, daß dieser Kelch an ihnen vorübergehen werde, daß Hitler Belgien nicht nötig habe, daß sie bald ihr Khaki mit Zivil vertauschen dürfen. Alltäglich kauft der Unerwünschte bei einem alten Manne, der nächst dem Bahnhof unter dem Viadukt seinen Standplatz hat, die sozialistische »Volksgazet«. Der Alte sagt gewohnheitsmäßig wie zu jedem anderen Kunden auch: Danke, Genosse. Dem Fremdling wurde immer warm ums Herz dabei. Jetzt aber wird der runzelige Mann gesprächig. Oorlog, sagt er, Genosse, Krieg! Aber diesmal werden wir Arbeiter nicht mittun; mögen die da droben sich selber die Köpfe einschlagen. So, so, denkt der Flüchtling. Die vox populi. Der alte Sozialist hat keine Lust, seinen Sohn gegen Hitler marschieren zu lassen.

Die reichen jüdischen Handelsherren in ihren vornehmen, in repräsentativen Ausfallstraßen gelegenen Appartementhäusern beeilen sich, ihre Vermögenswerte ins Ausland zu bringen und bereiten ihre Übersiedlung nach den USA oder Südafrika vor. Die armen Juden der »joodsen wijk« reden von Militäreinberufung, soferne sie schon belgische Staatsbürger sind, oder von Flucht, wenn sie polnische, ungarische, rumänische Pässe haben. Nach Kreuzzugsstimmung sieht das alles nicht aus. Gelegentlich gehen abends die Lichter aus: man übt Verdunkelung. Die flämischen Zeitungen berichten von einer Art Gespensterkrieg an der Maginotlinie, die unbesiegbare französische Armee habe Schweine durch die Minenfelder von Forbach getrieben, um die Minen zur Explosion zu bringen, ehe die große französische Offensive beginne. Polen ist längst gefallen. Der gescheite und zierliche Generalstabchef Frankreichs, Generalissimus Gamelin, hat seine Lektionen aus dem deutschen Blitzsieg gegen Polen gezogen. Die tapfere Reiterei der Polen konnte nicht aufkommen gegen die deutschen Tanks. Frankreich ist nicht so dumm, Kavallerieregimenter hinmähen zu lassen. Es wartet. Es fühlt sich sicher. Mögen die Deutschen im eigenen Safte schmoren, schon haben sie ja nichts mehr zu essen, versichert dem Flüchtling ein französischsprachiger Antwerpener, der täglich den Pariser »Temps« liest. Aber drunten im Hafen, nächst dem alten Festungsgemäuer »Steen«, sagt ein älterer Gewerkschaftler: Ich kenne unsere Armee, sie ist tapfer, aber sie hat kein entsprechendes Material. Nichts ist da, was wir Hitler entgegensetzen können. Wenn nur England und Frankreich so klug wären, sich mit diesem Manne zu verständigen, bevor die Stunde schlägt. Mit diesem Hitler wird es sich schließlich auch leben lassen.

Der Fremde steht auf einer kleinen, wie eine abgebrochene Brücke aussehenden Landzunge, die in die Schelde ragt und blickt lange und in wachsender Verzweiflung ins schmutziggrüne Wasser. Sind wir gut gerüstet? Er dreht sich um, geht stadteinwärts, tritt aus purer Verstörtheit in die Kathedrale ein, verläßt sie aber gleich wieder und sucht vor dem eisig wehenden Nordseewind Schutz in einem Café am Platz »Meir«, dem Hauptplatz der Innenstadt. Nimmt Zeitungen zur Hand. Es scheint nichts geworden zu sein aus dem Schweinetreiben bei Forbach. Der General Gamelin hat Weile, er, der Fremde, hat Eile. Nur weiß er nichts zu beginnen mit seiner blinden Hast, wandert geschwinden Schritts, als ginge auch er Geschäften nach wie die Stadtbewohner, hinauf zum Bahnhof, starrt auch die Züge an. Viele gehen direkt nach Brüssel. Dort war er auch noch nicht, man hat ihn gewarnt, das Pflaster der Hauptstadt sei heiß für seinesgleichen, Flüchtlinge würden häufig abgefangen und in Lager gebracht. Er kauft am Zeitungskiosk das Emigrantenblatt »Pariser Tageszeitung«, um sich doch etwas Gutes zu tun, liest, es herrsche in Deutschland bereits allgemeine Demoralisierung, vor allem in der Arbeiterschaft. Dann tritt er aus dem Bahnhofsgewölbe hinaus auf den Astrid-Platz, wo in einem der Kinos gerade ein Film mit der schönen Viviane Romance läuft. Er zählt sein Geld. Es wird ausreichen für ein Billet. Bald umfängt ihn eine Welt von Schönheit, Männlichkeit, Leidenschaft.

Wenige Monate danach, am 10. Mai 1940, greift Deutschland über seine Westgrenze an, und Belgien wird in drei Wochen geschlagen sein.

VICTOR HUGO
Brief aus Lier

Antwerpen, den 22. August, 4 Uhr abends
Lier, wo ich meinen letzten Brief beendete, ist eine recht
hübsche Stadt. Ich habe den Glockenturm des Rathauses
gezeichnet, er ist bezaubernd. Von Lier nach Turnhout
verändert die Landschaft ihr Gesicht; hier ist nicht mehr das
saftige grüne Flandern, sondern eine Sandbank, ein stau-
biger und mühsamer Weg, dürres Gras, Kiefernwälder,
Gruppen kleiner Eichen, Heidekraut, hier und da Wasser-
pfützen, alles ziemlich verwildert und rauh, eine Art So-
logne. Ich fuhr vier Meilen durch diese Einöde und sah
nichts weiter als einen pflügenden Trappisten, armseliger
Ackermann auf einem armseligen Feld. Im übrigen bot jene
zwei Rinder antreibende Kutte mit schwarzem Skapulier
einen erbaulichen Anblick. Die Einsamkeit war so groß,
daß Drosseln und Lerchen zutraulich über die Straße hüpf-
ten.

Eine niedliche Bachstelze folgte dem Wagen eine Viertelstunde lang, sie hüpfte von Baum zu Baum, lebhaft und
fröhlich, hielt von Zeit zu Zeit inne, um am Fuße irgendeiner jungen Eiche eine Fliege aufzupicken. Ich konnte den
Blick lange nicht von jenem jungen Trappisten abwenden.
Das unendliche und dürre Ödland glich einer Ebene im
alten Kastilien; die rötliche und von der Sonne verbrannte
Erde bildete hier und da am Horizont jene kleinen schrof-
fen Zackenlinien, die aussehen wie Treppenstufen. Kein
Glockenturm in der Ferne, kaum ein Baum. Ein paar abge-
storbene Eichen säumten den Weg an dieser Stelle. Unter-
stützt wurde der Mönch von einem Bauern, den er mit
feierlichen und spärlichen Bewegungen anleitete, ohne auf
uns Vorüberziehende zu achten. Von Zeit zu Zeit wandte er

sich um, und seine nüchterne und heitere Gestalt zeichnete sich in Licht und Schatten vor der untergehenden Sonne scharf ab. Ich weiß nicht, ob jener Mann dachte, ich weiß jedoch, daß er zum Denken anregte.

Einige Meilen von dort entfernt, vorbei an ich weiß nicht welchem Marktflecken und nun zurück im schönen Flandern, sah ich eine große vertrocknete Pappel mitten auf einem kleinen Platz am Eingang des Dorfes. Man sagte mir, es sei ein Verfassungsbaum.

Die Verfassung tut mir leid, das ganze machte einen jämmerlichen Eindruck. Nichts ist armseliger als diese mitten in die Landschaft gepflanzte politische Idee. Zugleich ist nichts elender und dreister als dieses Zeugnis der geringen Macht des Menschen im Angesicht Gottes und der Natur. Auf der einen Seite Wälder, Ebenen, Hügel, Flüsse, Wolken, Himmel und Erde, auf der anderen eine törichte vertrocknete Rute, die man gegen den Wind abstützen muß. Es war einmal ein Baum, mit einer Wurzel, Ästen und Blättern, grün und lebendig, diesen Baum hat man genommen, ihm seine Wurzel abgeschnitten, die Blätter sind herabgefallen, die Äste abgestorben, und man hat ihn törichterweise in eine Erde gepflanzt, die nicht mehr die seine ist. Getreues Zeichen so vieler moderner Verfassungen, die weder der Vergangenheit, noch der Zukunft, noch dem Klima angehören.

Was das Klima betrifft, so habe ich einige Mühe, mit diesem hier zurechtzukommen. Eine Art sehr schwüler und sehr dichter Sommer, in dem man so etwas wie Bierdunst atmet. Diese flämische Hitze erdrückt mich.

Auch an die hiesigen Getränke kann ich mich nicht gewöhnen. Nichts ist ekelerregender als dieser Faro und dieser Lambick. Ich mache mir in der Tat wenig aus den Weinen Flanderns und der Normandie. Ich mag Burgunder Apfelwein und Bier aus Bordeaux lieber.

Ihre Brunnen sind einzigartig. Sie schöpfen Wasser mit einem Kran. Sie bieten einen recht eigentümlichen Anblick, wenn sie einen Eimer so aus der Zisterne ziehen, wie Archimedes bei der Belagerung Messinas die Kriegsschiffe aus dem Meer holte.

Siehst du, liebe Freundin, wie ich mit dir schwatze. Ich sage dir alles, und auf diese Weise genieße ich die Dinge, die ich sehe, ein zweites Mal. Ich habe deinen Auftrag ausgeführt, soweit es mein Geldbeutel erlaubte. Ich bringe dir ein halbes Dutzend englischer Strümpfe mit, ich habe mir sagen lassen, sie seien sehr schön. Ich habe auch Socken für mich gekauft. Angeblich könnte ein Mann unter keinen Umständen ein Kleid über die Grenze bringen. Er könnte sich nicht auf seinen persönlichen Gebrauch berufen und der Zoll würde eingreifen. Das hat mich gehindert, dir das gewünschte Kleid zu kaufen. Ich vergaß dir zu sagen, daß ich in Brüssel für dreißig Sous einen Raubdruck der *Inneren Stimmen* erstanden habe. Ich bin gespannt, ob er durchgeht.

Ich sah mich in Brüssel überall angeschlagen und in allen Größen gedruckt.

Gerade, da ich diese Seite vollende, höre ich das Glockenspiel des großen Kirchturms, das mich drängt, diesen Brief zu schließen. Es ist wahrlich, davon abgesehen, eine bezaubernde Musik. Die Turmspitze, so zerbrechlich sie aussieht, muß von ungeheurer Festigkeit sein. Es läutet so Tag und Nacht achtmal in der Stunde seit dreihundert Jahren.

Die Sargprozession

Peter Lärm hatte im Winter – damals wohnte er in Borghout, jetzt im Sankt-Andreas-Viertel – gelobt, wenn sein Röschen das Scharlachfieber überstehen würde, zu Fuß eine Wallfahrt nach Scherpenheuvel zu machen, um dort vor dem wundertätigen Marienbild die goldenen Ohrringe seiner verstorbenen Frau und zehn Franken zu opfern.

Das Kind wurde gesund. Peter war fest überzeugt, daß nur sein Gelübde das so glatt bewirkt hatte. Und bald spielte die Kleine wieder auf der Straße, in dem kinderreichen, lärmenden Viertel.

Der Mai, der Marienmonat, kam mit seinen langen Tagen und blauen Himmeln, und Wallfahrten gingen nach den heiligen Orten wie Averbode, Scherpenheuvel, Edeghem, Lisp und überallhin, wo ein bekanntes Marienbild anzurufen und zu verehren war. Peter Lärm hatte sein Gelübde vergessen.

Er schmierte nur den ganzen Tag mit Pech an den Schuhen herum in seiner kleinen Stube, hinter den roten Pelargonien und purpurnen Fuchsien, die vor dem offenen Fenster standen. Er mußte tüchtig arbeiten, um seine vier Kinder erziehen zu können. Zum Heiraten hatte er keine Lust mehr, seine Frau war zwei Jahre ununterbrochen krank gewesen. Er hatte es nun satt bekommen, es hing ihm zum Halse heraus.

Ab und zu machte er eine Pause, um sich nach seinen Brieftauben umzusehen und seine Blumen am Fenster zu versorgen, und sonntags und montags wurde von morgens bis abends Karten gespielt in den Kneipen oder auf seiner Türschwelle. Im Schafskopf konnte sich keiner mit ihm messen. Er liebte seine Kinder zu sehr, um sie irgendwie zu kurz kommen zu lassen, und so geschah es selten, daß er sich einmal ordentlich rund essen konnte. Aber bei besonderen Anlässen, zum Beispiel am Sankt-Crispins-Tag, da brauchte er vor niemand zurückzustehen und verspeiste sein Kaninchen und vier Pfund Kartoffeln dazu, als ob es gar nichts wäre.

Aber Peter Lärm hatte sein Gelübde vergessen.

Doch eines Montags kam sein Töchterchen mit einem Papierfähnchen aus Scherpenheuvel hereingetanzt.

Peter war ganz betroffen.

»Wo hast du das her?«

»Wir sind vor der Musik von der Prozession von Scherpenheuvel hergelaufen, und ich hab das Fähnchen von einem Herrn Pastor bekommen.«

Peter dachte an sein Gelübde.

Es blieb ihm nur ein Sonntag im Mai, um mit einer Prozession nach Scherpenheuvel zu gehen. Er konnte zwar auch allein gehen, später im Juni, aber allein war eben allein, zehn Stunden zu Fuß von Antwerpen! Plaudernd und schwatzend war das gar nichts, aber so zehn Stunden ohne den Mund aufzumachen, nein, das war gut für eine Taubstummenwallfahrt!

Sollte er's vielleicht verschieben bis zum nächsten Jahr? Aber wenn Röschen dann im Winter wieder krank wurde? Denn Peter war durchaus nicht abergläubisch, außer wenn es um Tod und Krankheit ging. Die Frage war, ob nun am Sonntag noch eine Prozession ging, sonst konnte er's nur alleine abklappern.

Am selben Abend noch ging er zu Mariechen Mumbol, einem alten Weiblein, das auf Bestellung Gebete sprach, ganze Tage in der Kirche saß und über Messen, Nonen, Oktaven, Heiligentage und Wallfahrten genau Bescheid wußte. Von dieser Frau erfuhr er für einen halben Groschen, daß am kommenden Sonntag die Sargprozession von Antwerpen nach Scherpenheuvel ging; es war die letzte in diesem Monat und in diesem Jahr.

Er sollte nur um drei Uhr morgens an der Sankt-Andreas-Kirche sein und sich ohne weiteres den Wallfahrern anschließen.

Und ohne mehr zu wissen oder zu fragen oder darüber nachzudenken, was denn die Sargprozession eigentlich sei, tat er am Sonntag, wie sie gesagt hatte. Es war vier Uhr morgens, die Straßen waren noch leer und viereckig, einsam und still, und die Häuser wie steinerne Masken, als sich die Prozession in Bewegung setzte.

Voran schritt ein Unterküster mit dem Kreuz, zwei Chorknaben mit Kerzen folgten, und dann kam die Musik, ein paar schnell zusammengetrommelte Männer, die am nächsten Tag wieder zum Tanz aufspielen würden. Sie bliesen einen langsamen, leichten Marsch, den der Küster von Berlaer gemacht hatte und dessen Worte von den Hunderten von Wallfahrern mitgesungen wurden.

> Zu Lourdes auf den Bergen
> Erschien in einer Grott'
> Voll Reichtum und im Glanze
> Die Mutter von Gott.
> Ave, Ave, Ave,
> Ave Maria.

Peter ging zwischen zwei Frauen dicht hinter der Musik und summte verlegen das Lied mit.

Jeder hatte ein Körbchen oder ein Eimerchen bei sich, gut gefüllt mit Speise und Trank.

Nach dem Singen betete man Ave-Marias, die der Pastor selber vorsprach.

Als man eben die große Stadt durch das Berchemsche Tor verlassen hatte, stand drüben über der milchweiß verschleierten frischen Landschaft die große orangegelbe Sonne, so daß man gleich die Hand vor die Augen halten mußte...

Jetzt gingen sie im Schatten von zwei hohen Baumreihen, und die launischen Sonnenflecke, die durch die Maschen des Laubes fielen und über die Köpfe und die Leiber hintanzten, machten die Augen blöde. Zwischen zwei Ave-Marias hinein sagte die Frau, die rechts von Peter ging, nach einem schweren Seufzer: »Ich bin mal neugierig, wer diesmal sterben wird!«

»Wieso sterben?« fragte Peter.

»Na ja, auf dieser Wallfahrt stirbt doch immer jemand.«

»Ich verstehe Sie nicht«, sagte Peter, holte tief Atem und riß die Augen auf vor Schreck, denn mit dem Tod wollte er nichts zu tun haben.

»Ja, wissen Sie denn nicht, daß dies die Sargprozession ist?... Drehen Sie sich mal um, dann können Sie den Sarg sehen, der von zwei Männern getragen wird.«

Peter drehte sich um, und so auf den Zehen weitergehend, konnte er die Hunderte von wogenden Häuptern übersehen, und in der Tat, vor der gelben Postkutsche sah er einen weißen Sarg über den dunklen Leuten schwanken.

»Und wozu ist der?« fragte Peter mit vor Schreck zusammengeschnürter Kehle.

»Nun, das will ich Ihnen in aller Kürze erklären«, sagte die Frau, aber sie erklärte es ihm in aller Länge: wie seit vielen Jahren jedesmal auf dieser Wallfahrt jemand gestorben war, und als man nun anfing zu begreifen, daß das so sein mußte und nicht mehr anders sein konnte, da hatte man seit einigen Jahren auch gleich einen Sarg mitgenommen, um den Toten bequemer wieder nach Hause zu bringen.

»Und warum geht Ihr denn mit, und warum gehen die andern mit?« fragte Peter, und ihm wurde ganz schauerlich zumute.

»Wegen dem großen Verdienst«, sagte die Frau, »Es ist doch viel verdienstlicher, in einer Prozession mitzugehen, bei der jemand sterben muß, sei es nun ich oder Sie oder ein anderer, als in einer gewöhnlichen anderen Prozession.«

Ja, da ist mehr Verdienst dabei, dachte Peter, aber er sagte es nicht. Um seine Nerven zu beruhigen, schob er sich einen saftigen Priem zwischen die Kiefer und fing an, über diese Prozession mit ihrem Toten voll Todesangst nachzudenken, beginnend mit: Wenn ich das gewußt hätte, wär' ich in einer andern Prozession mitgegangen; denn dieser Tod kann mich ebensogut treffen wie jeden anderen auch, und endigend mit: dann gehe ich eben alleine. Ich hab doch nicht gelobt, daß man mich zwischen vier Brettern nach Hause tragen darf. Ich habe gelobt, die Wallfahrt zu Fuß zu machen, er legte besonderen Nachdruck auf das »zu Fuß« und fügte hinzu: und zu Fuß zurückzukehren! . . . ich halte mich an mein Gelübde, ich mache alles zu Fuß!

Und als man durch Lier kam, sagte er zu der Frau: »Ich hole mir schnell ein paar Fladen und komme dann gleich nach.«

Aber er stellte sich nur an das Schaufenster einer Fladenbäckerei, bis alle Wallfahrer vorbei waren. Er ließ die Prozession ruhig weiterziehen, und als sie über die hohe Brücke verschwunden war, sagte er: »Ich werde noch ein halbes Stündchen warten, sonst hol ich sie wieder ein.« Er wollte einen großen Abstand zwischen sich und die Prozession legen, wie um den unsichtbaren Mächten recht deutlich zu zeigen, daß er nicht dazugehörte, damit sie nicht aus Versehen ihn in den Sarg steckten. »Ich habe mit der Prozession nichts, gar nichts zu tun«, sagte er entschlossen, und um sich in der halben Stunde nicht zu langweilen, begab er sich in das Gasthaus »Zur fröhlichen Einkehr«. Da spielte man gerade Karten, und sofort stand er dabei und sah zu, mit dem Schoppen in der Hand. Er vergaß die

Wallfahrt, ging auf im Kartenspiel, gab Ratschläge nach jeder Partie, so daß die Männer alle dachten: das muß ein ausgezeichneter Spieler sein, und als derjenige, der am meisten verlor, aufstand, bekam er dessen Platz, und nun wurde Karten gespielt, ernsthaft, feierlich, nachdenklich und still, bis am Ende des Spieles alle erstaunt auffuhren und Zuschauer und Spieler um die Wette schrien, daß das ganze Haus davon tönte wie ein gläserner Römer.

Andere Spieler kamen dazu, man holte die besten herbei, aber Peter gewann, gewann fast ununterbrochen, und alle mußten ihn loben und preisen. Peter bekam einen roten Kopf von all dem Ruhm und dem vielen Bier. Höhere Summen wurden eingesetzt, und jeder spielte mit pochendem Herzen und weißer Nase vor Aufregung. Die Männer standen in einem dichten, dicken Kreis um den Spieltisch herum, mit dem Schoppen in der Hand. Sie vergaßen ihr Bier und die Sonntagszigarre.

Frauen kamen und wollten die Männer zum Essen holen, aber diese schnauzten sie weg, oder aber die Frauen guckten auch zu und vergaßen ebenfalls das Essen.

So wurde es ein Uhr nachmittags, und nur durch den Ruf: »Die Tauben sind da! sie sind da! Bei Jeffken und Ludwig und Theres an der Ecke sind die Weißschwänze eingeflogen!« gab es Luft, und das Kartenspiel ließ nach.

Peter hatte einen dicken Sack voll Geld, er gab ein paar Runden aus für die Hocker, die noch da waren, aber der viele Alkohol stieg ihm wie Ofenwärme ins Gehirn, und die Gedanken begannen sich zu drehen und zu tanzen. Um drei Uhr ging er mit einknickenden Bierbeinen hinaus und sang, während er sich mit der Hand an den Häusern festhielt:

> Zu Lourdes auf den Bergen
> Erschien in einer Grott' . . .

und in der Meinung, daß er auf Scherpenheuvel zuging, schlug er die Richtung nach Antwerpen ein; er hoffte, bald irgendwo gut essen zu können und heute abend noch in Scherpenheuvel zu landen.

Die Prozession war gut angekommen an dem heiligen Ort. Es war noch niemand gestorben. Und morgens nach der Messe und der Kommunion, und nachdem man für die Kinder eine kleine Trompete, eine Fahne, Plätzchen und Bilderchen gekauft hatte, verließ man die runden Hügel wieder, die blau und lang und geschmeidig um Scherpenheuvel herumliegen.

Die Musik ertönte und die Rosenkränze klapperten, und die Angst setzte sich auf alle Herzen. Nun würde bald jemand sterben, und jeder dachte: Vielleicht bin ich's! Und sie beteten, daß sie es nicht sein möchten und daß ein anderer sterben möge. Und die vorn gingen, wendeten den Kopf, um zu entdecken, ob da hinten noch kein Toter war, und die hinten gingen, reckten die Hälse, um zu sehen, ob da vorne noch keinem das Lebenslicht ausgeblasen war, und die in der Mitte gingen, blickten nach hinten und nach vorn. Und lauter, flehender und klagender wurden die Gebete, daß doch niemand sterben möchte.

Wie eine unsichtbare Wolke hing der Tod über ihnen und zielte nach dem, den er haben wollte, und alle Herzen zogen sich vor Angst zusammen und waren nicht größer mehr als eine kleine Bohne. Man sah den Schrecken weiß auf den Gesichtern, und man beeilte sich, um so rasch wie möglich nach Hause zu kommen. Das half wohl nicht viel, aber es wurde doch die Todesmöglichkeit dadurch ein wenig verkleinert. Man kam durch Aerschot. Nicht zweimal unter zehn Wallfahrten war man hier ohne den Toten durchgekommen.

Rikus, der Küster mit dem Hühnerkopf, auf dem eine einzige Haarfeder wehte, der die Prozession leitete und alles einrichtete mit den Messen, dem Essen und Übernachten, lief in seinem schwarzen, engen Schoßrock hastig vom Kopf nach dem Schwanz und fragte immer wieder ängstlich: »Niemand krank? Niemand unpäßlich? Ach, wenn wir doch *einmal* keinen Toten hätten!« Er selber dachte nicht daran, daß er sterben könnte, er wurde zu nötig gebraucht, denn wer sollte sonst die Prozession leiten?

Aerschot lag schon weit hinter ihnen; vom letzten Hügel sahen sie schon ganz in der Ferne den Turm von Lier wie eine riesige Pfefferbüchse emporragen, und noch war niemand tot.

Das war noch nie geschehen!

Die Angst preßte sich mehr und mehr in ihr Herz, ein jeder hielt seine Seele mit eisernen Händen im Körper fest. Und man jagte vorwärts, so schnell man konnte, und niemand fühlte Schmerzen in den Beinen und in den vielbewegten Knien. Der ganze Zug war wie ein zu stark aufgeblasener Ballon, vor dessen bevorstehendem Knall man sich die Ohren zuhält.

Nur zwei standen außerhalb dieser Angst. Der Küster, der für heute unsterblich war, und der gemütliche dicke Pastor, der tröstend zu den Menschen sagte: »Was Gott behütet, das ist gut behütet, und wenn ich weggeholt werde, dann bin ich alle Erdentrübsal los; ihr dürft ruhig darum beten, daß der Tod mich am Kragen packt.«

Man kam nach Lier. Wie gewöhnlich ging man durch einen dichten Wall von Menschen, die stets mit großen, ängstlichen Augen neugierig die Sargprozession betrachten kamen und fragten, wer diesmal gestorben sei. Und nun war es eine richtige Enttäuschung für die Lierer, als sie hörten, daß es keinen Toten gäbe.

»Hab ich dafür mein Haus allein gelassen«, sagte Jef Verdicht, der Buchdrucker, »um einen leeren Sarg zu sehen? Das nächstemal bleib ich daheim. Ich schwitz wie eine

Gießkanne, und dabei ist es eine Prozession wie jede andere auch.«

Die Freude der Wallfahrer riß helle Spalten in ihre dunkle Angst, und als sie ohne Toten am »Alten Gott«, einem Vorort von Antwerpen, vorbeikamen, schwenkte Rikus die langen Arme wie Mühlenflügel in der Luft herum und rief: »Wir wollen die Glocken läuten! Wir wollen brennende Kerzen vor unsre Fenster stellen heute abend!«

Dort war Antwerpen!

Noch niemand tot!

»Schneller, schneller!« ging es von Mund zu Mund. Und plötzlich, denn die Prozession von Hunderten von Menschen war wie *ein* Mensch, ging man schneller, schneller, um den Tod zu überlisten, und man fing an zu laufen! Der Unterküster voran mit dem Kreuz, die zwei Chorknaben, die Musik, ohne zu spielen, der Pastor, der mit *mußte*, wie er auch mitleidig lächelnd die Leute ermahnte, ruhig zu bleiben, und dann all die Männer und Frauen, die Kranken, die Blinden, die Lahmen, sie liefen, und die zwei Sargträger liefen, und der Postwagen wackelte im Trabe hinterher, und die nicht mehr gehen konnten, saßen darin, aufeinandergepackt wie die Heringe im Faß, und einige hingen auf den Stufen, und die nicht hinein konnten, wurden hinterhergetragen, mitgezogen, mitgerissen.

Es war, als jage ein unsichtbarer Jäger einen Hirsch. Und man lief und lief, immer lauter und verwirrter klang der Anfang der Ave-Marias, denn niemand konnte ein ganzes beten, und es schwoll an zu einem Schreien, zu einem Heulen.

Und die Sonntagsbürger, die in den Biergärten an der Landstraße ihr Bier tranken, Karten spielten oder Kegel schoben, mußten lachen über die tolle Jagd dieser erschreckten Menschenmasse und riefen: »Narren! Narren! Narren!«

Aber als sie hörten, was los war, kamen sie mit in Spannung und liefen mit, um zu sehen, ob vor dem Berchemschen Tor noch einer sterben würde, und manche unter ihnen machten von der Gelegenheit Gebrauch, um ihr Bier nicht zu bezahlen.

Und da waren die Festungswerke und das Berchemsche Tor mit seinen bronzenen Löwen!

Und man stieß und stürmte unter dem tiefen Tor durch, und die sich innerhalb der Festungsmauer befanden, fingen sofort an zu schreien, zu jauchzen und vor Freude zu toben. Alle Leute wollten zu gleicher Zeit hindurch, man drückte, man zog und stieß.

Der Pastor rief immer: »So schafft ihr euch ja selber noch Tote!« Ein wilder, blinder Wille, am Leben zu bleiben, verdrehte ihnen den Verstand; sie hörten nicht, sondern wälzten sich durch das Tor wie ein Sack Erbsen, der ausgeschüttet wird. Man fiel übereinander, aber nun waren sie innerhalb der Festung! Und sie öffneten den Mund, um vor Freude zu weinen.

Und da fuhr die vollgepfropfte Postkutsche in die Festung! Man war gerettet, es hatte keinen Toten gegeben! Und die Musik begann den »Flämischen Löwen« zu spielen; die einen knieten, die andern tanzten.

Die Tränen strömten ihnen über die schmutzigen, staubigen, verschwitzten Gesichter. Man sang, man jauchzte. Jeder freute sich nicht nur darüber, daß er selber nicht tot war, sondern daß niemand das Leben hatte lassen müssen. Sie fühlten sich unbewußt als ein ganzes, als *einen* Körper mit vielen Gliedern, als eine einzige Brüderkette.

Man tanzte um das Kreuz herum, man warf die Hüte in die Luft, man winkte mit Stöcken.

Auf Befehl des Pastors schritt der Kreuzträger weiter, und nun gingen die Wallfahrer Arm in Arm tanzend und singend hinterher, nach der Musik, die spielte:

Wo könnten wir denn besser sein
Als hier bei unsern Freunden.

Und vor dem verblassenden Golde des Tages stand der grün angelaufene kupferne Sankt-Andreas-Turm schwarz gegen den Himmel.

Und da waren Glocken in dem Turm, die dunkel hin und her wiegten, das konnte jeder sehen und hören. »Die Totenglocken! Die Totenglocken!« sagte man erstaunt, »und es ist doch niemand gestorben!«

Eine Frau kam der Prozession entgegen, ging zum Pastor und sagte ihm etwas.

Und die Nachricht flog über die Häupter der Menge. Peter Lärm hatte gestern den Tod gefunden in einem Wirtshaus, als er um einer Wette willen vierundzwanzig hartgekochte Eier gegessen hatte.

Und sogleich wußte auch jeder, daß er mitgegangen war in der Prozession und sie in Lier aus Angst verlassen hatte.

Die Freude war auf einmal wie weggeblasen, und die Furcht schlug wie eine Flamme in ihre Herzen.

Das Schicksal zupfte mit eiskalten Fingern an ihren Haaren.

GILBERT KEITH CHESTERTON
Die Ballade von einer fremden Stadt

Zu der Zeit, als wir in Flandern herumstreiften, ergriff meinen Freund und mich eine entschiedene Vorliebe zu der Stadt Mechelen oder Malines. Unser Aufenthalt dort war so erholsam, daß wir uns fast wie zu Hause fühlten und kaum in die Ferne irrten.

Tag für Tag saßen wir auf dem Marktplatz unter kleinen Bäumen, die in Holztonnen wuchsen, und schauten hinauf zu den edlen sich verjüngenden Konturen des Kathedral-turms, dessen Glocke den drei Reitern aus Gent in einem Gedicht sagt, daß sie noch nicht zu spät ankommen. Genau-soviel Vergnügen hatten wir beim Betrachten der Men-schen: der kleinen Jungen mit offenen, flachen flämischen Gesichtern mit Pelzkragen um ihren Hals, so daß sie wie Bürgermeister aussehen, und der Frauen, deren gezierte ovale Gesichter, das an den Schläfen straff zurückgekämmte Haar und die gleichzeitig harten, demütigen und humorvol-len Münder haargenau die spätmittelalterlichen Portraits eines Memling oder van Eyck wiedergaben.

Aber eines Nachmittags passierte es, daß mein Freund unter seinem kleinen Baum aufstand und auf eine Art Spiel-zeugzug deutete, der Rauch in eine Ecke des hellen Platzes blies. Er schlug vor, mit diesem Gefährt zu reisen. Wir stiegen in den kleinen Zug ein, der eigentlich Bauern und ihr Gemüse von den Feldern in die Stadt und zurück trans-portieren sollte, und der Bahnbeamte kam, um uns Fahr-karten zu verkaufen. Wir fragten ihn, wohin wir für fünf Pence fahren könnten. Die Belgier sind kein romantisches Volk, und so fragte er uns (in einer beklagenswerten Mi-schung aus flämischer Grobheit und französischem Ratio-nalismus), wohin wir denn fahren wollten.

Wir erklärten, wir wollten das Feenland besuchen, und die einzige Frage sei, ob unsere fünf Pence dafür reichten. Endlich, nach großen internationalen Mißverständnissen (die daher rührten, daß der Bahnbeamte Französisch auf flämische und wir auf englische Art sprachen), teilte er uns mit, daß fünf Pence uns zu einem Ort bringen wür-den, dessen Namen ich niemals geschrieben gesehen habe, der aber ähnlich klang wie »Waterloo«, wenn es von einem angesäuselten Patrioten ausgesprochen wird; ich denke es hieß Waelowe. Wir reichten uns die Hände und meinten, das sei der Ort, den wir seit unserer Kindheit suchten, und als wir dort ankamen, stiegen wir unverzüglich aus.

Einen Augenblick lang hegte ich die schreckliche Befürchtung, es handele sich tatsächlich um das Schlachtfeld von Waterloo, aber ich beruhigte mich, als mir einfiel, daß Waterloo in einer ganz anderen Gegend von Belgien liegt. Es war eine Wegkreuzung mit einem Bauernhaus an einer Ecke, einer Aussicht auf hohe Bäume wie in Hobbemas »Allee« und dahinter nur das unendliche Schachbrett kleiner Felder. Es war ein friedlicher blühender Anblick; aber ich muß gestehen, daß die erste Handlung meines Freundes darin bestand, den Bahnbeamten zu fragen, wann es einen Zug zurück nach Mechelen gäbe. Der Mann sagte, in genau einer Stunde gäbe es einen Zug zurück. Wir spazierten die Allee entlang, und als wir fast eine halbe Stunde gegangen waren, begann es zu regnen.

[...]

Durchweicht und tropfend kamen wir an die Kreuzung zurück, fanden den Zug schon wartend vor und stiegen mit einiger Erleichterung ein. Der Bahnbeamte in diesem Zug sprach ausschließlich Flämisch, verstand aber den Namen Mechelen und versicherte, daß er uns am Bahnhof von Mechelen aussteigen lassen werde. Dies tat er auch, nachdem eine angemessene Zeitspanne verstrichen war.

Wir stiegen in einem stetigen Platzregen offenbar am Stadtrand von Mechelen aus, dessen Wahrzeichen man jedoch durch den grauen Vorhang des Regens nicht so leicht ausmachen konnte. Ich stimme generell nicht mit den Leuten überein, die Regen deprimierend finden. Ein Duschbad ist nicht deprimierend, es ist eher überraschend. Wenn es aber aufregend ist, daß ein Mann uns einen Eimer Wasser über den Kopf schüttet, warum sollte es dann nicht genauso aufregend sein, wenn die Götter mit vielen Eimern dasselbe tun? Aber an diesem triefenden Nachmittag – lag es nun an dem langweiligen niederländischen Horizont oder an der Tatsache, daß wir ohne Abenteuer heimkehrten –, kamen mir die Dinge tatsächlich ein wenig trostlos vor.

Sobald wir in den Schutz einer Straße gelangen konnten, kehrten wir ein in ein kleines Café, das von einer Frau allein geführt wurde. Sie war unglaublich alt und sprach kein Wort Französisch. Dort tranken wir schwarzen Kaffee und das, was man einen »Cognac fine« nennt. »Cognac fine« waren die zwei einzigen französischen Worte, die in dem Etablissement gebräuchlich waren, und selbst sie waren nicht zutreffend. Zumindest ist mir die Feinheit des Cognacs (vielleicht gerade durch dessen ätherische Zartheit) entgangen. Nach einer Weile stand mein Freund, der ruheloser war als ich, auf und ging nach draußen, um nachzuschauen, ob es zu regnen aufgehört habe und wir unverzüglich zu unserem Hotel am Bahnhof zurückkehren könnten. Ich saß in einer undefinierbaren Laune noch vor meinem Kaffee und hörte dem unablässigen Regen zu. [. . .]

Plötzlich sprang die Tür auf, und mein Freund erschien, verändert und außer sich.

»Steh auf!« rief er und winkte wild mit den Händen.

»Steh auf! Wir sind in der falschen Stadt! Wir sind überhaupt nicht in Mechelen. Mechelen ist zehn, zwanzig Meilen weit weg – Gott weiß wie weit! Wir sind irgendwo in der Nähe von Antwerpen.«

»Was!« schrie ich, sprang von meinem Platz auf und brachte dabei das Mobiliar in Unordnung. »Dann ist ja doch noch alles gut! Die Poesie hat ihr Gesicht nur für ein Weilchen hinter einer Wolke verborgen. Ich war wirklich einen Moment lang deprimiert, weil wir in der richtigen Stadt waren. Aber wenn es die falsche Stadt ist – dann bekommen wir doch noch unser Abenteuer! Wenn wir in der falschen Stadt sind, sind wir genau am richtigen Ort.«

Ich lief hinaus in den Regen, und mein Freund folgte mir

etwas grimmig. Wir entdeckten, daß wir uns in einer Stadt mit dem Namen Lier aufhielten, die hauptsächlich aus bankrotten Bäckereien zu bestehen schien, die Limonade verkauften.

»Dies ist der Höhepunkt unserer gesamten dichterischen Entwicklung«, rief ich begeistert. »Wir müssen etwas unternehmen, eine feierliche und würdevolle Handlung vollziehen! Wir können keinen Ochsen opfern, und es wäre lästig, einen Tempel zu bauen. Laß uns ein Gedicht verfassen.«

Obwohl ich nur wenig ermuntert wurde, nahm ich einen alten Briefumschlag und einen dieser Bleistifte, die, wenn sie mit Wasser in Berührung kommen, leuchtend violett werden. Es gab viel Wasser um uns herum, und das Violett lief am Papier herunter und versinnbildlichte die tiefe Würde dieser romantischen Stunde. Ich begann, indem ich die Form alter französischer Balladen wählte; es ist die einfachste Form, denn sie gehorcht den strengsten Regeln –

> Welcher Mensch, der auf den Olympus stieß,
>   Würde wohl einen Hügel erwarten?
> Und wer, der wandert' im Paradies,
>   Hielte es für einen hübschen Garten?
> Wie könnte ich denken, du seist Malines,
>   Deine noble Pracht verzückt mich schier;
> Perle der unscheinbaren, oh, Königin,
>   Du liebliche Stadt von Lier.

> Wie's durch Nebel glänzt – so erinnre ich mich
>   An deiner matschigen Straßen Schimmer.
> Meine Augen bewässern sich fürchterlich,
>   Denn nasse Augen hatt' ich dort immer.
> Stürbe ich, oder erschöß' ich vielleicht
>   einen Dekan mit großem Gewimmer –

Hier brach ich ab, um meinen Freund zu fragen, ob es ein schlimmeres Unglück sei, einen Dekan zu erschießen oder selbst einer zu sein. Aber er stellte nur seinen Mantelkragen hoch, und ich fühlte, daß die Muse für ihn ihre Flügel gestrichen hatte. Ich korrigierte –

> Stürb' als Dekan ich mit großen Beschwerden,
> So blieb doch immer das Bild in mir,
> Sollt' ich Schurke und Konservativer werden,
> Von der lieblichen Stadt von Lier.

»Der nächste Vers«, fuhr ich fort, denn ich hatte mich so recht für das Gedicht erwärmt, aber mein Freund unterbrach mich. »Den nächsten Vers«, sagte er etwas barsch, »schreibst du über die Eisenbahn. Ich habe herausgefunden, daß wir von hier aus nach Mechelen zurückkönnen, wir müssen aber zweimal umsteigen. Ich würde das Ganze ja auch hübsch romantisch finden, wenn das Wetter nicht so furchtbar wäre. Abenteuer sind der Champagner des Lebens, doch ich liebe meinen Champagner und meine Abenteuer trocken. Hier ist der Bahnhof.«

[...]

Wir sprachen nicht mehr miteinander, bis wir Lier in seiner heiligen Regenwolke verlassen hatten und uns Mechelen unter einem klareren Himmel, der mich sogar an Sterne denken ließ, näherten. Da lehnte ich mich vor und sagte mit leiser Stimme zu meinem Freund –

»Ich habe alles herausgefunden. Wir sind auf dem falschen Planeten gelandet.«

Er starrte mich voller Zweifel an, und ich fuhr eifrig fort: »Das genau ist es, was das Leben gleichzeitig so wunderbar und so seltsam erscheinen läßt. Wir sind in der falschen Welt. Als ich dachte, es sei die richtige Stadt, fand ich es langweilig; als ich wußte, es ist die falsche, war ich glücklich. Genauso ermüdet uns der falsche Optimismus, dieses moderne Glücksgefühl, indem er uns einredet, wir paßten in diese Welt. Das wahre Glück ist, daß wir nicht hierher gehören. Wir stammen aus einer anderen Welt. Wir haben uns verirrt.«

Er nickte schweigend und starrte aus dem Fenster, aber ich konnte nicht feststellen, ob ich ihn beeindruckt oder nur ermüdet hatte. »Dies«, so fügte ich hinzu, »findet auch Erwähnung im letzten Vers eines großen Gedichts, das du schmählich vernachlässigt hast –

> Glücklich ist der und überaus weise,
>   Der mit Augen fragend und auch klar
> Die Welt sieht in ihrer Verwandlungsweise
>   Trotz Schlaf und Gewöhnung so wunderbar.
> Der himmlische Vorhang verhüllt nicht mehr,
>   Doch wissen der Ankunft Stunde wir?
> Diese toten Steine verwundern uns sehr,
>   Genau wie die liebliche Stadt Lier.«

In diesem Moment hielt der Zug plötzlich an. Und wir hörten, wie es vom Kirchturm in Mechelen die halbe Stunde schlug. Joris brach die Stille mit den Worten: »Keine verflixten *hors d'œuvres* für mich, ich werde sofort etwas Richtiges zu mir nehmen.«

> Envoi (Schluß)
> Dein Königreich, Prinz, erstreckt sich weit,
>   Doch glücklicher ist der Mensch fern von dir,
> Der schlürft *Cognac fine* mit Ergebenheit
>   In der lieblichen Stadt von Lier.

Abreise

Um sechs Uhr morgens bestiegen wir wieder die Diligence, rollten auf ebenem Wege durch ein reiches, fruchtbar angebautes Land und befanden uns, ehe wir es erwarteten, vor dem Posthause in Mecheln, gerade der großen berühmten Kirche gegenüber, einem der herrlichsten alten Gebäude, prangend mit allem Schmuck gothischer Baukunst. Glücklicherweise hielt der Wagen hier etwas länger als gewöhnlich; wir stiegen aus, um die prachtvolle Außenseite, den hohen, herrlichen, mit zahllosen Verzierungen geschmückten Turm, das schöne Portal zu betrachten, und hatten sogar Zeit einen Blick, aber auch nur einen, in das Innere der schön- und hochgewölbten Kirche zu werfen.

Nicht halb befriedigt, aber doch mit großen Bildern erfüllt, fuhren wir weiter und langten schon um zehn Uhr in Löwen an, wo wir im Hotel de Cologne abstiegen und die Diligence ohne uns weiterfahren ließen, indem Löwen manches Merkwürdige enthält, an dem wir nicht so ohne Genuß vorübereilen mochten als an der Kathedrale von Mecheln, die nur gleichsam im Fluge gesehen zu haben uns noch immer schwer auf dem Herzen lag.

Löwen schien uns im Durchfahren eine ziemlich große alte Stadt, aber dabei, wie alle belgischen Städte, weder düster noch unfreundlich. Unsere erste Sorge war, einen Mietbedienten zu verlangen, der uns zu der Kirche, dem Rathause, dem Museum u.s.w. als Führer dienen könne; denn da wir nur einige Stunden hier zu verweilen gesonnen waren, so hatten wir uns mit keinen Empfehlungsbriefen hierher versehen. Leider aber war in unserem, übrigens ganz leidlichen Gasthofe kein anderer Führer aufzutreiben als ein, ein paar französische Worte radbrechender, übrigens nur flamändisch sprechender, ziemlich confiscirt aussehender Invalide mit einem hölzernen Bein. Er hinkte voran, wir gingen, den Platzregen, der eben fiel, nicht achtend, ihm nach und gelangten sehr bald an die Kirche, wo er uns, zu unserer großen Beruhigung, dem Küster übergab.

Die große berühmte Kirche von Löwen ist freilich ein altes ehrwürdiges Gebäude, dem man aber zu viel Ehre antut, wenn man es der prächtigen Kathedrale in Mecheln zur Seite stellt. Freilich aber wird es schwer, sich von dem ganzen Bau einen deutlichen Begriff zu bilden, weil man ihn wegen der Enge des ihn umgebenden Raumes von keiner Seite übersehen kann. Wir gingen rings um die Kirche herum, denn der Regen hatte aufgehört, ohne ihr eine eigentliche Ansicht abgewinnen zu können.

Der noch vorhandene Plan des alten Baumeisters, der uns später im Museum vorgezeigt wurde, ist bei weitem nicht ausgeführt worden; ein hoher herrlicher Turm, der die Hauptfaçade schmücken sollte, ist beim Bau weggelassen, und so hat denn auch dieses so groß und herrlich gedachte Werk des Mittelalters das Schicksal so vieler andern aus jener Zeit erlitten, unvollendet zu bleiben.

Das Innere der Kirche macht einen ernsten imposanten Eindruck. Von den vielen Gemälden, welche die zahlreichen Altäre schmücken, schien mir keines von besonderem Kunstwert; doch sind sie auch größtenteils in einem sehr ungünstigen Lichte aufgestellt und so nachgedunkelt und eingeräuchert, daß man wenig davon sieht. Ein schönes, sehr künstlich in Holz geschnitztes Tabernakel fiel indessen als ein in seiner Art merkwürdiges Kunstwerk uns auf.

Schöner, weit schöner als diese Kirche ist aber das alte herrliche, ganz vollendete Rathaus, mit seinen vier, höchst zierlich durchbrochenen Türmchen an allen vier Ecken und allem wohlerhaltenen Schmuck gothischer Baukunst. Das Innere dieses alten schönen Gebäudes ist zu verschiedenen

Zwecken, Bureaus, Gerichtssälen u. dergl., oft verändert worden und folglich sehr modernisiert. Zuerst wurden wir in einen Saal voll Gemälde aus der französischen Schule geführt, wie sie zu Ende des vorigen und Anfangs dieses Jahrhunderts in Frankreich bestand. Manches einzelne Schätzenswerte mochte unter diesem Wuste sich befinden, aber das Ganze war durchaus nicht erfreulich anzusehen. Dann ging es zahllose Stufen hinauf, in das mit ungeheuer großen niederländischen Gemälden überfüllte Museum. Die Gemälde bedeckten nicht nur die Wände, sondern standen auch auf Gestellen in mehreren Reihen mitten im Saale. Es sah aus, als ob man aus den Kirchen, Klöstern und Schlössern des ganzen Landes alle noch weniger als mittelmäßige Bilder, die man nicht geradezu verbrennen wollen, hieher gebracht habe. Eine ganze große Sammlung dieser Art war mir noch nicht vorgekommen, zwei sehr gute Portraits von van der Helst, die durch einen besondern Zufall sich hieher verirrt zu haben schienen, leuchteten wunderbar aus diesem Chaos hervor.

Verstimmt, verdrießlich sogar, über unsere getäuschte Erwartung und den draußen abermals herabströmenden Regen, machten wir uns bereit den Rückweg anzutreten. Da kam plötzlich ein freundlicher alter Herr aus irgend einer Türe zum Vorschein, der wahrscheinlich die Kunstliebhaberei auf unsern Gesichtern lesen mochte, denn er näherte sich uns ohne weiteres mit der Frage, ob wir etwa gern hübsche Gemälde sehen möchten. »Dann sind Sie aber ganz auf unrechtem Wege«, erwiderte er auf unsere sehr höfliche bejahende Antwort; »in die Akademie hätten Sie gehen müssen, morgen nimmt dort die Gemäldeausstellung ihren Anfang, gehen Sie dorthin.« Wir bedankten uns aufs schönste für den erteilten Rat und folgten unserm einbeinigen Führer, der sich jetzt das Ansehn gab, als wisse er recht wohl, wohin er uns zu geleiten habe.

Treuherzig gingen wir hinter ihm drein und befanden uns, zu unserm nicht geringen Erstaunen, in einem Estaminet oder einer Art Speisehause, wie es uns schien. Viele Leute liefen durch eine Reihe geöffneter Zimmer hin und her, ein Tisch war auf eben nicht einladende Weise in einem derselben gedeckt, mehrere Männer schienen das noch nicht fertige Mittagessen mit Ungeduld zu erwarten, und draußen regnete es ärger als je. Da standen wir denn, in nicht geringer Verlegenheit, alle Welt sah uns an, doch niemand bekümmerte sich um uns; mit unserm Einbein aber war gar nichs anzufangen, vergebens sprachen wir zu ihm, um doch wenigstens zu erfahren, wohin er uns gebracht habe, er sah uns starr ins Gesicht und schien von allen unseren an ihn gerichteten Fragen kein Wort zu verstehen.

Endlich, ebenso unerwartet als wir in diese unangenehme Situation gekommen waren, erschien unser Erretter aus derselben, eine Art Kellner, der einen uns unbekannten Herrn zu uns führte, welcher unter vielen Entschuldigungen, nicht früher gekommen zu sein, uns eine Treppe hinauf in ein Zimmer führte, wo wir teils auf Staffeleien, teils an den Wänden mehrere Gemälde erblickten.

Daß wir nicht in dem Ausstellungssaale der Akademie uns befänden, sahen wir wohl ein; das Zimmer, in welchem wir uns befanden, war dazu nicht groß genug, und die Gemälde darin alle aus einer früheren, einige derselben augenscheinlich aus sehr alter Zeit. Mit wahrer Freude vernahm ich jetzt, daß der Mann, der sich so zuvorkommend unserer angenommen, der Direktor der Kunstakademie, Professor Geets, selbst sei, der uns in seine Wohnung geführt hatte, um uns seine eigene, nicht sehr zahlreiche aber wertvolle Gemäldesammlung zu zeigen, indem, hier wie in Antwerpen, vor der Entscheidung der an die jungen Künstler zu ertheilenden Preise, Niemand zu der Gemäldeausstellung der Akademie zugelassen werden kann. [. . .]

Müde und hungrig, aber über unser überstandenes Mißgeschick völlig getröstet, eilten wir, bei wieder hellgewordenem Himmel, unserm Gasthofe jetzt zu und setzten nach Tische mit einem Mietkutscher, den unsere Wirte uns verschafften, in ziemlich langsamem Schritte unsere Reise fort. Nach ein paar Stunden erreichten wir Tirlemont, eine kleine freundliche Stadt, der wir es gar nicht ansahen, daß sie in kurzem der blutige Tummelplatz wütender Revolutionnaire werden sollte. Es war noch ziemlich hoch am Tage, als wir in Tirlemont anlangten, also fuhren wir, ohne anzuhalten, weiter und erreichten bei schon eingebrochener Dunkelheit St. Tronc, wo wir zu übernachten beschlossen. Wie überall in diesem Lande, kamen auch hier die Eigentümerinnen des Gasthofes bis an den Wagen uns entgegen und sorgten für unsere Bedürfnisse auf eine Weise, die uns in ihrem, übrigens nicht sehr großen etwas altväterisch eingerichteten, Hause keine Bequemlichkeit vermissen ließ.

Wie Tirlemont ist auch St. Tronc eine hübsche freundliche Stadt. Die Gegend, durch die wir von Mecheln bis hieher kamen, bleibt, wie wir von Brüssel an sie schon gefunden, flach, fruchtbar, wohlangebaut, mitunter durch üppigen Baumwuchs erhoben, könnte aber auf die Dauer, eben wegen dieser ihrer guten Eigenschaften wohl etwas langweilig werden. In Tirlemont wie in St. Tronc und überhaupt in allen Ortschaften, durch die wir von Mecheln aus gekommen, werden von den fleißigen und geschickten Frauen und Mädchen, die besonders wegen ihrer fast unverwüstlichen Dauerhaftigkeit berühmten Spitzen, in unglaublicher Menge und großer Vollkommenheit geklöppelt, welche sie um sehr mäßige Preise an die reichen Fabrikherrn in Mecheln abliefern, die unter dem Namen *dentelles* oder auch *point de Malines* sie teuer verkaufen.

Unsern den Schneckenschritt liebenden Fuhrmann, von

Löwen, schickten wir noch am nämlichen Abend nach seiner Heimat zurück; aber wir waren nun einmal für allemal mit den uns weit angenehmeren Diligencen aus der Reihe gekommen und mußten abermals zu einem Hauderer unsere Zuflucht nehmen. Wir überließen die Wahl desselben unseren Wirtinnen und hatten alle Ursache, sowohl in Hinsicht des Preises als des schnelleren Fortkommens, mit ihm weit zufriedener zu sein, als mit dem, welcher uns nach St. Tronc gebracht hatte.

ROBERT LOUIS STEVENSON
Eine Reise ins Landesinnere –
Mit dem Esel in den Cevennen

Auf dem Willebroek-Kanal

Als wir am nächsten Morgen unsere Reise auf dem Willebroek-Kanal antraten, setzte heftiger, kühler Regen ein. Das Wasser hatte etwa die Temperatur einer angenehmen Tasse Tee, und unter der kalten Besprengung war die Oberfläche des Kanals mit Dampf bedeckt. Die heitere Aufbruchsstimmung und die leichte Vorwärtsbewegung des Bootes bei jedem Paddelschlag ließen uns dieses Unglück erdulden, solange es andauerte. Nachdem die Wolke vorbeigezogen und die Sonne wieder erschienen war, wurde unsere Laune bald besser als die eines Stubenhockers. Eine gute Brise rauschte und zitterte in den Baumreihen, die den Kanal säumten. Eine Unmenge von Blättern flimmerte stürmisch im Sonnenlicht. Dem Auge und Ohr nach schien rechtes Segelwetter zu herrschen, doch unten zwischen den Ufern erreichte uns der Wind nur mit schwachen und unbeständigen Luftstößen. Es war kaum genug, um zu steuern.

Unser Fortschritt war unregelmäßig und nicht befriedigend. Ein heiterer Mensch, der wohl von Seefahrern abstammte, rief uns vom Treidelpfad aus zu: »C'est vite, mais c'est long.«

Auf dem Kanal herrschte reger Verkehr. Von Zeit zu Zeit trafen oder überholten wir eine Kette von Booten mit großen grünen Ruderpinnen, einem hohen Heck mit Fenstern auf beiden Seiten des Steuers und vielleicht einem Wasserkrug oder einem Blumentopf in einem der Fenster. Ein Beiboot folgte nach; eine Frau war mit dem Mittagessen beschäftigt sowie mit einer Handvoll Kindern. Diese Kähne waren immer einer hinter dem anderen mit Schleppseilen aneinandergebunden, bis zu fünfundzwanzig oder dreißig auf einmal. Der Zug wurde von einem Dampfschiff seltsamer Bauart angeführt und in Bewegung gesetzt. Es hatte weder Schaufelrad noch Schiffsschraube; aber mittels eines Getriebes, das dem technisch unbegabten Menschen nicht sofort durchschaubar war, holte es über seinen Bug eine schmale glänzende Kette, die am Grunde des Kanals entlanglief, herauf und fierte sie über das Heck wieder; dabei schleppte es sich vorwärts, Glied für Glied, mit seinem ganzen Gefolge beladener Schuten. Solange man den Schlüssel des Rätsels nicht gefunden hatte, umgab die Fortbewegungsart eines solchen Zuges etwas Feierliches und Beunruhigendes, wie er sich sanft über das Wasser schob und nichts sein Vorrücken anzeigte außer einem Strudel, der im Kielwasser erstarb.

Von allen Werkzeugen kommerzieller Unternehmen ist ein Kanalschiff bei weitem am erfreulichsten anzuschauen. Es kann seine Segel entfalten, und dann sieht man es hoch über den Baumwipfeln und der Windmühle segeln, über ein Aquädukt segeln, durch grüne Kornlandschaften segeln: das malerischste aller Amphibien. Oder ein Pferd trottet in Schrittgeschwindigkeit nebenher, so als gäbe es keine Geschäfte in der Welt; und der Mann, der an der Ruderpinne träumt, sieht den ganzen Tag über denselben Kirchturm am Horizont. Es bleibt ein Geheimnis, wie die Waren in diesem Tempo überhaupt an ihr Ziel gelangen; und wenn man beobachtet, wie die Schlepper an einer Schleuse warten, so ist das eine gute Lektion darüber, wie leicht man das Leben nehmen kann. Es muß viele zufriedene Gemüter auf einem Schiff geben, denn solch ein Leben bedeutet, gleichzeitig zu reisen und zu Hause zu bleiben. Der Kamin raucht für das Mittagessen, während man fährt; die Ufer des Kanals entfalten vor nachdenklichen Augen langsam ihre Szenerie; der Kahn treibt an weiten Wäldern vorbei und durch große Städte mit ihren öffentlichen Gebäuden und ihren Laternen in der Nacht. Für den Schiffer, der in seiner treibenden Heimstatt im Bett reisen kann, ist es so, als ob er der Erzählung eines anderen lauscht oder die Seiten eines bebilderten Buches umschlägt, das ihn gar nicht interessiert. Er kann seinen Nachmittagsspaziergang in einem fremden Land an den Ufern des Kanals machen und dann zum Abendbrot an seinen eigenen Herd zurückkehren.

Es gibt in einem Schifferleben nicht genügend Bewegung für einen ausgezeichneten Gesundheitszustand, aber ein ausgezeichneter Gesundheitszustand ist auch nur wichtig für kränkliche Leute. Der Faulenzer aber, der niemals ganz krank oder ganz gesund ist, hat ein ruhiges Leben und stirbt viel leichter.

Ich wäre viel lieber ein Kahnführer, als daß ich irgendeinen Beruf ausübte, für den ich in ein Büro gehen müßte. Es gibt nur wenige Berufe, so möchte ich meinen, in denen ein Mann für eine warme Mahlzeit weniger von seiner Freiheit aufgibt. Der Kahnführer ist an Bord; er ist Herr auf seinem eigenen Schiff; er kann anlegen, wann er will; niemand kann ihn davon abhalten, in einer frostigen Nacht, wenn die Schoten so hart gefroren sind wie Eisen, vom schützenden Strand abzulegen. Soweit ich weiß, steht die Zeit für ihn bis auf die Wiederkehr der Schlafens- und Mittagszeit still. Es ist gar nicht leicht, einzusehen, warum ein Schiffer überhaupt sterben sollte.

Auf halbem Weg zwischen Willebroek und Villevorde, an einem wunderschönen Kanalabschnitt, der sich wie die Allee eines Landjunkers ausnahm, gingen wir an Land, um zu Mittag zu essen. Wir nahmen von der ARETHUSA zwei Eier, ein altes Stück Brot und eine Flasche Wein mit, von der CIGARETTE zwei Eier und einen Ätna-Spirituskocher. Der Kapitän des letzteren Schiffs zerbrach ein Ei bei seiner Landung, stellte aber gutgelaunt fest, daß man es immer noch *à la papier* kochen könne, und warf es in seiner Verpackung aus flämischen Zeitungen auf den Ätna-Kocher. Wir landeten während eines kurzen Aufflackerns von gutem Wetter, waren aber noch nicht zwei Minuten am Ufer, als der Wind zu einem halben Sturm auffrischte, und der Regen auf unsere Schultern zu prasseln begann. Wir saßen so nah wie möglich um den Ätna herum. Der Spiritus brannte lichterloh, immer wieder fing das Gras Flammen, die ausgetreten werden mußten, und nach kurzer Zeit gab es mehrere verbrannte Finger in unserer Gesellschaft. Doch stand die tatsächlich gekochte Mahlzeit in keinem Verhältnis zu einem solchen Aufwand; und als wir nach zweimaligem Gebrauch des Feuers aufgaben, war das intakte Ei geringfügig wärmer als lau, und das Ei *à la papier* war ein kaltes und schmutziges Frikassee aus Druckerschwärze und zerbrochenen Eierschalen. Wir brachten es fertig, die anderen zwei Eier zu braten, indem wir sie nah an den brennenden Spiritus brachten, und waren diesmal erfolgreicher. Dann öffneten wir die Flasche Wein und setzten uns mit den Kanuschürzen über den Knien in einen Graben. Es regnete heftig. Unbehagen kann eine sehr erheiternde Sache sein, wenn etwas aufrichtig unbehaglich ist und nicht widerlicherweise vorgibt, das Gegenteil zu sein; und Leute, die an der frischen Luft gut durchweicht und betäubt werden, sind in der richtigen Stimmung fürs Lachen. Aus diesem Blickwinkel kann sogar die Mahlzeit eines Eis *à la papier* als eine Art Begleiterscheinung des Spaßes angesehen werden. Doch erlaubt diese Sorte Witz, auch wenn man sie gut verträgt, keine Wiederholung, deshalb reiste der Ätna-Kocher von diesem Zeitpunkt an wie ein Gentleman im Spind der CIGARETTE.

Es ist fast unnötig, zu erwähnen, daß der Wind prompt erstarb, als wir nach dem Essen wieder an Bord gegangen waren und Segel gesetzt hatten. Trotzdem blieben wir für den Rest der Reise nach Villevorde auch bei ungünstigem Wind unter Segel; mit einer Böe hier und da und gelegentlichem Paddeln trieben wir zwischen den ordentlichen Baumreihen von Schleuse zu Schleuse.

Es war eine schöne, grüne, reiche Landschaft, oder besser, eine grüne Wasserstraße, die sich von Dorf zu Dorf zog. Alle Dinge sahen festverwurzelt aus, eben wie Orte, an denen man schon lange wohnte. Kinder mit kurz geschorenen Haaren spuckten von den Brücken auf uns, wenn wir mit unbewegtem Ausdruck darunter durchfuhren. Noch weniger bewegt waren die Fischer, die uns, gespannt auf ihre Schwimmer schauend, ohne einen Blick passieren ließen. Sie saßen auf Blöcken und Strebpfeilern oder entlang der Uferböschung, leise beschäftigt. Sie waren so gleichgültig, als seien sie abgestorben. Sie bewegten sich so wenig, als fischten sie auf einem alten niederländischen Druck. Die Blätter raschelten, das Wasser plätscherte, sie aber verharrten in einer starren Haltung wie Kirchen, die das Gesetz verstaatlicht hat. Man hätte jeden ihrer unschuldigen Köpfe öffnen können und nicht mehr als eine Unmenge aufgerollter Angelschnur in ihren Schädeln gefunden. Ich mache mir nicht viel aus euren unerschütterlichen Burschen in Gummistrümpfen, die mit einer Lachsrute in der Hand gegen die Wellen von Sturzbächen ankämpfen; aber ich liebe jene Kaste von Männern, die immer und ewig an stillen und verlassenen Gewässern ihre ergebnislose Kunst betreiben.

An der letzten Schleuse, gerade hinter Villevorde, gab es eine Schleusenwärterin, die verständliches Französisch sprach und uns mitteilte, daß wir noch ein paar Meilen von Brüssel entfernt seien. An dieser Stelle begann auch der Regen wieder. Er fiel in geraden, parallel verlaufenden Linien, und die Oberfläche des Kanals war aufgebrochen in eine Unzahl kleiner Kristallbrunnen. Es waren keine Betten frei in der Nachbarschaft. Also gab es keine andere Möglichkeit, als die Segel zu streichen und sich anzuschicken, im Regen kräftig zu paddeln.

Hübsche Landhäuser mit Uhren und langen Geraden von Fenstern, die mit Läden verschlossen waren, und schöne alte Bäume, die in Hainen und Alleen standen, verliehen den Kanalufern im Regen und in der sinkenden Dämmerung ein prächtiges, schwermütiges Aussehen. Eine ähnliche Stimmung habe ich schon auf alten Stichen gesehen: reiche Landschaften, verlassen und verdunkelt von einem Sturm. Während dieses letzten Abschnitts der Reise wurden wir begleitet von einem Fuhrwerk mit Verdeck, das schäbig den Treidelpfad entlang trottete und sich stets in gleicher Entfernung in unserem Kielwasser hielt.

JULIANE WINDHAGER
Zurückkommen

Zurückkommen
wasserentlang
wo die Schwäne aus
schwankenden Turmbildern
aufstehn.

Zum Schattenhof:
gregorianisch
der Sonntag
der Nachmittag
Kreuzgang und
Brunnenstein
blätterverweht.

Deines Schnabelschuhs
mediävale Verlockung
im Gras
alter Sommer
mit der Glockenfigur
mit dem Wind.

Jean Améry

Köln–Antwerpen, S. 186; aus: Örtlichkeiten. Klett-Cotta, Stuttgart 1980.

Alfred Andersch

Schlafende Löwin, S. 115; aus: Norden Süden rechts und links. Von Reisen und Büchern 1951-1971. © 1972 by Diogenes Verlag AG, Zürich.

H. C. Artmann

gent:, S. 148; aus: gedichte von der wollust des dichtens in worte gefasst. © 1989 Residenz Verlag, Salzburg und Wien.

Louis Paul Boon

Der Brüsseler, S. 149; aus: Jan de Lichte und seine Bande. Verlag Peter Selinka, Ravensburg 1987.

Bertolt Brecht

Ich lese von der Panzerschlacht, S. 71; aus: Die Gedichte von Bertolt Brecht in einem Band. Suhrkamp Verlag, Frankfurt am Main 1981.

Wilhelm Busch

Ich befinde mich hier in Antwerpen sehr wohl*, S. 172; aus: Sämtliche Briefe, Band 1 (1841-1892). Herausgegeben von Friedrich Bohne. Wilhelm Busch Gesellschaft, Hannover 1968.

Christine Busta

Flandrischer Sonntag, S. 57; In Flandern, S. 95; aus: Die Scheune der Vögel. Otto Müller Verlag, Salzburg 1958.

Blaise Cendrars

Herumlungern in Antwerpen, S. 175; aus: Bourlinguer. Edition Denoel. © by Arche Verlag Raabe+Vitali, Zürich.

Gilbert Keith Chesterton

Die Ballade von einer fremden Stadt, S. 210; aus: Tremendous Trifles. Methuen & Co, London. Aus dem Englischen von Eva Burwitz-Melzer.

Hugo Claus

Onkel Florent, S. 129; aus: Der Kummer von Flandern. Aus dem Niederländischen von Johannes Piron. © Hugo Claus 1983. Klett-Cotta, Stuttgart, 2. Aufl. 1986.

Jean Cocteau
Der Frontabschnitt 131*, S. 62; aus: Thomas der Schwindler.
© Gallimard, Paris 1923. In: Werkausgabe in zwölf Bänden. Hrsg.
von Reinhard Schmidt. Band 2: Erzählende Prosa II. © Deutsche
Übersetzung von Friedhelm Kemp: 1988 S. Fischer Verlag GmbH,
Frankfurt am Main.

Charles de Coster
Uilenspiegel und Lamme Goedzak kehren zurück nach Damme*,
S. 96; aus: Uilenspiegel und Lamme Goedzak. Ein fröhliches Buch
trotz Tod und Tränen. Aus dem Französischen von Albert Wes-
selski. Insel Verlag, Leipzig 1921.

Théophile Gautier
Nach Belgien wegen Rubens' Frauen*, S. 17; Sechshundertund-
zweiundzwanzig Stufen*, S. 163; aus: Caprices et Zigzags, Œuvres Complètes, Band 5; Slatkine Reprints, Genf 1978. Aus dem
Französischen von Dorothea Mößer.

Stefan George/Emile Verhaeren
Die Mühle, S. 46; aus: Werke. Ausgabe in zwei Bänden. Herausgegeben von Robert Boehringer. Klett-Cotta, Stuttgart, 4. Auflage
1984.

Michel de Ghelderode
Türme und Belfriede in Flandern, S. 54; aus: La Flandre est un
songe. Editions La Rose de Chêne, Brüssel 1982. Aus dem Französi-
sischen von Dorothea Mößer.

Victor Hugo
Brief aus Kortrijk, S. 34; Brief aus Brügge*, S. 105; Brief aus
Oudenaarde, S. 138; Brief aus Lier*, S. 197; aus: Voyages en France
et en Belgique. Herausgegeben von Claude Gely. Presses Universi-
taires, Grenoble 1974. Aus dem Französischen von Dorothea Mößer.

Ernst Morwitz
Oudenburg, S. 80; aus: Belgische Städte. Blätter für die Kunst,
11./12. Folge (1919). Abdruck mit freundlicher Genehmigung
von Dietrich von Bothmer.

Paul van Ostaijen
James Ensor, S. 89; aus: Literatur und Kritik, Band 100 (Novem-
ber 1975). Aus dem Niederländischen von Paul Wimmer. Otto
Müller Verlag, Salzburg.

Erich Maria Remarque

Im Westen nichts Neues zu melden★, S. 67; aus: Im Westen nichts Neues. © 1959, 1984 by Verlag Kiepenheuer & Witsch, Köln.

Rainer Maria Rilke

Furnes, S. 47; Die Marien-Prozession, S. 142; aus: Sämtliche Werke, Band VI: Kleine Schriften (1906-1926). Insel Verlag, Frankfurt am Main 1966.

Georges Rodenbach

Die Stadt, S. 109; aus: Le Rouet des brumes. Ollendorff, Paris 1901. Aus dem Französischen von Friedrich von Oppeln-Bronikowski. Aus: Im Zwielicht. Nachgelassene Novellen. Guido Kiepenheuer Verlag, Weimar 1913.

Johanna Schopenhauer

Abreise, S. 217; aus: Ausflug an den Niederrhein und nach Belgien im Jahr 1828. F. A. Brockhaus, Leipzig 1831.

Claude Simon

Die Welt stand still erstarrt zerbröckelnd★, S. 72; aus: Die Straße in Flandern. © R. Piper & Co. Verlag, München 1961.

Robert Louis Stevenson

Auf dem Willebroek-Kanal, S. 222; aus: An Inland Voyage. W. Heinemann, London 1925. Aus dem Englischen von Eva Burwitz-Melzer.

Felix Timmermans

Die Sargprozession, S. 200; aus: Das Licht in der Laterne. Aus dem Flämischen von Anna Valeton-Hoos. Insel Verlag, Frankfurt am Main 1990.

Mark Twain

O'Shah oder Wo liegt Belgien?★, S. 80; aus: Europe and elsewhere, The Writings of Mark Twain. Vol. 29. Harper and Brothers, New York – London 1929. Aus dem Englischen von Eva Burwitz-Melzer.

Giuseppe Ungaretti

Einst waren es Städte, S. 90; Menschen und Steine von Gent, S. 143; Die Schiffe im Serail; aus: Reisebilder. Aus dem Italienischen von Silvia Hildesheimer. Suhrkamp Verlag, Frankfurt am Main 1963.

⋆ Titel vom Herausgeber.

158/1/12.95

Literatur und Reisen
im insel taschenbuch

158/2/12.95

Literatur und Reisen
im insel taschenbuch

158/3/12.95

Literatur und Reisen
im insel taschenbuch

158/4/12.95

Kulturgeschichte
im insel taschenbuch

Ernst Barta: Römische Paläste und Villen. Annäherung an eine Stadt. Mit zahlreichen Abbildungen. it 1324

Jean Anthelme Brillat-Savarin: Physiologie des Geschmacks oder Betrachtungen über das höhere Tafelvergnügen. Ausgewählt, übersetzt und eingeleitet von Emil Ludwig. Mit Holzschnitten der Ausgabe von 1864. it 423

Das Duell. Der tödliche Kampf um die Ehre. Herausgegeben von Uwe Schultz. it 1739

Die großen Seuchen. Von Pest bis Aids. Von Karl Köster-Lösche. it 1681

Victor Hehn: Olive, Wein und Feige. Kulturhistorische Skizzen. Herausgegeben von Klaus von See unter Mitwirkung von Gabriele Seidel-Leimbach. Mit farbigen Abbildungen. it 1427

Freia Hoffmann: Instrument und Körper. Die musizierende Frau in der bürgerlichen Kultur. it 1274

Christoph Wilhelm Hufeland: Die Kunst, das menschliche Leben zu verlängern. it 1706

Adolph von Knigge: Über den Umgang mit Menschen. Herausgegeben von Gert Ueding mit Illustrationen von Chodowiecki und anderen. it 273

Julius Marusz: Porzellan. Betrachtungen aus der Geschichte der ältesten Manufakturen Europas. Mit zahlreichen Abbildungen. it 1760

Günther Ohloff: Irdische Düfte – himmlische Lust. Eine Kulturgeschichte der Düfte. Mit farbigen Abbildungen. it 1777

Pantoffelhelden und Stiefelknechte. Über poetisches Schuhwerk. Herausgegeben von Franz Josef Görtz. Mit zahlreichen Abbildungen. it 1699

Michael Schroeder: Kleine Wappenkunst. Mit farbigen Abbildungen. it 1281

Was wir gespielt haben. Erinnerungen an die Kinderzeit. Herausgegeben von Ingeborg Weber-Kellermann und Regine Falkenberg. Mit zahlreichen Abbildungen. it 1371

Wege ins Eis. Nord- und Südpolfahrten. Literarische Entdeckungen von Friedhelm Marx. it 1683

Wiener Adressen. Ein kulturhistorischer Wegweiser von Dietmar Grieser. it 1203

Das Wiener Kaffeehaus. Herausgegeben von Kurt J. Heering. Mit zahlreichen Abbildungen. it 1318